CORDEL
leitores e ouvintes

Ana Maria de Oliveira Galvão

CORDEL
leitores e ouvintes

2ª edição

autêntica

Copyright © 2001 Ana Maria de Oliveira Galvão

DIRETORA DA COLEÇÃO "HISTORIAL"
ORGANIZADORA DOS ORIGINAIS
Eliane Marta Teixeira Lopes

CAPA
Jairo Alvarenga Fonseca

EDITORAÇÃO ELETRÔNICA
Luiz Gustavo Maia

REVISÃO
Erick Ramalho

EDITORA RESPONSÁVEL
Rejane Dias

Revisado conforme o Novo Acordo Ortográfico.

Todos os direitos reservados pela Autêntica Editora. Nenhuma parte desta publicação poderá ser reproduzida, seja por meios mecânicos, eletrônicos, seja via cópia xerográfica, sem a autorização prévia da Editora.

AUTÊNTICA EDITORA LTDA.
Rua Aimorés, 981, 8º andar. Funcionários
30140-071. Belo Horizonte. MG
Tel.: (55 31) 3222 6819
TELEVENDAS: 0800 283 13 22
www.autenticaeditora.com.br

　　　Galvão, Ana Maria de Oliveira
G182c　Cordel : leitores e ouvintes / Ana Maria de Oliveira Galvão . – 2ª ed.
　　　– Belo Horizonte : Autêntica Editora, 2010.
　　　240 p. (Coleção Historial, 9)

　　　ISBN 978-85-7526-033-3

　　　1.Educação-História. 2.Leitura popular. 3. Leitura-História 4. Literatura de Cordel. I.Título.

　　　　　　　　　　　　　　　　　　　　　　CDU 37

A André e Léo,
com muito carinho.
A vovô, com saudades.

SUMÁRIO

11 Apresentação – Magda Soares

15 Prefácio

17 Introdução
A pesquisa
Um breve panorama da literatura de folhetos no Brasil
A temática das histórias

39 O leitor/ouvinte nas páginas dos folhetos: um estudo do impresso
Alguns indícios encontrados

61 O leitor/ouvinte nas páginas dos folhetos: um estudo do texto
O "caminho narrativo"
As marcas da oralidade
A "enciclopédia" do leitor
Folhetos e jornais: uma análise comparativa do ponto de vista do leitor

93 O leitor/ouvinte de "carne e osso"
   Homens e mulheres? Meninos e meninas?
   Negros e brancos?
   "Crentes" e católicos?
   Analfabetos?
   "Pobres"?
   "Matuto"? Nordestino?

113 A "cultura escrita" do leitor/ouvinte
   Como se davam os processos de inserção na cultura escrita?

129 A posse e o empréstimo: o acesso dos leitores/ouvintes aos folhetos
   Locais e contextos de venda
   A escolha dos folhetos pelo público leitor/ouvinte
   Os temas e as histórias preferidos pelos entrevistados

149 As situações de leitura/audição de folhetos
   Leituras/audições de folhetos em situações de sociabilidade: leituras em voz alta
   Leituras de folhetos, contadores de histórias e outros aspectos da cultura oral
   Leituras de folhetos e cantorias
   Leituras intensivas
   Leituras de folhetos e memorização
   Leituras solitárias
   Leituras proibidas

171 Papéis atribuídos à leitura/audição de folhetos
   Folhetos: a "distração da época"

Suportes de sociabilidade cultural além dos folhetos
Recepção da leitura/audição de folhetos: estética e ética
Folhetos: fontes de informação?
Papel "educativo" dos folhetos

191 Um possível leitor/ouvinte de folhetos

197 Histórias através de imagens

209 Quadros

212 Notas

226 Fontes e referências bibliográficas

APRESENTAÇÃO

Magda Soares

O pesquisador que, na área da história da leitura, busca encontrar o *leitor*, não o *autor* ou o *texto*, deve transpor consideráveis obstáculos, porque o tempo esconde e dificulta muito mais a recuperação daquele que destes. Ana Maria Galvão, na pesquisa que deu origem à sua tese de Doutorado, em que capta e analisa leitores de literatura de cordel nas décadas de 30, 40 e 50 do século XX, em Pernambuco, agora apresentada neste livro, atreveu-se a enfrentar esses obstáculos, e venceu-os com admirável sucesso. Tendo tido o privilégio de ser a orientadora de Ana Maria em seu processo de doutoramento, gostaria de apontar alguns dos obstáculos que a desafiaram e como ela soube responder a eles com admirável brilhantismo.

Um primeiro obstáculo que é preciso enfrentar, em pesquisas históricas que buscam o *leitor*, é a dificuldade de captar, em momentos temporalmente distantes do pesquisador, as formas de acesso ao impresso, os usos que eram feitos dele, os contextos e as situações de leitura, os modos de ler, as reações aos textos. Obstáculo que chega a levar alguns historiadores da leitura a julgar que, se é possível, ainda que difícil, construir uma história *externa* da leitura, pela identificação de *quem* lia e de *o quê* se lia, em épocas passadas, é quase impossível construir uma história *interna* da leitura, porque isso supõe a recuperação de processos, a apreensão de *como* se lia. Robert Darnton, em sua pesquisa sobre os best-sellers proibidos, na França

do século XVII, declara que o problema que enfrentara não tinha sido identificar os livros ou os autores, mas *a leitura*, ou os modos de ler: "A dificuldade está na leitura em si. Mal percebemos o que acontece diante de nós, quanto mais o que ocorreu dois séculos atrás, quando os leitores habitavam um universo mental diferente." Embora Ana Maria não tenha ido tão longe no passado, pois foi em busca de um leitor não de dois séculos atrás, mas de cinquenta, sessenta, setenta anos atrás, nem por isso foi menor o obstáculo que enfrentou: afinal, dois séculos atrás ou setenta anos atrás são sempre tempos e universos mentais que o passado esconde. Tempos e universos que Ana Maria soube muito bem recuperar, em leitores de cordel dos anos 30, 40, 50 do século passado, e soube tornar presentes aos leitores que hoje têm este livro nas mãos.

Um segundo obstáculo que Ana Maria se dispôs a enfrentar, e venceu com sucesso, foi o desafio de buscar não um leitor "convencional", aquele pertencente ao universo letrado, o leitor dos impressos socialmente valorizados: o leitor de livros, de jornais, de revistas. Não; Ana Maria foi buscar o leitor de um impresso, o cordel, considerado pelas camadas letradas, na época pesquisada, quase como efêmero e até descartável, e de circulação restrita a grupos sociais pouco letrados: a analfabetos ou semialfabetizados, a homens, mulheres e crianças pertencentes a frações das camadas populares. Flagrando minuciosamente indícios aqui e ali, por caminhos vários, a pesquisadora vai descobrindo as formas de acesso desses leitores à literatura de cordel, as situações em que com ela interagiam, o papel que atribuíam à sua leitura, os significados que construíam dos textos, dando assim uma contribuição fundamental a uma história da leitura das camadas populares no Brasil.

Um terceiro obstáculo que Ana Maria enfrentou e venceu magnificamente, talvez o mais importante, porque diz respeito a uma característica essencial do leitor e da literatura que tomou como objeto de estudo, foi superar a dificuldade de captar um modo de ler que é também e simultaneamente um modo de ouvir, ou, vice-versa, captar um modo de ouvir que é também e simultaneamente um modo de ler. Tomando como objeto de sua pesquisa uma literatura destinada à audição, tanto quanto, ou talvez mais que, à leitura, Ana Maria estuda um leitor-ouvinte, ou um ouvinte-leitor: indivíduos analfabetos ou semialfabetizados que, entretanto, "leem", e até aprendem a ler por meio do cordel; indivíduos que, negando a característica de *não letrados* que lhes era atribuída, envolvem-se em práticas de leitura; indivíduos que praticam uma leitura mediada pela oralidade, ou uma oralidade mediada pela escrita. A pesquisa consegue, assim, vencer o difícil desafio, ainda tão raramente enfrentado entre nós, de caracterizar esse tênue limiar entre oralidade e escrita, e desmistificar a falsa dicotomia oralidade-escrita.

Não falo de outros obstáculos e desafios que Ana Maria enfrentou, todos vencidos com extraordinárias habilidades de pesquisadora, grande acuidade e sensibilidade. O resultado é esta contribuição original e fundamental não só para os estudos sobre a literatura de cordel, em que ela inova e renova, mas também para a história da leitura e do leitor – uma pesquisa inegavelmente paradigmática de como se pode, a despeito dos obstáculos e desafios que se interpõem entre o pesquisador e a apreensão de processos que o tempo encobre, *reconstruir*, sem que isso signifique *reconstituir*, leituras do passado, modos de ler, formas de acesso ao escrito e de atribuição de sentido a textos.

PREFÁCIO

Este trabalho é uma versão de minha tese de Doutorado – *Ler/ouvir folhetos de cordel em Pernambuco (1930-1950)*, apresentada ao Programa de Pós-Graduação em Educação, da Universidade Federal de Minas, em março de 2000, sob orientação da professora Magda Becker Soares. O texto original sofreu diversas modificações, visando a adaptar-se a um leitor diferente daquele a que, a princípio, se dirigiu.

Muitas pessoas contribuíram no processo de elaboração da tese e de sua transformação em livro. Como não é possível agradecer a todas, nomeio algumas. Inicialmente, agradeço pela oportunidade privilegiada de interlocução à orientadora do trabalho, Magda Soares, e aos componentes da banca examinadora Jean Hébrard e Marlyse Meyer, que em diversas ocasiões comigo discutiram a pesquisa, Eliane Marta Teixeira Lopes e Antônio Augusto Gomes Batista, também amigos e parceiros de trabalho. Na mesma direção, agradeço a Anne-Marie Chartier, orientadora no Doutorado-Sanduíche, realizado no INRP/Paris.

Muitos amigos, direta ou indiretamente, também tornaram possível a elaboração deste trabalho. Agradeço de maneira particular a Ceres – que, além de todas as outras contribuições, leu os originais do livro –, Eliana, Luiz, Emília, Kátia, Dade, Madalena, Mafá, Karina, Marildes, Katya, Renan, Beth Cassimiro e Artur. Da mesma maneira, agradeço à minha família, em especial a mamãe, papai – onde estiver –, Carlos e

Jayme, sempre muito presentes, e a Laís que, sem saber, trouxe parte da alegria e tranquilidade necessárias à elaboração de um trabalho deste tipo.

Nomeio também os colegas do Departamento de Fundamentos Sócio-Filosóficos da Educação da Universidade Federal de Pernambuco que possibilitaram a minha liberação dos encargos institucionais para realizar integralmente o curso em Belo Horizonte. Particularmente, agradeço a Janete, Alfredo, Ramon, Policarpo, Flávio e Ferdinand.

De maneira especial, agradeço aos entrevistados nesta pesquisa que, com disponibilidade, me receberam: Ariano Suassuna, José Rocha dos Santos, José Mariano, Crispim da Silva, Ana Maria dos Santos, Maria José Medeiros de Oliveira, Maria dos Prazeres da Silva, Adelita Cruz (*in memorian*), Edson Pinto, Antônio Gomes dos Santos e Josefa Marques de Oliveira.

Agradeço, ainda, ao Programa de Pós-Graduação em Educação da UFMG, ao Centro de Alfabetização, Leitura e Escrita (CEALE/UFMG), pelas condições institucionais facilitadoras para a realização da tese, e a CAPES que, através de seus programas de capacitação docente (PICDT) e de Doutorado no Brasil com Estágio no Exterior (PDEE), possibilitou um ambiente mais tranquilo para a realização deste trabalho. Do mesmo modo, nomeio as instituições e acervos que, na pessoa de seus funcionários e funcionárias, gentilmente, me acolheram: Fundação Casa de Rui Barbosa, Instituto de Estudos Brasileiros (USP), Fundação Joaquim Nabuco, Biblioteca Pública de Pernambuco, Arquivo Público Estadual Jordão Emerenciano (PE), assim como Paula da Cunha e a Sônia Luyten que, apesar das condições institucionais adversas, possibilitaram a consulta à parte do acervo Raymond Cantel, em Poitiers, França.

INTRODUÇÃO

𝒫ernambuco, anos 90. No carnaval, explodem orquestras de frevo, bonecos gigantes, ursos, tambores, caboclinhos, grupos de maracatus, ao lado dos sons do axé-music e das escolas de samba (em 2001, também o funk carioca fez parte da paisagem). No São João, o forró, o xaxado, o xote, o baião, as quadrilhas, os bacamarteiros compõem a paisagem principalmente do interior do Estado e da periferia da capital. Próximo ao Natal, grupos de pastoris se apresentam em praças, escolas e festas. Durante todo o ano, mas principalmente no verão, violeiros, repentistas, cordelistas sobrevivem (mal) graças à imagem do Nordeste vendida em todo o país (e em outros países), que atrai anualmente milhares de turistas à região. Ao mesmo tempo em que soam as emboladas, podem-se encontrar "barraqueiros" na praia que, além de alugar cadeiras, *jet-skis*, ultraleves, caiaques, conquistam os "gringos" pronunciando algumas palavras em inglês. Ariano Suassuna[1] é, durante um período, Secretário de Cultura do Estado. E Chico Science, mesmo depois de sua morte prematura, ao cantar a cidade decadente, os mangues, os caranguejos, continua a contribuir para que ritmos arcaicos – maracatus, caboclinhos, cirandas, frevos – misturem-se com aqueles que estão na vanguarda musical. Lenine, Otto, Mestre Ambrósio e Cascabulho, entre tantos outros, passam a ocupar um espaço importante no cenário musical brasileiro. Há anos, o Quinteto Armorial (retomado como Quinteto

Romançal), o Quinteto Violado, o Balé Popular do Recife ou a Banda de Pífanos de Caruaru produziram/têm produzido suas obras tendo como matriz a "cultura popular". Antônio Nóbrega é premiado no Brasil e no exterior com seus espetáculos, a um só tempo, regionais e universais. Jovens, como Eduardo Ferreira, destacam-se no cenário da moda também utilizando a matriz "popular" em suas criações. E artistas nem tão jovens nem tão sofisticados, como D. Selma do Coco e Lia de Itamaracá, que há anos, de maneira mais ou menos anônima, cotidianamente produzem "cultura popular", fazem apresentações e gravam CDs no Brasil e no exterior. Em 1997, é inaugurado o Bar do Cordel, no Recife Antigo, com a presença de J. Borges, o famoso xilógrafo de Bezerros. No mesmo ano, na abertura da I Feira Internacional do Livro de Pernambuco, conta-se com a presença da banda de Pífanos de Caruaru e de poetas populares que, insistentemente, ainda produzem seus cordéis. Reportagens sobre a "morte" do gênero – anunciada há pelo menos duas décadas – podem ser encontradas com frequência na imprensa. Estudos sobre o tema também são divulgados em *homepages* e em livros, cada vez mais numerosos. Em 2000, uma série de "clássicos" do gênero é reeditada em uma coleção bem cuidada, por uma editora comercial, suscitando diversas reportagens na imprensa. Aos poucos, a divulgação dessas manifestações, inicialmente restrita a Pernambuco e a outros Estados do Nordeste, alcança repercussão na mídia nacional. Em 2001, uma grande exposição realizada em São Paulo celebra os 100 anos do gênero, embora o primeiro folheto localizado no Brasil tenha sido publicado em 1893. Ao mesmo tempo, permanece, principalmente na imprensa e no imaginário dos "não nordestinos", a imagem do Nordeste como o lugar do arcaico, da imobilidade, da não modernidade, do rural, do folclore, dos grandes coronéis.

Em resumo, a partir do início dos anos 90, tem-se assistido a uma revalorização dos movimentos culturais calcados na "cultura popular". Essa tendência tem-se refletido no surgimento de grupos musicais, no ressurgimento de outros, na criação de espetáculos teatrais, na produção cinematográfica, nos investimentos de políticas públicas (contribuindo para revitalizar, por exemplo, o carnaval tradicional de rua do Recife), na elaboração de pesquisas. Essa revalorização está pautada, na maioria das vezes, ao contrário do que aconteceu na década de 70, em uma ressignificação, em um reordenamento, em uma atualização e em uma sofisticação de linguagens, muitas vezes influenciados por movimentos de vanguarda – nacionais e internacionais –, o que tem provocado um certo mal-estar entre os que acreditam na existência de uma arte popular pura.

Embora seja um tanto óbvio afirmar que toda produção intelectual é marcada por seu tempo, considero importante explicitar que todo esse universo cultural – em que me formei/tenho me formado e se formam diariamente meninos e meninas no Estado – marcou profundamente todas as etapas da pesquisa: da definição do objeto à escrita do texto. Muito frequentemente tenho me identificado com todo esse movimento e, cada vez mais, vejo que não foi por acaso que escolhi o tema de pesquisa em que me envolvi. À semelhança dos estudos que foram realizados nos anos 70, este livro certamente tem a marca da época em que foi produzido e do posicionamento da geração a que pertenço em relação a essa época. A geração nascida no final dos anos 60 não participou ativamente dos movimentos sociais nem do resgate da "voz dos oprimidos" ("pobres", "nordestinos"), tão presentes entre a "esquerda" e a intelectualidade da década de 70 brasileira. Formada no universo cultural que descrevi – onde festas e manifestações populares faziam parte da rotina das cidades, eu mesma não fui uma leitora de cordéis. Conheci esse tipo de impresso – creio que como toda "nordestina" urbana nascida nessa época – como um objeto exótico, que se vendia e se cantava para turistas. Como se sabe, o presente modifica de maneira permanente as questões dos historiadores. Nas palavras de Jacques Le Goff: "Temos que tentar reencontrar o sabor do passado, a vida, os sentimentos, as mentalidades de homens e mulheres, mas em sistemas de exposições e interpretações de historiadores do presente." (1998, p. 103).

Um outro ponto que gostaria de destacar é que, embora a pesquisa na área de História da Educação tenha crescido e diversificado o entendimento sobre os processos educativos na História, até bem pouco tempo limitado às políticas educacionais e ao pensamento pedagógico, muito pouco se tem produzido/escrito/publicado sobre processos educativos não escolares. Mesmo que se saiba que eles, até um momento histórico muito próximo de nós, tenham exercido força, às vezes muito maior do que a escola, na inserção das pessoas em mundos culturais específicos, principalmente em alguns lugares, no caso brasileiro. Por vezes, tem-se a impressão de que a única mediação entre as camadas analfabetas ou semialfabetizadas da população e a leitura e a escrita é realizada pela escola. Na pesquisa que resultou em minha dissertação de Mestrado[2] essa questão já aparecia muito claramente, embora naquele momento não fosse minha intenção aprofundá-la. Naquele trabalho, pude constatar, principalmente através da análise de autobiografias e da obra literária de José Lins do Rego, que no período estudado era extremamente marcante, na formação dos meninos e meninas paraibanos, a presença

de certas manifestações da "cultura popular". Em uma sociedade predominantemente oral, os contadores de histórias, os pastoris, os livros cujos conteúdos estavam indissociavelmente ligados à tradição popular (como aquele sobre o imperador medieval Carlos Magno), as festas de São João e Carnaval imprimiram-se com força na memória dos narradores.

Diante de questões como essas, diversas possibilidades de pesquisa se vislumbravam: a ideia básica inicial era buscar compreender que papel desempenhavam certas manifestações culturais, tradicionalmente classificadas como "populares", na formação/educação/inserção em um mundo cultural específico dos meninos e meninas, fora do contexto escolar, em determinadas regiões de Pernambuco, em certo período de tempo. Optei, depois de diversos movimentos, por me deter na investigação dos leitores/ouvintes e das leituras/audições dos folhetos de cordel, entre 1930 e 1950, em Pernambuco. O cordel, em si, parecia-me um objeto nuclear, no sentido de possibilitar, dependendo do olhar que se coloca sobre ele, a discussão de temas, para mim, há muito instigantes. Inicialmente, poderia ser objeto privilegiado de investigação da própria História – em particular, da história cultural, da história da leitura e da escrita, da história dos usos do impresso por diferentes grupos sociais, da história das práticas educativas extraescolares (na medida em que, para alguns segmentos sociais, em certa época e em alguns lugares, representava um dos únicos contatos que tinham com a escrita, a leitura e o impresso).

A pesquisa

O problema de pesquisa poderia aprofundar diversas questões sobre a leitura: em que se constitui, afinal, essa atividade? Que efeitos são por ela produzidos? O que são os imponderáveis que a caracterizam? Quem é, afinal, o leitor, essa figura fugidia, pouco entendida, relativamente pouco estudada? A leitura como prática das camadas populares me parecia, então, ainda mais instigante. Que leitor é esse, em geral identificado como não leitor? Quais os sentidos atribuídos à leitura por esse tipo específico de leitor? Que leitura é essa que realiza, em geral compreendida, por um lado, como expressão de uma suposta "alma popular" ou, por outro, como sinônimo de alienação? Além disso, pensar o leitor e a leitura na História, ainda que recente, parecia importante para relativizar certas afirmações comuns nos estudos sobre esse gênero, principalmente as que tendem a "congelar" o cordel em determinada época e universalizá-la. Pressupunha, como Ruth Terra, que a

> interferência do momento histórico na leitura dos folhetos, questão igualmente relevante, pode ser melhor explicitada se considerarmos os textos

publicados ao longo das últimas décadas. Um romance ou poemas sobre cangaceiros ou anti-heróis possivelmente não são lidos do mesmo modo em diferentes épocas. Textos sobre Antônio Silvino não conservariam hoje a mesma significação que possuíam para o público de quando Silvino atuava com o seu bando. (TERRA,1983, p. 36)

A pesquisa possibilitaria ainda, desse modo, a escolha da "história"[3] oral como metodologia, o que também me parecia extremamente profícuo, na medida em que teria depoimentos raros, originais, singulares, embora de pessoas comuns, sobre experiências de leitura. O problema escolhido possibilitaria, ainda, discutir as questões do "popular" e do Nordeste, duas temáticas insistentemente presentes quando se fala sobre o tema. A leitura de estudos disponíveis tornou ainda mais agudas essas questões. Como ocorre em trabalhos similares realizados em outros países, a princípio tudo parece já estudado e esclarecido: um estudo repete o outro, complexificando e aprofundando pouco as afirmações exaustivamente repetidas. Compreendi de que maneira o discurso sobre o cordel, gestado na década de 70, contribuiu para conformar certos modos de visualizar e de compreender, até hoje, esse objeto. A própria catalogação dos estudos sobre o tema na seção sobre "folclore" (e não sobre "literatura brasileira", por exemplo) das bibliotecas já constituía um importante ponto de partida.

A opção pelo período de 1930 a 1950 veio depois, através do contato com a bibliografia sobre o tema. Foi nesse momento que o cordel conheceu o auge de sua produção, edição e vendagem.

Para realizar a pesquisa, utilizei diversos tipos de fontes. Os próprios folhetos constituíram uma documentação privilegiada. Busquei analisar, no próprio *impresso* — capa, contracapa, marcas tipográficas, disposição dos poemas, indicações de onde eram vendidos, referências a direitos autorais — indícios de quem era o leitor visado pelo poeta/editor. Analisei o universo total de folhetos coletados (109), publicados nas cinco primeiras décadas do século. Procurei perceber, ainda, através da análise do próprio *texto* de alguns poemas (oito), quem era esse leitor/ouvinte visado pelo autor/editor. Diversos acervos foram consultados para a coleta dos folhetos, em especial o da Fundação Casa de Rui Barbosa, no Rio de Janeiro, o do Instituto de Estudos Brasileiros/USP, em São Paulo, e o do Fundo Raymond Cantel, em Poitiers, França[4]. Foram consultados também os acervos de folhetos da Biblioteca Pública Estadual de Pernambuco e da Fundação Joaquim Nabuco, ambos no Recife[5]. Ao lado desses acervos, várias pessoas me emprestaram ou doaram suas coleções particulares de folhetos. Dois entrevistados também me cederam folhetos, alguns mais antigos, outros mais recentes.

Além disso, também comprei folhetos nos locais onde ainda podem ser encontrados, no Recife.

Acreditava, hipótese que se confirmou ao longo da pesquisa, que, ao lado do leitor visado pelo poeta e editor (reconstituição feita a partir da análise dos folhetos), seria interessante conhecer o "leitor empírico", de "carne e osso", para compreender melhor como a leitura é um processo ativo de construção de sentidos. O trabalho com entrevistas parecia, pois, imprescindível: buscar os sujeitos e ouvi-los, possibilitando a reconstrução de trajetórias singulares de leitores/ouvintes (idosos e pertencentes às camadas populares), foram duas das experiências mais ricas do processo de pesquisa. As entrevistas possibilitaram visualizar e ouvir rostos e vozes de parcelas da população muitas vezes consideradas de maneira homogênea e que, embora expressem uma época, um pertencimento social, de gênero, de raça/etnia, de origem (rural ou urbana), são compostas de indivíduos singulares, únicos.

Na medida em que trabalho com um período recente da história brasileira, pareceu, assim, indispensável o registro das opiniões dos próprios leitores/ouvintes sobre suas experiências como mais uma forma de aproximação desse polo fugidio, instável e móvel da atividade de leitura: os leitores. Do contrário, como poderia ter acesso às experiências de leituras de pessoas das camadas que entrevistei, já que os testemunhos escritos – memórias e romances – quase silenciam sobre elas? Como afirma Roger Chartier (1996b), o fato de se trabalhar com os textos e os objetos impressos com o objetivo de reconstruir os leitores e as leituras não significa que não se deva também recorrer às experiências dos leitores empíricos:

> uma vez que cada leitor, a partir de suas próprias referências, individuais ou sociais, históricas ou existenciais, dá um sentido mais ou menos singular, mais ou menos partilhado, aos textos de que se apropria. Reencontrar esse fora-do-texto não é tarefa fácil, pois são raras as confidências dos leitores comuns sobre suas leituras. [...] Com estes testemunhos em primeira pessoa, pode-se ter uma medida da distância (ou da identidade) existente entre os leitores virtuais, inscritos em filigrana nas páginas do livro, e aqueles de carne e osso que o manuseiam, assim como podem ser diferenciadas, no concreto das práticas, as habilidades leitoras, os estilos de leitura e os usos do impresso. (p. 20-21)

Conversei, ao todo, com 29 pessoas na faixa dos 65 anos ou mais. Conversei, ainda, com seis pessoas mais jovens, entre 20 e 35 anos. Desse total de 35, 16 afirmaram que conheciam folhetos, mas não foram leitores/ouvintes, sete que conheciam e foram leitores/ouvintes e, finalmente, seis disseram que não conheciam esse tipo de literatura. Esses dados revelam, a princípio, que os folhetos eram um impresso bastante comum no cotidiano das pessoas na cidade.

Realizei, em relação ao primeiro grupo, oito entrevistas que efetivamente utilizei na pesquisa. Entre os mais jovens, entrevistei uma pessoa que, embora não tivesse vivido o período de apogeu do cordel, deu contribuições significativas para a compreensão desse objeto. Seu depoimento foi incorporado ao texto, marginalmente. Um vendedor de folhetos, em atividade desde 1938, também foi entrevistado. Entrevistei também Ariano Suassuna, então Secretário de Cultura do Estado de Pernambuco.

Os entrevistados

As nove pessoas que entrevistei, cinco homens e quatro mulheres, sujeitos da pesquisa, moravam no Recife ou em sua região metropolitana. Apenas uma entrevistada – Zezé – não teve experiências de migração: a maioria nasceu nas zonas rurais ou em cidades da Zona na Mata (Zé Moreno e Edson), do Agreste (Antônio), do sertão do Estado (Crispim e Ana Maria) ou do interior da Paraíba (Delita e Zé Mariano)[6]. Zeli, embora tenha nascido na região metropolitana do Recife, foi adotada por um tio, que era delegado e mudava-se, com frequência, de uma cidade para a outra – no interior do Estado e em Fernando de Noronha. Os mais velhos dos entrevistados nasceram em 1910 e a mais jovem em 1932[7]. Três declararam-se analfabetos[8], três tiveram experiências de escolarização de até um ano[9] e três passaram de dois a cinco anos na escola.[10] Os homens entrevistados tiveram ocupações diversas durante a maior parte da vida: ocupações manuais não especializadas, como as de lavrador, operário da construção civil e vendedor ambulante, ocupações especializadas, como as de militar e de motorista (de caminhão e de táxi). Duas, das quatro mulheres entrevistadas, sempre foram donas de casa e duas foram costureira (Zeli) e lavadeira (Delita). Os pais dos entrevistados foram, em sua maioria, pequenos proprietários de terras (agricultores ou criadores e, em um caso, ao lado dessas atividades, pescador). No grupo há também filhos de funcionário qualificado de engenho, de delegado, de vendedor de "miudezas" e alfaiate e de um proprietário de terras de médio porte. A maioria das mães dos entrevistados era dona de casa; uma delas, no entanto, acompanhava a atividade do marido de pequeno criador e outra foi lavadeira.

O trabalho com romances e memórias

O trabalho com romances e memórias parecia um complemento necessário às duas outras fontes principais. A princípio buscava nessas fontes registros de experiências de leituras de folhetos. Como isso não foi possível, na medida em que pouquíssimas obras faziam

referências a esse impresso, esse tipo de fonte tornou-se fundamental para a reconstrução de aspectos gerais sobre a presença da leitura e da escrita no cotidiano da época naquele lugar, sem a qual eu não compreenderia o lugar ocupado pelo cordel. A utilização desses documentos, que expressam as representações de pessoas – algumas anônimas, outras conhecidas de um público mais amplo – que um dia escreveram sobre si próprias ou sobre personagens inscritos naquele tempo e lugar, revelou-se, pois, fundamental para que eu pudesse compreender o lugar ocupado pelos folhetos naquela paisagem cultural específica e pudesse me aproximar mais do universo dos leitores/ouvintes que entrevistei. Algumas questões – a leitura em voz alta era exclusiva dos folhetos? os outros objetos de leitura citados pelos entrevistados circulavam também junto a outras camadas sociais? quais as outras opções de lazer que existiam na época? – só puderam ser melhor analisadas a partir da exploração da memórias e romances coletados. O principal critério para a escolha de que memórias e romances analisar foi a época e o local que retratavam. A adoção desse critério originou um *corpus* extremamente heterogêneo: nele, há autores famosos nacional e internacionalmente, como Paulo Freire e Gilberto Freyre, e escritores anônimos; há livros publicados por editoras reconhecidas, como a José Olympio, Paz e Terra ou Civilização Brasileira e edições custeadas pelo próprio autor. No total, analisei 11 romances e 15 autobiografias. Esse material foi coletado sem uma sistemática específica de pesquisa, abrangendo diferentes espaços: bibliotecas públicas e pessoais, livrarias, sebos, arquivos públicos.

Ao longo do processo, outros documentos, dependendo das necessidades que se foram impondo, foram incorporados a esse *corpus* documental básico, como jornais, registros censitários, anuários estatísticos, relatórios de governos etc., coletados no decorrer da pesquisa em diversas instituições, como a Biblioteca Pública Estadual, o Arquivo Público Estadual, a Fundação Joaquim Nabuco, o IBGE/Pernambuco, as Biblioteca Central, do Centro de Filosofia e Ciências Humanas e do Centro de Educação da Universidade Federal de Pernambuco, livrarias, sebos, no Recife; a livraria e editora da Universidade Federal da Paraíba, em João Pessoa; a Biblioteca Pública Estadual Câmara Cascudo e o Memorial Câmara Cascudo, em Natal.

As fontes coletadas foram, ao longo da pesquisa, cruzadas e confrontadas a partir de determinadas categorias, algumas das quais definidas *a priori* e outras emergentes do contato com o próprio material empírico ou com a bibliografia sobre o tema. Algumas dessas categorias tornaram-se nucleares na pesquisa, como as de *popular*, *Nordeste*, *urbano* e *rural*, *oral* e *escrito*, além das que eu já havia eleito anteriormente: *gênero*, *classe*, *raça/etnia* e *geração*.

A utilização de uma pluralidade de fontes no trabalho historiográfico, ao mesmo tempo em que abre maiores possibilidades para a compreensão do que se estuda, impõe uma série de exigências. A busca de metodologia(s) que pudessem auxiliar na tarefas de produção, exploração e análise dos documentos foi permanente ao longo de todo o processo de pesquisa: cada fonte exige um conhecimento sobre sua especificidade, cada pergunta imposta à fonte ou por ela imposta exige um trabalho singular – às vezes manual (de cópia[11], de montagem de quadros, de produção de fichas), às vezes com o auxílio do computador (auxiliando no processo de despedaçar, separar, reunir de novo). Paciência, humildade – até mesmo para saber que a falta é intrínseca ao trabalho do pesquisador e que a busca do método é, em alguma medida, incansável –, sensibilidade, criatividade, aproximação/envolvimento e, ao mesmo tempo, distanciamento (para que dele se possa tomar posse) do objeto, confrontação e estabelecimento de relações entre os estudos já realizados sobre o tema ou sobre a época e o lugar, as leituras teóricas e os vários documentos – colecionando-os, articulando-os, cruzando-os, separando-os, organizando-os, abandonando-os quando necessário – foram exigências cotidianas. Como explicita Arlete Farge (1989), a tensão entre o desejo de recolher o arquivo "inteiro" e a necessidade de submetê-lo às exigências da "operação historiográfica" para dar-lhe inteligibilidade parece intrínseca ao trabalho com a História:

> A tensão se organiza – com freqüência conflituosamente – entre a paixão de recolher o arquivo inteiro, de tudo ler, de brincar com seu lado espetacular e seu conteúdo ilimitado, e a razão, que exige que ele seja finamente questionado para ganhar sentido. (p. 22)[12]

À medida em que fui realizando a análise dos dados, iniciei, mais sistematicamente, a escrita do texto, parte intrínseca à própria produção da História[13]. Em todo o processo, as idas e vindas entre as várias etapas descritas foram constantes. Os estudos sobre história cultural e da leitura, as pesquisas que se detêm sobre a relação entre oralidade e letramento, as discussões em torno da cultura popular e da "história" oral nortearam, teórica e metodologicamente, a investigação.

As opções e as definições em torno da organização do texto definem e expressam, ao mesmo tempo e em grande medida, a configuração do próprio objeto. A escrita constitui, na verdade, um dos principais momentos do trabalho de interpretação[14]. Experimentei, no processo de escrita do texto, diferentes caminhos, alguns dos quais revelaram-se pouco adequados à compreensão do objeto. Em uma das tentativas que realizei, por exemplo, ao analisar

o conteúdo dos textos dos folhetos a partir de algumas categorias, acabei por estabelecer uma relação quase direta entre ele e uma caracterização do leitor/ouvinte que buscava compreender. O texto, resultado desse tipo de análise, comum nos estudos sobre literatura de cordel, pouco contribuía para uma maior aproximação e compreensão do objeto que investigava. Esse tipo de procedimento tem sido frequentemente criticado por historiadores da leitura e, embora tivesse conhecimento dessas críticas, caí nas malhas da mesma armadilha:

> Há uma tendência, em alguns trabalhos, de se associar diretamente o corpus de textos lidos por um grupo social específico com as mentalidades ou as visões de mundo daquele grupo, em uma determinada época. Essa tendência, que alguns autores denominam de sociologia histórica da cultura, busca estabelecer correlações diretas entre classes sociais e produções culturais. Esses estudos, em muitos casos, consideram um corpus específico de textos tradicionalmente considerados como "populares", como os livros da *bibliothèque bleue* ou os almanaques [...], como expressão, ou mesmo reflexo, de uma suposta mentalidade popular. Esse tipo de estudo parece pressupor que há uma associação direta entre o texto e a recepção do leitor, ou, em outras palavras, que a leitura não é uma atividade produtora de significados. Não consideram, portanto, o que estudos mais recentes afirmam: há mediações de vários níveis entre texto e leitor. (BATISTA E GALVÃO, 1999, p. 19).

Nesse processo de idas e vindas, cheguei a uma organização do trabalho que reflete, entre outras questões, pressupostos teóricos comuns a alguns estudos sobre leitura e história da leitura e uma das conclusões resultantes da própria pesquisa: os efeitos de leitura esperados pelo autor e/ou editor não coincidem com os usos e as apropriações realizados pelos leitores empíricos em suas práticas concretas de leitura. Na primeira parte do livro, busco indícios de quem era o leitor/ouvinte visado pelos autores/editores de folhetos, no período estudado, a partir, principalmente, da análise dos próprios cordéis: texto e objeto material. Em um segundo momento, busco me aproximar do leitor empírico, buscando caracterizá-lo (inclusive em relação aos níveis de sua inserção no mundo *letrado*) e reconstruindo as formas de acesso que tinha aos folhetos, as situações de leitura/audição desses impressos e os papéis atribuídos a sua leitura e/ou audição. As entrevistas, as memórias e os romances foram as principais fontes utilizadas nessa parte do trabalho. Antes, porém, de apresentar propriamente as partes nucleares do trabalho, reconstituo, de maneira breve e panorâmica, a trajetória da literatura de folhetos no Brasil.

Um breve panorama da literatura de folhetos no Brasil

"Folheto", "livrinho de feira", "livro de histórias matutas", "romance", "folhinhas", "livrinhos", "livrozinho ou livrinho veio", "livro de história antiga", "livro de poesias matutas", "foieto antigo", "folheto de história de matuto", "poesias matutas", "histórias de João Grilo", "leitura e literatura de cordel", "história de João Martins de Athayde" ou simplesmente "livro". Essas foram algumas denominações que os leitores, leitoras, ouvintes e vendedor que entrevistei utilizaram para designar o que os estudos acadêmicos brasileiros sobre o tema renomearam e difundiram, por todo o país, como literatura de cordel. Alguns entrevistados afirmaram que, embora conhecessem esta última denominação, ela não era, de maneira nenhuma, utilizada na época. Folheto, para os mais finos, e romance, para aqueles que tinham um número maior de páginas, eram, efetivamente, as maneiras pelas quais os poemas impressos eram conhecidos. Nos folhetos, em suas capas, contracapas e quartas capas, aparecem denominações como "livros", "livros de versos", "romances", "folhetos", "obras" e "poesias populares". Liêdo Souza (1976, p. 13) registra ainda outras formas como essa literatura é conhecida, o que varia de região para região: "obra", "livro de Ataíde" (um dos autores e editores de folhetos mais importantes da história), "estória do meu padrinho" (referência à Padre Cícero), "arrecifes" (por ser proveniente, em sua época de apogeu, do Recife) e "ABC's" (forma específica de alguns folhetos).

A denominação "literatura de cordel" foi atribuída aos folhetos brasileiros, pelos estudiosos, a partir de um tipo de literatura semelhante encontrado em Portugal. Câmara Cascudo (1988) situa na década de 60 a difusão dessa denominação no país para se referir aos "folhetos impressos" no território brasileiro, até então somente utilizada para o caso português. Em 1953, em Cinco Livros do Povo (CASCUDO, 1994), o autor afirma que "as brochurinhas em versos", encontradas então no Brasil, eram denominadas "folhetos". Acrescenta que não conhecia uma denominação genérica para esse objeto impresso. Refere-se, então, ao título português "literatura de cordel", justificado pelo fato de os livros serem postos à venda "cavalgando um barbante", como, segundo ele, acontecia ainda em algumas partes do Brasil.

Dão-se esses nomes, assim, a uma forma de poesia impressa, produzida e consumida, predominantemente, em alguns Estados da região Nordeste. Embora caracterizado pela forte presença da oralidade em seu texto e forma, o cordel é necessariamente impresso, distinguindo-se de outras formas de poesia oral, como as pelejas e desafios, "cantados" pelos cantadores ou repentistas. Assim é que Câmara Cascudo situa a especificidade do cordel, um tipo de literatura tradicional – e não oral –, em "sua destinação gráfica, circulando em opúsculos impressos"

(1988, p. 438). Cordelista, poeta de bancada, ou simplesmente poeta são algumas denominações dadas àqueles que escrevem os versos.

Não há, entre os estudiosos, um consenso quanto às origens desse tipo de literatura no país e, particularmente, seu desenvolvimento no Nordeste brasileiro. Sabe-se que a questão das origens é sempre problemática no âmbito da historiografia contemporânea, revelando-se, quase sempre, um falso problema e um esforço inócuo em busca de sua resolução, na medida em que a história tem sido considerada como feita de descontinuidades e rupturas e não somente de permanências que se deslocariam em uma trajetória linear e progressiva em direção (retrospectiva) a um suposto ponto de onde tudo se teria originado. Assim Michel Foucault se refere à questão:

> Procurar uma tal origem é tentar reencontrar "o que era imediatamente", o "aquilo mesmo" de uma imagem exatamente adequada a si; é tomar por acidental todas as peripécias que puderam ter acontecido, todas as astúcias, todos os disfarces; é querer tirar todas as máscaras para desvelar enfim uma identidade primeira. [...] O que se encontra no começo histórico das coisas não é a identidade ainda preservada da origem – é a discórdia entre as coisas, é o disparate. (1979, p. 18)

No caso específico de manifestações populares tradicionais e de um país com inúmeras influências étnicas e culturais como o Brasil, essa questão torna-se ainda mais aguda. No entanto, traçarei aqui alguns resultados apontados por pesquisas realizadas. Em geral, as origens da literatura de cordel são relacionadas ao hábito milenar de contar histórias que, aos poucos, começaram a ser escritas e, posteriormente, difundidas através da imprensa, a exemplo do que ocorreu em diversos países. Assim Marlyse Meyer (1980) descreve esse processo:

> Em todo o mundo, desde tempos imemoriais, à grande tradição da literatura escrita culta correspondeu sempre, em todas as culturas, a pequena tradição oral de contar. Às vezes, porém, o contador pegava lápis e papel e se punha a escrever – ou a ditar – o que já estava havia tempo em sua memória, ou o que de novo inventava, ampliando um pouco o seu público.
>
> Quando surgiram as máquinas impressoras, a divulgação dessas obras de pequena tradição literária estendeu-se a um número maior de leitores: algumas eram escritas em prosa; a maioria, porém, aparecia em versos, pois era mais fácil, a um público analfabeto, decorar versos e mais versos, lidos por alguém.
>
> Esta foi a trajetória daquilo que se chamou, na França, literatura de colportage (mascate); na Inglaterra, *chapbook* ou balada; na Espanha, *pliego suelto*; em Portugal, literatura de cordel ou folhas volantes. (MEYER, 1980, p. 3)[15]

Formas de literatura semelhantes ao cordel também podem ser encontradas no continente americano. Manuel Diégues Júnior (1986) afirma que, resguardadas as especificidades que cada uma dessas formas de literatura assume em diferentes países da América colonizada, pode-se perceber semelhanças, por exemplo, entre o *corrido*, encontrado no México, na Argentina, na Nicarágua e no Peru, e o *contrapuento*, semelhante à peleja ou desafio, também encontrado no México. Da mesma maneira, na Argentina podem ser observados *hojas* ou *pliegos sueltos*, semelhantes ao cordel, e o *payador*, que lembraria o nosso cantador.

Segundo Câmara Cascudo (1988), a prática de conservar a memória dos episódios pelo canto poético é fórmula universal e milenar, sendo utilizada no Brasil já no século XVI, pelos indígenas, como registraram Fernão Cardim, Gabriel Soares de Souza e André Thevet. Também os povos africanos, como os sudaneses e os bantos, registravam suas tradições em poemas.[16]

Os primórdios da literatura de cordel encontrada no Brasil estariam, desse modo, relacionados à sua semelhante portuguesa, trazida para o Brasil pelos colonizadores já nos séculos XVI e XVII. Segundo Ivan Proença (1977), a literatura de cordel portuguesa tem sua origem nos romances tradicionais daquele país, que eram impressos, rudimentarmente, em folhas soltas ou volantes, e vendidos, presos em um barbante ou cordel, em feiras e romarias. Esses impressos traziam registros de fatos históricos, narrativas tradicionais (como as da Imperatriz Porcina, Princesa Magalona e o Imperador Carlos Magno) e também poesia erudita (como as de Gil Vicente). A circulação das histórias tradicionais, de origem portuguesa e, de modo mais amplo, europeia, e que serviram de base à elaboração de vários folhetos, parece ter sido ampla em Pernambuco desde o século XVIII[17].

A análise dos catálogos das livrarias brasileiras no século XIX, realizada por Márcia Abreu (1993 e 1999), revela que parte significativa da produção de livros de cordel portugueses foi consumida no Brasil nesse momento, através das importações ou das reimpressões feitas no Brasil. Em 1888, Sílvio Romero (1977) afirmava que os livros de cordel portugueses poderiam ser encontrados no Brasil nas principais cidades do Império, "nas portas de alguns teatros, nas estações de estradas de ferro e noutros pontos", embora estivessem, na avaliação do autor, já em decadência. O autor afirmava, ainda, que, naquele momento eram muito lidas, principalmente nas cidades do interior, algumas dessas obras, como *A História da Donzela Theodora*,[18] *A Imperatriz Porcina, Carlos Magno e os Doze Pares de França*, entre outros.[19]

Os poetas de cordel, assim, muitas vezes, basearam-se em histórias tradicionais em prosa, para escrever folhetos. Câmara Cascudo (1994/1953) refere-se a livros tradicionais, de grande difusão e prestígio, de origem europeia,

e também a obras de literatura erudita brasileira, que foram adaptados para o formato dos folhetos, citando, como exemplo, *A Escrava Isaura*, *Iracema*, *Quo Vadis* e as histórias de *Carlos Magno e os Doze Pares de França*. Cascudo cita, ainda, a adaptação que o cantador José Galdino da Silva Duda fez, para a forma de sextilhas, de uma novela do *Decamerone*.

No entanto, a filiação direta entre o cordel português e o folheto brasileiro não é consenso entre os autores.[20] Alguns estudiosos associam as origens da literatura de folhetos brasileira principalmente a formas de poesia oral já existentes no Nordeste brasileiro, como as pelejas e desafios, ou mesmo com outras formas de expressão oral características das sociedades colonial e oitocentista brasileiras. Manuel Cavalcanti Proença (apud IVAN PROENÇA, 1977, p. 27), por exemplo, afirma que os folhetos de cordel talvez guardem "algum parentesco" com os bandos (pregões ou proclamações públicas). Esses bandos, segundo o autor, percorriam a cavalo

> as ruas do Brasil antigo, com tambores e cornetas, até parar em uma esquina onde um toque padrão, de corneta, se encarregava de atrair e reunir o público. Então, lia-se o bando, em pergaminho, versos que anunciavam um programa geral de festas populares (do Divino, por exemplo), tão populares, que tais programas continham invariavelmente em sua abertura críticas ferinas aos figurões e autoridades. Essa banda era "folha volante", folheto (o *pliego suelto*), folha toda dobrada. [...] Tais modelos teriam evoluído para o folheto do Nordeste, "anunciados" em 'pregões' nos postos de venda.

Francisco das Chagas Batista (1998/1929), por sua vez, traz diversos exemplos de cantadores que, durante o século XIX e início do XX, transcreviam seus versos para se apresentarem nas cantorias. Em alguns casos, os poemas eram enviados a outros cantadores através de cartas. Muitos desafios, cantorias e outras variantes da poesia popular tinham, no entanto, como demonstraram, entre outros, Leonardo Mota (1987/1921), Luís da Câmara Cascudo (1984/1952), Sílvio Romero (1977/1888) e Pereira da Costa (1974/1908), também origem portuguesa. Esses autores realizaram comparações entre variantes de formas de poesia oral portuguesas e brasileiras. Na verdade, o que parecia ocorrer era uma circularidade entre as diversas formas de cultura (inclusive as indígenas, africanas e de outros povos) em um Brasil marcado pela oralidade.

Desse modo, o que parece sensato afirmar é que é inegável a influência do cordel português na constituição da literatura de folhetos brasileira. Essa fonte foi, evidentemente, associada a outras influências, como a formas de poesia oral, ao hábito de se transmitir o patrimônio cultural através de histórias, aos pregões e a outros modos de oralidade comuns em uma sociedade, como a do Brasil colonial e imperial, com baixos índices de letramento.

Se são nebulosas as origens do cordel no espaço brasileiro, são ainda menos precisas as informações acerca das razões de esse tipo de literatura ter-se desenvolvido quase que exclusivamente em algumas regiões do Nordeste. Para Marlyse Meyer (1980), no Nordeste o costume de contar histórias nos serões familiares, nas fazendas ou engenhos, sempre foi muito vivo:

"Esse costume proveio de uma longa tradição ibérica, dos romanceros, das histórias de Carlos Magno de dos Doze Pares de França e outros grandes livros populares. Originou-se também de contos maravilhosos de 'varinha de condão', de bichos falantes, de bois – sobretudo na região nordestina, onde se desenvolveu o ciclo do gado"; e, ainda de histórias do folclore universal e africano – estas trazidas pelos escravos, acostumados à narrativa oral em suas terras de origem.

As histórias eram veiculadas por cantadores ambulantes, que iam de fazenda em fazenda, de feira em feira, transmitindo notícias de um lugar para outro, aproximando as pessoas. Reproduziam histórias, inventando casos, improvisos, repentes, desafios e pelejas entre cantadores.

Contadores de história e cantadores de cantorias sempre estiveram associados ao mundo nordestino, no seu duplo sistema de organização: pastoril, do interior sertanejo – ao qual virá acrescentar-se posteriormente o plantio de algodão –; e agrícola, no mundo fechado da cana de açúcar do litoral" (Meyer, 1980, p. 7).

Manuel Diégues Júnior assim explica essa questão:

> No Nordeste [...], por condições sociais e culturais peculiares, foi possível o surgimento da literatura de cordel, da maneira como se tornou hoje em dia característica da própria fisionomia cultural da região. Fatores de formação social contribuíram para isso; a organização da sociedade patriarcal, o surgimento de manifestações messiânicas, o aparecimento de bandos de cangaceiros ou bandidos, as secas periódicas provocando desequilíbrios econômicos e sociais, as lutas de família deram oportunidade, entre outros fatores, para que se verificasse o surgimento de grupos de cantadores como instrumentos do pensamento coletivo, das manifestações da memória popular. (1986, p. 40)

Para Tavares Júnior (1980) o Nordeste (e também o Norte) teria sido a região brasileira em que mais os valores trazidos pelos colonizadores teriam sido aceitos. Por essa razão, a literatura de cordel aí teria se desenvolvido com maior vigor: "Sua aclimatação no Norte e Nordeste, a aceitação de sua mensagem decorrem do fato de que se vive nessas regiões uma ambiência social, que endossa e cultua a axiologia recebida com a colonização." (Tavares Júnior, 1980, p. 18). Ainda segundo o mesmo autor, essa axiologia endossada e cultuada no Nordeste, veiculada pelas classes dominantes, seria a medieval, refletida nos temas dos folhetos de cordel:

"Os valores veiculados pela literatura de Cordel nordestina reduplicam semanticamente os valores das classes dominantes. Fazem eco à moralidade tradicional e certos princípios de caráter feudal conservam-se intactos." (TAVARES JÚNIOR, 1980, p. 19). O autor afirma que o termo medieval é utilizado por ele em uma acepção ampla, que incorpora sobretudo os aspectos morais. Na mesma direção, assim afirma Pontes:

> Mas voltemos à realidade do Nordeste brasileiro. Observando-a cuidadosamente, não é difícil concluir que apesar das instruções da modernidade na vida dessa região, a antiguidade permanece um elemento poderoso em sua paisagem espiritual. Daí porque os sonhos utópicos simbolizados e expressos na mais característica e espontânea poesia de seu povo, inserem-se com mais freqüência no passado do que no futuro. (PONTES, 1973 apud TAVARES JÚNIOR, 1980, p. 19)

Como se pode observar, o fato de o cordel ter se desenvolvido quase que exclusivamente em alguns Estados do Nordeste brasileiro é explicado a partir da naturalização da região, que teria, intrinsecamente, predisposição para acolher esse tipo de literatura. Durval Albuquerque Júnior (1994 e 1999), baseando-se em grande medida na obra de Michel Foucault, mostra, ao longo de seu trabalho sobre a "invenção" do Nordeste, como, a partir do surgimento da região como um território específico – fenômeno que ocorre no final da década de 10 – um conjunto de práticas e discursos, de enunciados e imagens que se repetem com certa regularidade vão instituindo uma identidade supostamente "natural" para a região. Esses textos e imagens, que ganham foro de verdade, homogeneízam esse espaço, através do apagamento das multiplicidades que o caracterizam. Atraso, improdutividade, ruralidade, arcaísmo são algumas desses enunciados que refletiriam uma suposta "verdade interior" e dariam identidade à região. Nas palavras do autor:

> O Nordeste é uma produção imagético-discursiva formada a partir de uma sensibilidade cada vez mais específica, gestada historicamente, em relação a uma dada área do país. É é tal a consistência desta formulação discursiva e imagética que dificulta, até hoje, a produção de uma nova configuração de 'verdades' sobre este espaço. (ALBUQUERQUE JÚNIOR, 1999, p. 49)

A questão das origens do cordel e do seu enraizamento no Nordeste brasileiro merecia, pois, um aprofundamento, através da realização de pesquisas que se debruçassem especificamente sobre o tema.

Muitos estudiosos atribuem a Silviano Piruá de Lima (1848-1913), paraibano, a ideia de rimar as histórias tradicionais. Essa é a opinião de Câmara Cascudo (1994/1953), para quem o poeta foi o primeiro a escrever os romances em versos, isto é, "levando-os da prosa citadina para as sextilhas sertanejas na fórmula usual do ABCBDB." (p. 12). Escreveu alguns romances que se tornaram muito conhecidos pelo público leitor de folhetos, como Zezinho e Mariquinha, Vingança do Sultão e História do Capitão do Navio.

É, entretanto, atribuída a Leandro Gomes de Barros (1865-1918), nascido em Pombal, Paraíba, o início da impressão sistemática das histórias rimadas em folhetos. O primeiro deles, localizado, foi impresso em 1893, momento em que se multiplicavam as tipografias em todo o país. Leandro teria, pois, começado a escrever folhetos em 1889 e a imprimi-los em 1893.[21] A partir de 1909, já estabelecido no Recife, Leandro passou a viver exclusivamente da produção e da venda dos folhetos, tornando-se ao mesmo tempo autor, editor e proprietário.

O apogeu da literatura de cordel no Brasil só se daria, no entanto, entre as décadas de 30 e 50. Nesse período, montaram-se redes de produção e distribuição dos folhetos, centenas de títulos foram publicados, um público foi constituído e o editor deixou de ser exclusivamente o poeta. Nesse processo, destaca-se a figura do editor João Martins de Athayde, estabelecido no Recife, que introduziu inovações na impressão dos folhetos, consolidando o formato no qual até hoje é impresso. Leandro e Athayde são considerados os fixadores das normas de criação de folhetos que seriam seguidas posteriormente.

Pesquisadores afirmam, como Ruth Terra (1983), que em 1909 João Martins de Athayde se estabeleceu no Recife com uma tipografia; não há, no entanto, registros de folhetos publicados por ele antes de 1918. Em 1921, o poeta e editor comprou a propriedade das obras de Leandro Gomes de Barros, o que fez crescer significativamente a sua produção.[22] Além da publicação das obras de Leandro, Athayde tornou-se editor também de diversos outros poetas e de seus próprios folhetos. Além das modificações no formato dos cordéis, Athayde criou uma verdadeira rede de distribuição desses impressos, que passaram a ser vendidos nas grandes cidades de vários Estados. Em 1949, Athayde, já doente, vendeu os direitos de proprietário de obras de vários autores a José Bernardo da Silva, de Juazeiro do Norte, Ceará.

Quanto à forma, Câmara Cascudo (1994/1953) destaca que raros eram os folhetos escritos em prosa e que quadras, ABCB, sextilhas, décimas eram as formas mais comuns das composições em versos. Renato C. de Campos (1977/1959) destaca, entre essas formas, a sextilha de versos de sete sílabas, forma conhecida pelos cantadores como "obra de seis pés". Quase todos os folhetos encontrados em Pernambuco seguem essa forma. Segundo o autor, a metrificação presente nos poemas é feita de ouvido: somente alguns poetas empregam a

contagem das sílabas. Na sextilha, os versos rimam na forma ABCBDB[23]. Essa delimitação formal característica da literatura de cordel, como os paralelismos – "anafóricos, sintáticos, semânticos" – são utilizados nos textos, segundo alguns autores, a fim de torná-los mais facilmente memorizáveis pelos poetas e pelo público (IVAN PROENÇA, 1977, p. 54). O poeta Olegário Fernandes (MITO, 1970, p. 17-18) explica como faz para conservar a rima: "A rima, a rima a gente tem que controlar, digamos, o senhor já sabe mais ou menos como é, não? A gente bota, se é de sextilha, então a primeira linha é versículo, a segunda é a rima, terceira é versículo, quarta é rima, quinta é versículo e sexta é rima." Os princípios básicos de composição do cordel explicariam, segundo Márcia Abreu, o sucesso dessa literatura junto a um público afastado da tradição escrita:

> Uma composição só será incorporada ao universo do cordel caso seja produzida em sextilhas setessilábicas com rimas ABCBDB. Aceitam-se também as setilhas (ABCBDDB) e décimas (ABBAACCDDC) setessilábicas ou decassilábicas, mas estas formas são menos comuns. Sabe-se que os versos são mais facilmente memorizáveis do que textos em prosa, especialmente se forem seguidas algumas regras de composição dos folhetos. (ABREU, 1994, p. 441)

Nos anos 60, o cordel passou por uma grande crise, tornando-se novamente centro de interesses a partir dos anos 70, desta vez principalmente por parte de turistas, universitários brasileiros e estrangeiros: o cordel tornou-se objeto de estudo e de curiosidade. Essa transformação do público leitor e, consequentemente, da produção também dos folhetos foi percebida pelos próprios poetas: "o Cordel hoje [...] é apoiado pelas autoridades, a ponto de já haver chegado ao critério das Universidades" (SILVA apud MEYER, 1980, p. 5). A partir desse momento, os locais de venda começaram também a mudar, o que também revela uma mudança de público: nas livrarias e lojas de artesanato

> é um público mais sofisticado que tem acesso aos folhetos – professores de letras, estudantes universitários, intelectuais em geral. O povo busca-o nas praças e nas feiras, onde os manuseia, ouvindo o cantador e o desfilar daquele vocabulário tão de sua intimidade e agrado. (PROENÇA, 1977, p. 19)[24]

Atualmente, os folhetos são comprados, basicamente, por turistas e estudantes. Nos últimos anos, muitos intelectuais, principalmente, têm-se engajado em movimentos que buscam revigorar a literatura de folhetos. Alguns estudos têm, propriamente, uma dimensão "militante", buscando "salvá-la de extinção", como pode ser visto no exemplo abaixo:

> É também nossa esperança que o presente trabalho venha despertar o interesse de todos aqueles que possam de alguma forma contribuir para a sobrevivência do folheto, forte e

legítima expressão cultural do nosso povo, hoje ameaçada de extinção, dadas as condições precárias em que vivem os que a fazem, homens em quem não enxergamos apenas o pitoresco ou o gênio do artista primitivo, mas seres humanos, que nos parecem dignos de maior atenção, respeito e ajuda do que têm recebido de cada um de nós... (SOUZA, 1976, p. 101)

As muitas reportagens que têm saído na imprensa nos últimos anos refletem esse mesmo movimento.[25] A crise e gradativa "morte" do cordel são atribuídas, pelos estudiosos, a diversos fatores, como a influência da televisão, a censura, a falta de interesse das autoridades pela "arte popular" e as transformações na sociedade em geral, cada vez mais urbana e industrializada.

Esse movimento caracteriza o desenvolvimento de muitos estudos sobre a "cultura popular" também em outros países. Segundo Peter Burke (1989/1978), de modo geral, o "povo" se tornou tema de interesse entre os intelectuais europeus no final do século XVIII e início do século XIX, momento em que a cultura popular tradicional estava começando a desaparecer. No mesmo sentido, Michel de Certeau et al. (1995/1974), ao constatar que a "cultura popular nasceu quando já não oferecia perigo", afirmam que muitas pesquisas contemporâneas sobre o tema ignoram as origens desse campo de estudos, o que contribui para que muitas noções presentes naquela época e naquele lugar sejam reforçadas hoje sem que sejam problematizadas. Mesmo em caso de ideologias ou opções políticas contrárias às que orientaram a constituição do campo de estudos no século XIX, como no caso dos estudos de inspiração marxista ou "populista", certas concepções e certas relações entre o objeto e os métodos de pesquisa e a sociedade semelhantes às que basearam o estudo sobre o tema em sua origem continuam a fundamentar esses estudos: "O mesmo processo de eliminação continua. O saber permanece ligado a um poder que autoriza" (Certeau et al.,1995, p. 58).[26]

Nesse aspecto, vale a pena se referir às reflexões de Michel de Certeau et al. (1995/1974) sobre o aspecto missionário de que se revestem alguns estudos sobre a literatura popular:

> Os estudos desde então consagrados a essa literatura tornaram-se possíveis pelo gesto que a retira do povo e a reserva aos letrados e ou aos amadores. Do mesmo modo, não surpreende que a julguem em "via de extinção", que se dediquem agora a preservar as ruínas, ou que vejam a tranqüilidade de um aquém da história, o horizonte de uma natureza ou de um paraíso perdido. (1995, p. 56)

A temática das histórias

Os folhetos tratam de uma diversidade de temas: religião e misticismo (com a forte presença de Cristo, dos santos, dos beatos – Padre Cícero e Frei Damião – e do diabo), relatos de acontecimentos cotidianos e políticos mais amplos, descrição de fenômenos naturais (como as secas ou as enchentes) e sociais (como o cangaço), "decadência dos costumes" (muitas vezes associada ao urbano), narração de histórias tradicionais, aventuras de heróis e anti-heróis, etc. Câmara Cascudo (1994/1953), em 1953, afirmava que os assuntos dos folhetos são infinitos. Os acontecimentos políticos, locais e nacionais, e os registros de eventos cotidianos, como "acontecimentos sociais, grandes caçadas ou pescarias, enchentes, incêndios, lutas, festas, monstruosidades, milagres, crimes, vitórias eleitorais" são temas enfatizados pelo autor. Cascudo destaca que há uma série de folhetos que são produzidos em torno de alguns temas, como devotos, cangaceiros, milagres de santos, prisão de bandidos famosos, fugas espetaculares, sonhos e visões ligadas ao padre Cícero do Juazeiro. Além disso, o autor se refere às histórias tradicionais em verso há muito tempo reeditadas. Entre elas, Cascudo (1994/1953) cita Alonso e Marina, Zezinho e Mariquinha, Capitão de Navio, Filha do Pescador e Cancão de Fogo.

A partir das temáticas mais recorrentes encontradas nos folhetos de cordel, os seus estudiosos buscam classificá-los em tipologias. Vários autores têm feito essa tarefa. Carlos Azevedo (1973), por exemplo, divide a literatura de cordel em ciclos, assim denominados: ciclo da utopia; ciclo do marido logrado; ciclo do demônio logrado; ciclo dos bichos que falam; ciclo erótico ou da obscenidade; ciclo de exemplos e de maldições; ciclo heroico e fantástico; ciclo histórico e circunstancial; ciclo do amor e bravura; cômico, satírico.

Manuel Cavalcanti Proença (apud PROENÇA, 1977, p. 45-46), por sua vez, classifica a literatura popular em três grandes grupos: a poesia narrativa, a poesia didática e os poemas de forma convencional. No primeiro grupo o autor inclui os contos (motivos mitológicos, animais, tabus, magia, morte, milagres, maravilhas, ogros, adivinhações, sabedoria e tolice, decepções, reversão da sorte, previsão do futuro, boa sorte, punição e recompensa, cativos e fugitivos, crueldade exagerada, sexo, natureza da vida, religião, traições do caráter, humor, miscelânea [reportagem]); as gestas ou sagas (heróis humanos [ciclo de Carlos Magno, ciclo de cangaceiros, ciclo de valentes e ciclo de beatos/patriarcas], heróis animais [ciclo do boi], anti-heróis pícaros [ciclo do Cancão de Fogo, ciclo de Pedro Malazartes, ciclo do soldado]. No grupo da poesia didática, o autor inclui a doutrinária (ensinamentos e profecias), a satírica (social, religiosa e política) e a por competição (pelejas e discussões). Finalmente, no grupo dos poemas de forma convencional, Ivan Proença inclui os padre-nossos, os testamentos, as glosas, os A.B.C., as pelejas e os "pé-quebrado" (p. 45-46).

Marlyse Meyer (1980), embora não tenha a intenção de realizar uma classificação exaustiva da literatura de cordel, divide os folhetos nos dois grandes grupos tradicionalmente referenciados: os romances e os folhetos. No primeiro agrupamento, estariam aqueles baseados em contos da carochinha ou de Trancoso, os romances inspirados nos "livros do povo" (como Carlos Magno ou Imperatriz Porcina), os de animais encantados, os de tradição religiosa, os romances de anti-heróis, os de valentia, os que falam sobre a "mulher difamada", e, finalmente, os romances de amor e de sofrimento. A autora classifica os folhetos em três grandes grupos: os de pelejas e discussões, folhetos de acontecido e folhetos de época.

Liêdo Souza (1976) traz uma contribuição original para essa questão, ao fazer, em seu estudo, uma classificação da literatura popular a partir de entrevistas que realizou com mais de cem poetas, editores, folheteiros e agentes da poesia popular, em quatro anos de trabalho de campo, em sete Estados do Nordeste. O autor estabelece a sua tipologia a partir da classificação geral da literatura de cordel em folhetos e romances. Os folhetos podem ser de conselhos, de eras, de santidade, de corrupção, de cachorrada ou descaração, de profecias, de gracejo, de acontecidos ou de época, de carestia, de exemplos, de fenômenos, de discussão, de pelejas, de bravuras ou valentia, de ABC, de Padre Cícero, de Frei Damião, de Lampião, de Antônio Silvino, de Getúlio, de política, de safadeza ou putaria e de propaganda. Os romances, por sua vez, são divididos em de amor, de sofrimento, de luta e de príncipes, fadas e reinos encantados. Baseado nas entrevistas que realizou, o autor afirma que essas histórias se passam em lugares distantes do cotidiano do leitor/ouvinte, como "o coração da Grande Ásia", o "Sudão Antigo", "os confins do horizonte" ou "um reino muito distante". Em geral, contam o drama de príncipes apaixonados e de princesas, muitas vezes órfãs, criadas por fadas misteriosas. Monstros encantados, que guardam fortalezas, também são personagens frequentes nessas histórias (p. 100).

O leitor/ouvinte nas páginas dos folhetos:
um estudo do impresso

Há uma tendência crescente, nos estudos de história da leitura, diante da impossibilidade de captar as leituras *in loco* e os leitores de "carne e osso" (que na maior parte das vezes já não vivem ou deixaram poucos depoimentos de suas experiências[1]) ou mesmo diante das limitações que apresentam procedimentos como a "história" oral ou os testemunhos escritos autobiográficos, a buscar, nos próprios textos e na materialidade do impresso, marcas indicativas que permitam a reconstrução do leitor pensado pelo autor e/ou editor no momento da produção do objeto de leitura.

Neste capítulo, busco levantar indícios de quem era o público dos folhetos. Através da *materialidade* desse gênero específico de impresso talvez seja possível perceber quem era o leitor visado pelos autores/editores desse tipo de produção durante as primeiras décadas do século XX, em Pernambuco.

Ao descrever o impresso-folheto, objetivo identificar tendências, transformações e permanências observadas em sua materialidade no decorrer do tempo, a fim de levantar hipóteses acerca de seu público leitor/ouvinte, naquele momento. Analisei 109 folhetos, publicados entre 1904 e 1957[2]. Foram considerados dados importantes na análise: título; autor; editor; data e local de publicação; local de venda; preço; número de páginas; número de poemas por folheto; número de estrofes do(s) poema(s); disposição das estrofes na página; presença ou ausência de outras páginas, no folheto, sem poemas; gênero do(s) poema(s); tamanho (medida) do folheto; características gerais da capa, da contracapa e da quarta capa; disposição gráfica da primeira página; presença ou ausência de referências a direitos autorais; tipos gráficos utilizados; presença ou ausência, no interior do texto, de certos caracteres gráficos, como vinhetas e clichês; denominações dadas, pelo editor ou autor, ao próprio folheto; disposição das maiúsculas e minúsculas no início de cada verso do(s) poema(s).

Baseio-me, para fazer este estudo em pressupostos comuns a trabalhos realizados no âmbito da história cultural[3]. Esses estudos compartilham da ideia de que é necessário estudar os textos e os impressos que lhes servem de suporte, isto é,

> os agentes embutidos no livro enquanto produto final destinado ao leitor. [...] Contra a representação elaborada pela própria literatura, do texto ideal, abstrato, estável porque desligado de qualquer materialidade, é necessário recordar vigorosamente que não existe nenhum texto fora do suporte que o dá a ler, e que não há compreensão de um escrito, qualquer que ele seja, que não dependa das formas através das quais ele chega ao leitor. (CHARTIER, s.d., p. 126-127)

O mesmo texto, nessa concepção, não é o "mesmo" se mudam os dispositivos de sua inscrição ou de sua comunicação[4]. Esses dispositivos permitem e limitam, ao mesmo tempo, a produção de sentidos.

Alguns indícios encontrados

Os 104 folhetos do *corpus* principal da análise podem ser agrupados em três grandes grupos no que se refere às datas de publicação.

1. Em um primeiro grupo, foram analisados 25 folhetos, considerando aqueles editados ainda quando Leandro Gomes de Barros estava vivo e no período imediatamente posterior a sua morte, quando sua obra passou a ser editada por Pedro Baptista, em Guarabira, Paraíba (1918-1921), ou seja, folhetos publicados entre 1900 e 1919, aproximadamente. Os folhetos não datados representam 28% do total desse primeiro grupo. Quanto à autoria[5], a grande maioria (76%) foi escrita por Leandro Gomes de Barros, reconhecidamente o poeta de maior produção nesse período inicial de edição dos folhetos. Francisco das Chagas Baptista, outro poeta bastante produtivo na época, é autor de quatro livretos e Antonio Baptista Guedes e Gregorio das Neves, pouco conhecidos, aparecem como autores de um folheto, cada.

Quem editava os folhetos em sua primeira fase? A análise do *corpus* parece corroborar o que já demonstraram alguns pesquisadores:

na fase inicial da produção de folhetos, os poetas recorriam, por conta própria, a tipografias não especializadas na produção desse tipo de impresso, como aquelas de jornais ou livrarias, situadas nas cidades de médio e grande porte. Os primeiros folhetos produzidos eram impressos em tipografias de jornal ou naquelas que faziam serviços por encomenda. No final da década de 10, alguns poetas começaram a se tornar proprietários de impressoras. Na maior parte das vezes, inseridos no contexto urbano, onde as tipografias se multiplicavam desde o final do século XIX, os poetas pagavam a tipografias especializadas na produção de outros tipos de impresso para terem suas obras publicadas.

2. Em um segundo grupo, reuni os folhetos publicados entre, aproximadamente, 1920 e o final da década de 1930, que corresponde, grosso modo, ao início e ao estabelecimento da atividade editorial de João Martins de Athayde, considerado o maior editor de folhetos de todos os tempos. Quanto à autoria, João Martins de Athayde aparece como autor em 22 deles (mais da metade), Leandro Gomes de Barros em 12, José Adão Filho em 4 e Pedro Brazil e Francisco Maraba em um, cada um. A Manoel Vieira do Paraizo é atribuída a autoria de um poema, no mesmo folheto em que a história principal é assinada por Leandro Gomes de Barros.

Em três folhetos, a ninguém é atribuída a autoria dos poemas. Nesse momento, percebe-se já a presença das hesitações que caracterizariam, posteriormente, a questão da autoria. Aos poucos, Athayde (e, depois, outros, como José Bernardo da Silva) adota a fórmula do "editor proprietário", muitas vezes ocultando ou substituindo o nome do autor pelo seu.

Entre 1920 e 1939, Athayde já aparece como principal editor de folhetos: parece ter publicado 79,1% dos livretos da amostra[6]. Nesse momento, percebe-se que a produção de folhetos sai, gradativamente, da responsabilidade de tipografias não especializadas para editores que têm no folheto o centro de sua produção, como é o caso de Athayde. Segundo Liêdo Souza (1981), inicialmente, Athayde imprimia seus poemas no antigo *Jornal do Recife* e, mesmo após a instalação de sua própria tipografia, continuou a se utilizar da gráfica do jornal, quando não tinha condições de imprimir toda a demanda de encomendas[7]. Seguindo a tendência do período anterior, Recife aparece como principal centro produtor, concentrando 93,0% dos casos. Guarabira e a capital da Paraíba, pelas razões já citadas, respondem, cada uma, pela produção de um folheto. Reunindo os dados referentes ao primeiro e ao segundo grupos, constatei que a maioria dos folhetos indica o local de publicação. Esse quantitativo será modificado substancialmente no período posterior.

3. No terceiro grupo, analisei 36 folhetos, publicados entre 1940 e o final da década de 50. Os não datados representam 44,4% desse grupo. À semelhança do período anterior, a impressão da data de publicação não parece ser importante. Quanto à autoria, foram analisados sete folhetos assinados por João Martins de Athayde, sete por Rodolfo Coelho Cavalcante, três por José Pacheco, dois por José Bernardo da Silva, sete não trazem indicação de autoria (em alguns casos é impresso somente o nome do editor-proprietário) e os demais são assinados por autores diversos.

Pode-se observar que, nesse momento, tornam-se mais agudas as contradições apontadas por diversos pesquisadores em relação à questão da autoria dos folhetos. Em um mesmo cordel, por exemplo, pode-se encontrar o nome de alguém identificado como editor proprietário, de outra pessoa assinando como o poeta escritor e um terceiro que se identifica como o verdadeiro autor, através do acróstico publicado no final do poema. Embora Athayde ainda seja responsável por parte significativa da produção de folhetos e Rodolfo Coelho Cavalcante e José Bernardo da Silva, dois outros grandes autores e editores de folhetos, apareçam com maior número de folhetos em relação aos demais, pode-se observar também que, à medida em que o cordel se "populariza", parece haver uma diversificação na quantidade de autores. É a época do apogeu da literatura de cordel: cresce o público-leitor, aumenta o número de poetas escritores e também de editores. Nesse período, José Bernardo da Silva e sua tipografia São Francisco, localizada em Juazeiro do Norte, no Ceará, aparece como principal editor de folhetos, com oito impressões, seguido de Rodolfo Coelho Cavalcante, com seis, e de João Martins de Athayde, com cinco. As Oficinas Gráficas da Livraria Nabuco e a Livraria Pedrosa imprimiram, cada uma, um folheto. Em 15 casos, não há indicação da editora. À semelhança do observado no período anterior, no decorrer do tempo, com a "popularização" do gênero, tipografias, muitas das quais pertencentes a poetas, foram-se especializando na produção de folhetos. As gráficas não especializadas, como as pertencentes a livrarias, foram, aos poucos, tornando-se insignificantes em relação ao total da produção. José Bernardo da Silva, como diversos estudos têm mostrado, tornou-se, em 1950, o proprietário da obra de Leandro Gomes de Barros e de João Martins de Athayde, após a doença e o fechamento da tipografia desse último autor. Tornou-se, assim, o maior editor de folhetos a partir dos anos 1950. Rodolfo Coelho Cavalcante, nascido em Alagoas, foi, principalmente a partir dos anos 50, um dos mais produtivos poetas da história do cordel, contribuindo significativamente para o desenvolvimento dessa literatura em Salvador, onde se fixou a partir de 1945[8], para a difusão do gênero e para a organização dos poetas.[9] Em consequência das mudanças ocorridas principalmente após a doença e morte (em 1959) de Athayde, o principal polo editor de folhetos deixa de ser, aos poucos, Recife, responsável pela produção de apenas 13,9% dos livretos da amostra, enquanto Juazeiro do Norte responde por 22,2% da produção e Salvador por 16,7% dos casos.[10] Aracaju e Patos, na Paraíba, aparecem na amostra, cada uma responsável pela edição de um folheto. No entanto, a maior porcentagem de impressos (41,7%) não traz a indicação do local de publicação. Esse dado parece revelar, principalmente se relacionado a outros sobre os quais ainda vou discorrer, que, à medida que o tempo passa, parece haver um crescente descuido editorial no processo de produção dos folhetos.

Na maioria dos cordéis, há indicação do local de venda nas capas, contracapas e quartas-capas. No período de 1900 a 1920, dos 25 folhetos analisados, a maior parcela (9) indica que eles podiam ser comprados na casa ou no depósito de folhetos do próprio autor. Em outros casos, o endereço do autor é mantido como local de venda, ao lado de agentes revendedores. Em seis folhetos, não há indicação do local de venda e, em outros cordéis, livrarias são indicadas como espaços de comercialização. Como se pode observar, nesse momento, as redes de distribuição ainda não estavam completamente montadas: os folhetos eram vendidos, grosso modo, pelo próprio autor ou em um circuito já estabelecido de venda de impressos, não específico para esse gênero. Embora, em alguns casos, sua circulação extrapolasse o âmbito restrito das cidades onde eram impressos, os folhetos, em sua maioria, eram vendidos em locais circunstanciados, alguns estreitamente identificados com o universo da cultura *letrada*, como as livrarias; pareciam não ser, ainda, impressos de "larga circulação".[11]

Já nas duas décadas seguintes, aproximadamente, pode-se observar uma mudança significativa nos locais de venda anunciados nos folhetos. Naqueles datados de 1920 a 1929, continua a tendência verificada no período anterior, ao lado do que parece significar uma hesitação, típica dos momentos de consolidação de um gênero. A livraria, a casa do autor e os correios aparecem, cada um, em um dos doze folhetos. Mas 75% dos folhetos analisados dessa época não trazem indicação do local de venda.

As estratégias de distribuição parecem estar ainda pouco definidas. Se agrupam-se folhetos publicados entre meados da década de 20 e na década de 30, outras tendências, que se consolidarão no período posterior, já podem ser visualizadas: a livraria desaparece como local de venda e a residência do autor mantém-se indicada em apenas um folheto. Nesse momento, aparecem como principal local de comercialização de folhetos os mercados públicos, indicados em 71% dos folhetos da amostra. Os agentes em outros Estados continuam a desempenhar um papel importante na rede de distribuição: no entanto, também eles, de maneira diferente do que ocorria no período anterior, localizavam-se nos mercados públicos de outras cidades. O correio passa a ocupar um lugar importante nas estratégias de distribuição dos impressos: é indicado como um instrumento de venda em 61,3% dos folhetos da amostra. Em consequência da crescente venda e "popularização" da literatura de folhetos, os seus autores e/ou editores passaram a destinar um imóvel, denominado "depósito", para comercializar especificamente sua produção: quase um terço dos livretos o indicam como local de venda, ao lado de outras estratégias. Em apenas 16,1% dos casos, não há indicação do local de venda, o que parece demonstrar a superação da hesitação a que me referi anteriormente. O folheto se torna, no período, um impresso de "larga circulação".

Nas duas últimas décadas escolhidas para este estudo, as grandes tendências observadas no período anterior se mantêm, embora com algumas diferenciações. Os locais de venda permanecem, grosso modo, os mesmos. O principal local de venda indicado nos folhetos nesse momento é o "depósito" e a tipografia especializada em sua impressão, que aparecem em 44,4% dos livretos. Os mercados públicos, onde se localiza grande parte dos agentes revendedores, continuam a desempenhar um papel significativo nas estratégias de circulação dos impressos: foram referidos em 27,8% dos folhetos da amostra. Os agentes revendedores não localizados nos mercados públicos, mas em endereços residenciais, em fiteiros[12], em redações de jornal e até em perfumarias são indicados em um quarto dos folhetos. O correio aparece a seguir, em 6 dos 36 livretos analisados. Um dado merece ser destacado: a metade dos folhetos não traz a indicação do local de venda. Parece que, no período, a diversificação observada na quantidade de autores leva poetas à margem do circuito de distribuição utilizado pelas grandes editoras especializadas na produção de folhetos a escrever, publicar e vender, eles mesmos, principalmente nas feiras, os seus poemas.

A análise parece indicar que, aos poucos, os folhetos deixaram de ser vendidos na casa do autor ou na livraria, como parecia mais comum no início de sua história, e passaram a ser vendidos, prioritariamente, por agentes revendedores de cidades diferentes, e em mercados públicos de diversas capitais que pareciam funcionar, também, como grandes centros de distribuição. Assim, das médias e grandes cidades, onde eram produzidos, os folhetos pareciam ser distribuídos para as pequenas comunidades, onde eram vendidos nas feiras. Como já indicado em outros estudos, é somente a partir de meados dos anos 30 que se montaram redes de distribuição e o editor deixou de ser exclusivamente o poeta. Esses dados parecem indicar, pois, uma progressiva ampliação e popularização do público leitor: aos poucos, os folhetos deixaram de ser vendidos em locais onde também podiam ser adquiridos outros objetos característicos do mundo *letrado* e passaram a circular em uma rede específica de distribuição, destacando-se o papel desempenhado pelos mercados públicos e pelas feiras, locais onde não se observava a comercialização de impressos típicos do universo "erudito".

A análise dos outros tipos de produtos (impressos, em particular) anunciados nos folhetos, principalmente em suas contracapas e quartas capas, constitui um outro tipo de indicador de quem era o público leitor primordialmente visado pelos poetas e editores. Esses produtos permaneceram os mesmos ao longo do tempo? Em que universo de leituras/de impressos os autores e editores pressupunham que estivessem inseridos os seus possíveis leitores/ouvintes? Os folhetos datados de 1900 a 1909 não trazem anúncios de propaganda de nenhum produto. Já naqueles analisados do período de 1910 a 1919, destacam-se os anúncios de outros títulos de cordéis publicados pela mesma livraria e editora ou de histórias de autoria do mesmo poeta do folheto. Além dos catálogos e extratos de catálogos de editores, os folhetos trazem também, em número significativo, propaganda das livrarias em cujas tipografias foram impressos. Que artigos são anunciados nessas publicidades de livrarias? Inicialmente, como era de se esperar, livros. Pedro Baptista anuncia, dirigindo-se aos negociantes, que, em sua livraria, podiam ser encontrados "livros em todos os generos e de auctores adoptados" (BARROS, 1919). Os anúncios também destacam artigos utilizados nas escolas e em atividades de desenho e escrita, além de conterem publicidade de trabalhos tipográficos realizados na gráfica das livrarias. Nas duas décadas seguintes, a natureza dos anúncios publicados permanece semelhante à observada no momento anterior. Inicialmente, propagandas de outros títulos de folhetos são publicadas em quase todos os exemplares analisados. Além de trazer catálogos ou extratos de catálogos dos livretos, os folhetos continuaram a publicar propagandas de livrarias e de tipografias, mas em menor quantidade do que o observado no período anterior. Nas décadas de

1940 e 1950, pode-se observar uma mudança significativa no teor dos anúncios de publicidade impressos nos folhetos. Títulos de cordéis, já publicados ou a serem editados, continuam sendo anunciados em vários exemplares analisados. Ao lado deles, aparece a indicação de que, no mesmo local, eram vendidos também outros impressos considerados e tornados cada vez mais "populares": genericamente, os anúncios falam de "livros", "revistas"; são específicos somente ao se referirem a outros impressos de "larga circulação", como modinhas, "novenas", "orações", horóscopos, jornaizinhos de trovas e "lunários". A análise parece indicar assim, que, aos poucos, os poetas e/ou editores pressupõem que seu público se populariza.

A análise da variação no número de páginas dos folhetos ao longo do tempo poderia também ser um indicador do público leitor visado pelos poetas e/ou editores? Em certa medida, creio que sim. Inicialmente, a análise revela que os folhetos curtos, de 8 páginas, eram raros até o final da década de 30 (somente 2 em 68), prevalecendo livretos mais grossos, entre 16 e 80 páginas. A partir dos anos 1940, com o processo de "popularização" do gênero, os folhetos de 8 páginas, mais fáceis de serem memorizados e lidos em voz alta, tornam-se significativos no conjunto da amostra analisada: representam metade dos casos. Assim, parece haver uma tendência, ao longo do tempo, de produzir poemas e publicá-los em um formato que facilite a leitura para um público pouco habituado a ter contato, por escrito, com objetos de leitura densos, com muitas informações. Aos poucos, essas transformações introduzidas no tamanho dos folhetos, atribuída principalmente à Athayde, começaram a se vincular ao tipo de poema escrito. O *folheto*, de um lado narrando principalmente fatos ocorridos, crimes, acontecimentos reais com algum elemento sobrenatural, acidentes e, de outro, descrevendo pelejas, tinha de oito a dezesseis páginas e os *romances*, trazendo em geral versões das histórias tradicionais ou criações locais narrando histórias de encantamento, tinham de 24 a 64 páginas.

A análise realizada neste estudo pode levantar indícios, também, de que essas transformações ocorridas na produção dos cordéis revelam um progressivo barateamento dos custos na impressão e, consequentemente, na produção de um objeto menos sofisticado e mais "popular". No período de 1900 a 1919, um número significativo (20% dos casos) de poemas era publicado em um folheto com um número de páginas irregular, ou seja, com um número de páginas que não fosse múltiplo de 8. Nas duas décadas seguintes, esse número diminui significativamente: em apenas 7% dos folhetos analisados a paginação não é múltipla de 8. Nas décadas de 1940 e 1950, essa tendência, grosso modo, mantém-se: 13,9% dos exemplares da amostra são confeccionados nesse formato. Nesse grupo, na verdade, todos os folhetos que têm paginação não múltipla de 8 são diferentes edições de um mesmo título: *O cachorro dos mortos*, publicado, no decorrer do tempo, no formato de 40 páginas. Essa constatação parece indicar que houve, ao longo do tempo, uma tentativa de racionalização e redução de custos na produção dos folhetos. Segundo Emanuel Araújo (1986), o formato mais comum e econômico na impressão de livros é o que aproveita a folha para nela imprimir um número de páginas múltiplo de 8.

A impressão ou não do preço nos folhetos também pode ser um indicador na tarefa de (re)construção do público leitor de folhetos. A pesquisa constatou que, até 1939, somente 26,9% dos folhetos traziam o preço. No período posterior, correspondente a aproximadamente as décadas de 1940 e 1950, por sua vez, 83,3% dos livretos faziam referência ao valor de venda do impresso. Quais seriam as razões explicativas dessa constatação? Em 1942, a moeda brasileira mudou: de real passou a cruzeiro. Possivelmente o público, pouco habituado aos novos valores, sentia necessidade de vê-lo imediatamente estampado no impresso. Ao lado desse fator, na medida em que considero que o público se "popularizou" nesse momento, é plausível supor que, com essa característica (menor poder aquisitivo, menor familiaridade com o mundo *letrado*), tivesse necessidade de ver de imediato o preço do produto antes de decidir comprá-lo.

Com o objetivo de levantar indícios sobre o público leitor/ouvinte visado pelos autores e e/ou editores de folhetos, analisei também as capas dos impressos a partir de alguns indicadores. Um dos pontos considerados importantes refere-se à quantidade de tipos e à abundância ou restrição no uso de outros recursos gráficos, como a presença ou a ausência de bordas e de vinhetas, por exemplo. Um outro ponto que se tornou relevante no decorrer da análise diz respeito à presença ou à ausência de ilustração, e ao tipo de gravura utilizado na capa.

Até meados dos anos 20, as capas, em sua maioria, eram ilustradas com vinhetas, utilizadas também como moldura ou como forma de separar os títulos dos poemas e outras informações. Nos folhetos analisados, no período de 1900 a 1919, nenhum deles trazia estampado na capa clichês de zincogravura ou xilogravura, típicas no período posterior. 76% dos exemplares analisados tiveram a capa ilustrada com vinhetas e/ou ornamentos – em geral relacionados ao tema do poema principal. Nas décadas de 20 e 30, as vinhetas e/ou ornamentos passam a ser, progressivamente, substituídos pelos clichês de zinco com desenhos feitos especialmente para esse fim ou com fotografias e cartões postais, que se tornam cada vez mais presentes como recurso ilustrador das capas. Na amostra analisada, as capas ilustradas com vinhetas ainda são maioria: representam 62,8% do conjunto. Em segundo lugar aparecem os folhetos ilustrados com desenhos de clichês de zinco: 25,6%. Um quinto das capas dos exemplares analisados foram ilustradas por fotografias e/ou cartões postais. A xilogravura não é encontrada em nenhum folheto analisado.

Nos anos 40 e 50, a tendência esboçada no período anterior torna-se mais forte: a maioria (55,6%) dos folhetos analisados traz capas ilustradas com clichês de zinco de fotografias e/ou cartões postais. Os clichês de xilogravura aparecem, nesse momento, de maneira significativa: estampam um quarto dos folhetos analisados. Os desenhos elaborados especialmente para os folhetos e moldados em clichês de zinco, por sua vez, aparecem em somente duas capas analisadas. Nesse período, o recurso às vinhetas como ilustração da capa praticamente desaparece: somente em um folheto do conjunto elas são utilizadas. Segundo Liêdo Souza (1981), a xilogravura começou a ser utilizada nos anos 40, mas sua generalização como técnica para a confecção das gravuras das capas dos folhetos ocorreu, principalmente, quando o público consumidor do cordel passou a ser, sobretudo, constituído por turistas e intelectuais.

> Apesar de parecer muito antiga e preferida dos poetas, para ilustrar as capas de folheto, a xilogravura ou gravura de madeira, hoje muito "badalada" pelo público e por um comércio sofisticado de arte, nunca teve na realidade, em todo o período de sua história, o prestígio e a popularidade das chamadas gravuras de zinco, com desenhos rabiscados a lápis, de artistas populares, cartões postais de amor, e fotografias de artistas de cinema. (SOUZA, 1981, p. 15)

Para o autor, era mais natural e viável que os poetas e editores, moradores de centros urbanos, optassem pela zincogravura para ilustrar as capas dos folhetos, em especial dos romances, na medida em que a gravura em zinco era mais correntemente utilizada nas gráficas, tipografias e editoras existentes. A xilogravura era associada ao artesanato e às sociedades rurais, onde escasseavam os recursos para a publicação de impressos. Muitas vezes, segundo o autor, serviam de "mangação, no meio da feira." (SOUZA, 1981, p. 15). Souza (1981) transcreve, a esse respeito, um interessante depoimento do poeta, gravador e editor de folhetos desde a década de 50, Manoel Caboclo, provavelmente concedido nos anos 70:

> A zincogravura é uma coisa que ajuda o povo de menor cultura, porque o clichê de zinco representa figura nítida e perfeita de um artista. E o clichê de madeira representa a inteligência. Eu não desprezo nem um nem outro. Um é para o matuto e o outro é para o intelectual, porque o intelectual acha que seja mais perfeita uma coisa manual, do que uma coisa mecânica. O clichê de zinco se usa no romance, porque tem que dar

uma presença mais bonita e mais agradável. (apud SOUZA, 1981, p. 23; 25)

O vendedor Edson Pinto, também entrevistado por Liêdo Souza (1981) nos anos 70, tem uma opinião semelhante. Para ele, se a capa do folheto for zincografada terá maior receptividade por parte do grande público leitor/ouvinte de folhetos – o "pessoal da praça do mercado". As "novas" capas, ou seja, as que utilizam xilogravura, são vistas, segundo o vendedor, com desconfiança, quanto à autenticidade, pelo público habituado às gravuras de zinco. Por outro lado, a capa com gravura em madeira é mais vendida para os turistas que, na maior parte das vezes, segundo sua opinião, estão mais interessados na gravura do que na história. Segundo Edson, alguns folhetos, antes muito vendidos, após a mudança da capa de gravura em zinco para gravura em madeira, começaram a ficar "mofando nas prateleiras" (apud SOUZA, 1981, p. 25).

Esses dados revelam que a associação direta entre literatura de folhetos e xilogravura parece ter sido uma construção *a posteriori* feita sobretudo pelos intelectuais que veem na gravura em madeira uma expressão mais próxima da "alma popular", do rural e, portanto, do Nordeste. Na verdade, os dados revelam que o processo de composição das capas dos folhetos, pelo menos até os anos 50, está relacionado principalmente à inserção dos poetas e editores em uma cultura urbana, onde o acesso aos recursos gráficos era relativamente fácil, reaproveitados, muitas vezes, de outras tipografias.

Um outro dado importante na análise refere-se ao número de tipos gráficos utilizados na confecção da capa. As diferenças existentes na qualidade gráfica das capas quanto a esse aspecto são particularmente gritantes para qualquer observador. No período de 1900 a 1909, os editores utilizavam, em média, 6 tipos diferentes de letras para compor a capa. A disposição dos tipos na capa compõe, via de regra, um conjunto harmonioso, revelando cuidado gráfico na composição das obras. Entre os folhetos publicados a partir dos anos 30, a tendência observada é bem diferente. A grande maioria (85,2%) dos folhetos analisados utiliza, para a confecção da capa, de dois a quatro diferentes caracteres e quase metade das capas dos cordéis da amostra foram compostas com três tipos de letra. Na década de 50, observa-se a utilização, em algumas capas de folhetos, de apenas um caractere gráfico que, via de regra, compunha o título do poema e acompanhava o desenho ou fotografia ilustrativa. Assim, o número de tipos diferentes de caracteres gráficos utilizados na capa vai-se reduzindo, gradativamente, ao longo do tempo. O que se observa é uma tendência à simplificação dos recursos de impressão utilizados, redundando em um visível empobrecimento da qualidade e do cuidado gráfico em sua composição. Certamente esse dado pode ser considerado um indício de que o público visado pelos autores e/ou editores é, aos poucos, considerado menos exigente, menos habituado à sofisticação dos recursos de impressão, menos *letrado*.

A mesma grande tendência pode ser observada em relação à utilização, ou não, de bordas ou orlas na composição das capas. Nos folhetos que não traziam clichês, eram recursos considerados ainda mais importantes na composição das capas, expressando, segundo Liêdo Souza (1981), assim como ocorria nas edições de luxo, requinte técnico. Além de um papel decorativo, as orlas tinham a finalidade de manter a unidade de composição. Mesmo nos folhetos que utilizavam clichês nas composições das capas, eram vistas como signo de qualidade gráfica. No conjunto dos folhetos analisados, as bordas estão presentes em todos aqueles publicados até 1919: são orlas muitas vezes bem trabalhadas, fruto de um trabalho gráfico cuidadoso. Nas décadas de 20 e 30, por sua vez, a utilização de bordas já não está presente em todas as capas analisadas: 7% delas não fazem uso desse tipo de recurso. Nas duas décadas seguintes, a tendência à não utilização desse tipo de recurso na composição das capas torna-se significativamente mais acentuada: em 44,4% dos cordéis analisados o editor não utilizou bordas na composição das capas e em um quarto dos casos em que foram utilizadas eram constituídas, mais uma vez, de apenas um traço simples. De modo geral, pode-se observar, assim, que, como em outros aspectos, ao longo do tempo, houve um progressivo empobrecimento dos recursos gráficos utilizados na composição das capas dos folhetos, revelando, mais uma vez, que esse tipo de impresso foi-se tornando de "larga circulação".

Na busca de indícios que pudessem confirmar a hipótese de que, aos poucos, os recursos gráficos utilizados nos folhetos foram-se tornando menos sofisticados, mais "pobres", evidenciando uma crescente "popularização" do público leitor visado, analisei, também, a presença ou ausência de vinhetas ou mesmo outro tipo de ornamento, no interior dos folhetos. Até o início da década de 20, 88% dos folhetos traziam vinhetas em seu "miolo". Em geral, essas vinhetas eram impressas na primeira e na última páginas do folheto e, quando era o caso, entre um poema e outro. As vinhetas eram utilizadas também nas páginas em que eram publicados avisos ou anúncios de publicidade. Nos anos 20 e 30, essa tendência diminui significativamente, até que, durante os anos 40 e 50, observa-se uma redução ainda maior no uso desse tipo de ornamento (30,6% dos folhetos o utilizam). Além da constatação dessa tendência mais geral, se se analisa o tipo de vinheta usado ao longo do tempo, o que se observa, ainda mais claramente, é um progressivo empobrecimento dos recursos gráficos utilizados na impressão dos folhetos. Até o final da década de 20, as vinhetas utilizadas eram, em muitos casos, bem elaboradas, sofisticadas. A partir da década de 30, nos casos em que elas se mantêm, apresentam-se, na maioria das vezes, como variações de traços simples ou duplos, sem a diversidade observada no período anterior. Além disso, alguns desses traços nos pés das páginas apresentam irregularidades em sua composição: ora os traços são duplos, ora simples, sem obedecer a nenhuma lógica aparente.

Uma outra questão analisada refere-se à disposição das estrofes na página[13]. Constatei que, no período de 1900 a 1919, 64% dos folhetos "cortavam" as estrofes dos poemas, passando-as de uma página para outra. Nesse momento, parecia não haver, como será observado nas décadas seguintes, uma relação lógica entre os poemas que eram "cortados" e o número de páginas dos folhetos. Nas décadas de 20 e 30, por sua vez, esse número diminui sensivelmente: 41,9% dos poemas apresentam "cortes" em suas estrofes. Como nos outros aspectos, esse parece ser um período de transição, de "hesitação", comuns nos processos de generalização de certos tipos de gêneros e impressos. Nesse momento, já se observa uma tendência a cortar os poemas mais longos, publicados em folhetos com um maior número de páginas. A tendência de "cortar" as estrofes diminui ainda mais no período posterior: dos folhetos publicados nas décadas de 50 e 60, 27,8% fazem "cortes" nas estrofes, passando-as de uma página para outra. Nesse momento, dos folhetos curtos analisados, de 8 e 16 páginas, nenhum apresenta cortes: são os longos, de 32, 40 e 48 páginas, os que sofrem esse procedimento. O que poderiam revelar esses dados? Folhetos que disponham estrofes completas em uma única página são, certamente, mais fáceis de serem lidos em voz alta: o virar da página e o manipular o impresso no meio de uma estrofe constituem uma dificuldade para leitores pouco habituados ao mundo do impresso e para a realização da leitura oralizada. A constatação de que as histórias mais longas – que parecem não terem sido feitas para serem memorizadas ou mesmo lidas oralmente – são justamente as que apresentam maior número de cortes, constitui mais um índice que permite levantar essa hipótese. Editores parecem ter compreendido essa crescente necessidade do público leitor. No período mais antigo, nem nos poemas curtos o autor ou editor parecia ter a preocupação de deixar as estrofes inteiras em cada página.

A análise do número de poemas publicado em cada folheto também foi considerada importante na tarefa de levantamento de indícios a respeito do público leitor expresso na materialidade do impresso. A análise revela que nem sempre a quantidade de poemas publicados em um folheto foi a mesma: é de maneira progressiva que o atual formato passa a ser generalizado, ou seja, em cada folheto é publicada apenas uma história. No *corpus* analisado, até o final da década de 20, 64,9% dos folhetos traziam mais de um poema. Em muitos desses casos, um mesmo poema era publicado em vários folhetos: cada "volume" trazia uma parte da mesma história. A partir dos anos 30, a tendência de publicar um só poema nos folhetos cresce até que, a partir dos anos 40, todos os folhetos analisados continham apenas um poema, que narravam uma mesma história. Se se supõe que, nos tempos iniciais, a leitura silenciosa era corrente no caso dos folhetos, não constituía dificuldades para o leitor encontrar a história que estava lendo em vários "volumes". Para um público semialfabetizado, como parece se caracterizar aquele dos folhetos a partir de meados da década de 30, provavelmente era mais difícil localizar a sequência de uma história publicada em meio a outras, em um mesmo livreto.

Ao lado de outras medidas já descritas que parecem revelar redução de custos na produção dos folhetos ao longo do tempo, contribuindo para torná-lo um impresso de "larga circulação", cada vez mais "popularizado", no decorrer do período analisado, parece ter havido uma progressiva redução no número de páginas "extras", além daquelas onde eram publicados os versos. No período de 1900 a 1919, 36% dos folhetos analisados continham outras páginas, além daquelas utilizadas na publicação dos poemas. Na maior parte dos casos, essas páginas traziam o retrato do poeta, faziam referências a direitos autorais, continham propaganda de livrarias e, algumas vezes, nelas eram impressas ilustrações sobre a história. Entre 1920 e 1939, esse número reduz-se sensivelmente: apenas 7% dos folhetos contêm essas páginas "extras". Essa tendência se torna mais aguda nas duas décadas posteriores: nesse momento, somente 5,6% dos folhetos extrapolam o número de páginas utilizadas estritamente para a publicação do poema. A análise parece confirmar que a progressiva redução no número de páginas "extras" dos folhetos foi mais uma estratégia utilizada pelos editores para baratear e simplificar a qualidade de impressão dos livretos, na medida em que seu público parece tornar-se, pouco a pouco, menos exigente.

Como apareciam denominados os folhetos em suas próprias páginas? Nas capas, quartas capas e outras páginas dos folhetos onde não eram publicados poemas, muitas vezes vinham impressas certas denominações para designar os impressos. A denominação mais comum encontrada no período de 1900 a 1919 é "folhetos" (em 36% dos casos), seguida da de "obra" ou "obra literária" (24%). Na grande parte dos folhetos analisados no período, no entanto, não aparece nenhuma denominação para o impresso (em 40% dos casos). Aparecem, também, em menor número, as denominações "romance" e "romance em verso". Em um dos folhetos, o autor e o editor avisam que aquelas são "histórias populares", ou seja, "encantadoras historias contadas em versos trabalhados especialmente ao sabor popular". Parece ser preciso avisar ao leitor, não necessariamente "popular" e talvez ainda não habituado àquele tipo de impresso, de que ali se encontravam histórias populares, tradicionais, recontadas em versos. Em um outro folheto, publicado em 1917, há um aviso de que o seu autor, Pedro Batista, trabalha, "há dez anos", "na aquisição das poesias todas colhidas na boca do povo." (apud Ruth Terra, 1983, p.28). Se o leitor, já naquele momento, fosse "popular", haveria necessidade de uma advertência ou de um aviso semelhantes a esse? Ou bastaria que ele, ao entrar em contato com a materialidade do objeto, reconhecesse imediatamente que se tratava de um impresso "popular"? Nas décadas de 20 e 30, a denominação mais comum para os folhetos é "livros de histórias" ou "histórias", aparecendo em 33,3% dos casos. Em 31,3% dos casos, não vem impressa, no folheto, nenhuma denominação para ele próprio. No período aproximado de 1940 a 1959, "romances" é a denominação mais utilizada, aparecendo em 22,4% dos folhetos, seguida de "livros" (16,3%), "folhetos" (14,3%), "histórias" e "histórias em versos" (10,2%) e "publicações" (6,1%). Livros, histórias, folhetos e romances parecem ter sido, ao longo do tempo, as denominações mais utilizadas pelos autores e editores para designar esse tipo de impresso. Não se constatam, portanto, variações significativas, ao longo do tempo, quanto às designações dadas. O que parece mais significativo na análise realizada é a constatação do progressivo desaparecimento dos avisos, presentes na fase inicial de produção dos impressos, que buscavam advertir o leitor de que encontraria uma obra popular ou baseada na tradição oral. É interessante observar também que a denominação literatura de cordel, utilizada pelos estudiosos, só seria impressa nos folhetos a partir dos anos 70, quando um novo público se configura.

Uma outra constatação também foi-se tornando evidente no decorrer da análise dos folhetos. Nos mais antigos, os versos começavam por maiúsculas; aos poucos, as minúsculas passaram a substituí-las. Essa constatação poderia também auxiliar na tarefa de identificação dos leitores/ouvintes visados pelos autores e/ou editores de cordéis? Segundo Emanuel Araújo (1986), a utilização das maiúsculas no início dos versos caiu em desuso nos últimos anos. No caso do cordel, o que parece ter havido não é uma "modernização" das formas de apresentação gráfica da poesia, como ocorreu com a poesia pertencente aos cânones eruditos consagrados, mas um progressivo descuido com a impressão gráfica dos poemas. Além disso, pode-se supor que a disposição de maiúsculas e minúsculas no início dos versos não representa nenhuma diferença na audição de uma leitura oralizada: só faz algum sentido para quem lê. Seria, então, mais um índice de que, aos poucos, os folhetos passam a ser mais ouvidos do que lidos?

No decorrer de todo o período, não foram observadas grandes variações no tamanho dos folhetos que mediam, aproximadamente, entre 10,5 a 11,5cm por 16 e 17cm. Esses formatos foram também verificados, grosso modo, por outros pesquisadores. Os folhetos parecem, assim, ter mantido o formato *in-oitavo* no decorrer de sua trajetória (até o período analisado, pelo menos), mesmo quando, para outros impressos, a produção manual de papel folha por folha já vinha sendo substituída, gradativamente, pelas bobinas de quilômetros de papel, provocando uma verdadeira transformação na padronização dos formatos.[14] A manutenção do formato certamente possibilitava que a produção dos folhetos pudesse ser realizada também através das prensas manuais, utilizada por muitos poetas/editores, principalmente com a diversificação da produção a partir dos anos 40, como se viu. Ao contrário do que ocorreu com outros tipos de impresso ao longo do tempo, como os livros didáticos – que "cresceram" ou diversificaram o formato no decorrer das décadas –, o fato de os folhetos terem permanecido praticamente do mesmo tamanho desde os tempos iniciais de sua produção possibilitou, quando necessário, uma não industrialização de sua produção, viabilizada, ao longo do tempo, a custos cada vez mais reduzidos.

Analisei também, como parte do trabalho de (re)constituição do público leitor/ouvinte visado pelos poetas e/ou editores, a presença ou ausência de referências a direitos autorais nos folhetos. A análise revela que, pouco a pouco, as referências aos direitos autorais vão deixando de ser impressas. Em 60% dos livretos publicados entre 1900 e 1919, há referências à questão. Nas décadas seguintes, essa tendência começa a se modificar: a indicação dos direitos autorais é feita em 41,7% dos casos analisados nas décadas de 20 e 30 e em apenas 8,3% dos folhetos publicados nos anos 40 e 50. Pode-se inferir, com base na análise realizada, que, à medida que o cordel se "populariza", e esse fenômeno parece mesmo ocorrer por volta de meados dos anos 30, a questão da autoria deixa de ser, aos poucos, considerada importante. Os poetas, muitas vezes, vendiam seus direitos autorais à folheteria, em geral em troca de uma "quota" de impressão de folhetos. Ao comprar os direitos de uma obra, o "editor-proprietário" pode, pelo acordo feito, omitir ou até mesmo modificar a autoria do folheto. A constatação de que as noções de autoria e de propriedade, tão demarcadas em outras formas de textos escritos, passa a ter cada vez menos importância na trajetória do cordel sugere que, aos poucos, o gênero vai-se constituindo em torno de aspectos típicos das narrativas orais. O tipo de transação referido, por exemplo, comum entre os cordelistas e aparentemente sem sentido entre as pessoas letradas, pode estar associado aos próprios conceitos de autoria e de autor característicos das culturas orais. Segundo Eric Havelock (1988) o conceito de original, que a tradição escrita cultiva, não possui nenhum sentido lógico na tradição oral. Enquanto nas sociedades letradas há uma tendência de se verificar qual a primeira versão – ou qual a versão original de um determinado texto – na oralidade cada fala, cada "texto", é original: a cada desempenho, o poeta, a um só tempo, repete e cria. O conceito de autoria liga-se, pois, à *performance* da voz, que é única, individual, irrepetível.

Considerações finais

Os indícios encontrados na pesquisa, a partir da análise do impresso-folheto, parecem indicar que houve, progressivamente, uma queda na qualidade gráfica e uma redução nos custos da produção de folhetos. Os dados, tais como o número de páginas dos folhetos (cada vez mais adequadas ao formato de múltiplas de 8), dos recursos gráficos empregados na composição das capas, da presença ou ausência de vinhetas no interior do texto, dos tipos utilizados para compor os poemas, da redução do número de "páginas extras" na composição dos folhetos, indicam que houve, progressivamente, uma queda na qualidade gráfica e uma redução nos custos da produção de folhetos. Esses resultados revelam que, pouco a pouco, principalmente a partir de meados dos anos 30, os folhetos se tornam um impresso de "larga circulação", mais adequados a um público pouco exigente e sofisticado, formado, supõe-se, em sua maioria, por pessoas analfabetas ou com um grau restrito de escolarização, pertencentes às camadas mais populares da população e pouco habituados ao universo *letrado*. No entanto, esse processo não se deu, como talvez pareça, de forma linear. Se analiso as obras publicadas por Athayde, um dos maiores editores de cordel de todos os tempos, observo um certo "descuido" editorial em alguns folhetos mais antigos. Posteriormente, parece ter tido uma fase mais cuidadosa para, a seguir e até o fim de sua atividade editorial, estabelecer um padrão de edição barato e pouco cuidadoso. Essa não linearidade talvez reflita a não absorção imediata pelo público dos novos padrões "populares" dos folhetos, em relação àqueles publicados em tipografias de jornais ou papelarias, por Leandro Gomes de Barros. Como esse processo se deu de fato é difícil saber; o que se pode, apenas, é levantar hipóteses.

A esse conjunto de dados que revela um progressivo empobrecimento do impresso do ponto de vista da editoração, os resultados da análise dos locais de venda dos folhetos, dos outros impressos anunciados ao lado dos folhetos, da presença ou ausência do preço impresso em suas páginas, da progressiva ausência da referência aos direitos autorais e à consequente dissolução da autoria, do desaparecimento, no decorrer do tempo, de poemas característicos de uma tradição literária "erudita", em meio aos poemas típicos da literatura de folhetos, parecem indicar, também que, progressivamente, o público leitor de folhetos visado pelo autor e/ou editor se "populariza", dando pouca importância a qualidades que caracterizam a produção de impressos na literatura considerada erudita. Parecem indicar também que esse tipo impresso já dispõe de uma rede de distribuição própria, que não depende dos canais tradicionais, típicos do universo *letrado*, para ser comercializado.

As análises do número de páginas dos folhetos, da disposição das estrofes nas páginas (de modo a "cortá-las" ou não "cortá-las"), da progressiva disposição de um poema em cada folheto, também indicam que, aos poucos, os impressos vão-se tornando, através da introdução de vários dispositivos, mais fáceis de serem lidos e manipulados por um público pouco habituado a outros objetos de leitura, que prefere ler os folhetos em voz alta e, em muitos casos, memorizá-los. No entanto, essas constatações também não devem ser consideradas de forma linear. Sabe-se, por exemplo, que, na época em que sobretudo os folhetos mais antigos foram escritos, a sociedade era ainda muito marcada pela presença da oralidade e sobretudo a poesia era considerada um gênero oral, escrita para ser lida ou em voz alta, mesmo nos meios eruditos, a ponto de Antonio Candido (1980) ter caracterizado o público leitor brasileiro da época – inclusive a elite – como um "público de auditores" – de qualquer tipo de literatura. Assim, nas décadas iniciais do século a leitura oralizada também devia ser comum no caso dos folhetos, mas não em consequência necessariamente de o público ser semialfabetizado, mas por essa prática se inserir em uma sociedade (a brasileira, como um todo) de não generalização da escrita; além disso, no caso específico de algumas regiões, ser ainda um período profundamente influenciado pelas cantorias. A influência oral, ao longo do tempo, permanece e possivelmente se acentua, na medida em que se junta à essa tradição um novo público, cada vez menos escolarizado e demandando uma linguagem, na composição dos poemas, mais próxima da oral.

Esses resultados revelam que, pouco a pouco, principalmente a partir de meados dos anos 30, os folhetos se tornam um impresso de "larga circulação", mais adequados a um público pouco exigente e pouco sofisticado, formado, supõe-se, em sua maioria, por pessoas analfabetas ou com um grau restrito de escolarização, pertencentes às camadas mais populares da população e pouco habituados ao universo *letrado*.

O leitor/ouvinte nas páginas dos folhetos:
um estudo do texto

Neste capítulo, analiso o *texto*[1] dos poemas de oito folhetos, publicados entre as décadas de 30 e 40[2] e citados por mais de um entrevistado, buscando, neles, também indícios do leitor visado particularmente pelo autor. Como extensão deste estudo mais amplo, analiso, no final do capítulo, o texto de um dos folhetos, comparando-o com as notícias veiculadas por um dos jornais do Recife sobre o mesmo acontecimento tematizado no poema.

Inicialmente, busquei detectar marcas da oralidade (como a presença do discurso direto em relação ao indireto na construção do texto; o uso e a importância conferida aos adjetivos na elaboração do poema; a presença do elemento mítico-religioso; a questão da proximidade ou não com o interlocutor/leitor; a utilização de um dialeto oral regional nas histórias etc.). Busquei também indicações, nos textos, sobre a "enciclopédia" do leitor[3] esperada pelo autor e/ou editor e busquei levantar hipóteses acerca do tipo de raciocínio ou operação exigidos do leitor para que ele pudesse fazer uma leitura fluente, sem maiores dificuldades (foram consideradas, nesse caso, sobretudo, as antecipações e inferências, no "caminho narrativo", impostas pelo texto ao leitor suposto). Na análise dos textos dos folhetos, outras fontes foram utilizadas com o objetivo de melhor compreender os próprios textos dos poemas. As memórias e romances, por exemplo, permitiram uma identificação aproximada do que fazia e do que não fazia parte do universo cotidiano das pessoas na época, o que foi fundamental principalmente na análise da "enciclopédia do leitor". Por outro lado, a comparação de certos aspectos dos textos analisados com contos populares, literaturas ou manifestações populares tradicionais que circularam no Brasil e em outros países permitiu uma aproximação daquilo que a princípio parece estranho, mas, na verdade, é universal.

Trabalhei especificamente, como já me referi, com oito folhetos: 1) *O barbaro crime das mattas da Varzea*, assinado[4] por João Martins de Athayde (Recife, 1928); 2) *Historia da Princesa da Pedra Fina*, assinado por João Martins de Athayde (Recife, 1944); 3) *A batalha de Oliveiros com Ferrabraz*, assinado por João Martins de Athayde (Recife, 1946); 4) *O cachorro dos mortos*, assinado por João Martins de Athayde (Recife, s.d.); 5) *A lamentável morte de Getúlio Vargas*, sem autoria (s.l., 1954); 6) *O pavão misterioso*, sem autoria (Recife, s.d.); 7) *A chegada de Lampião no inferno*, assinado por José Pacheco (s.l., s.d.); 8) *As proezas de João Grilo*, sem autoria (s.l., s.d.).

O barbaro crime das mattas da Varzea, de 8 páginas, é um folheto baseado em um assassinato ocorrido em 29 de maio de 1928: um homem mata uma mulher em um subúrbio do Recife. A edição que utilizei, extremamente bem cuidada, é de João Martins de Athayde, de julho de 1928. A julgar pelos repertórios e antologias existentes sobre cordéis, essa parece ter sido a única edição do folheto.

O folheto *Historia da Princesa da Pedra Fina*, de 32 páginas, parece ter sido escrito originalmente na primeira década do século XX, por Leandro Gomes de Barros. A história traz vários elementos de contos da tradição oral. A edição que utilizei é de João Martins de Athayde, de 1944. Típica do conjunto de obras publicadas por esse editor nessa época, é uma edição mal cuidada, com muitas falhas tipográficas.

A batalha de Oliveiros com Ferrabraz, folheto componente do denominado ciclo de Carlos Magno, de 32 páginas, foi escrito por Leandro Gomes de Barros. A primeira edição desse folheto parece datar de 1909.[5] A edição que analiso, impressa e assinada por João Martins de Athayde, data de 1946.

O cachorro dos mortos, de 40 páginas, foi escrito originalmente por Leandro Gomes de Barros, provavelmente no início da década de 1910. A edição que utilizei, assinada por João Martins de Athayde, não é datada, mas provavelmente foi publicada na década de 40.

A lamentável morte de Getúlio Vargas, folheto de 8 páginas, sem autoria explicitada (o folheto é assinado por "dois amigos"), foi editado em

24 de agosto de 1954, no mesmo dia do suicídio do ex-presidente brasileiro. Faz parte de uma série de folhetos sobre o fato que, como se sabe, representou grande comoção coletiva.[6]

O pavão misterioso, romance de 32 páginas, tem origem provável nas cantorias realizadas nas primeiras décadas do século: parece ter sido, inicialmente, uma composição oral para, depois, transformar-se em texto escrito. Segundo Átila Almeida e José Sobrinho (1978), José Camelo Rezende, hoje reconhecido como o verdadeiro autor do poema, compunha romances mas não os escrevia: guardava-os de memória para cantá-los onde se apresentava. No final dos anos 20, cantava em parceria com João Melchíades (e com Romano Elias), que publicou *O pavão misterioso* em seu nome, enquanto José Camelo estava no Rio Grande do Norte, foragido, por se haver metido "em complicações" (p. 235). Posteriormente, em edição de Joaquim Batista de Sena, José Camelo publica o romance, acrescentando algumas estrofes em que narra essa história e se coloca como o verdadeiro autor do poema. A edição que utilizei, impressa no Recife, não traz autor nem data de publicação, embora tenha sido publicada provavelmente nos anos 40, a julgar pelo preço estampado na capa e pelas características gerais do impresso. Esse romance, reeditado até os dias atuais, é também considerado um "clássico" da literatura de folhetos, pelos estudiosos e, a julgar pelas entrevistas que realizei, igualmente por seus leitores/ouvintes.

O folheto *A chegada de Lampião no inferno*, de 8 páginas, escrito por José Pacheco, não traz data de publicação em nenhuma das edições localizadas, tornando-se difícil a tarefa de identificação da data de sua primeira edição. Sabe-se, somente, que seu autor, José Pacheco, nasceu em Alagoas em 1890 e morreu na década de 50[7]. A edição que utilizei nesta parte do trabalho parece datar da década de 40. Sabe-se, ainda, que o folheto teve várias edições, sendo considerado pelos estudiosos do tema, pelos autores, editores, vendedores e leitores, outro "clássico" do gênero.

As proezas de João Grilo, de 24 páginas, tem autoria controvertida. Alguns estudiosos, como Renato C. de Campos (1977/1959) afirmam que foi escrito por João Ferreira Lima. No dicionário de Átila Almeida e José Sobrinho (1978), por outro lado, a autoria do folheto é atribuída a João Martins de Athayde. A edição que utilizo neste capítulo não traz autoria nem data de publicação, mas parece ter sido editada na década de 40. Presente em histórias contadas através da oralidade, o personagem João Grilo pertence a uma "família" de "anti-heróis" de longa tradição.

O "caminho narrativo"

Aqui, procuro reconstituir o "caminho" percorrido pelo poeta para construir sua narrativa:

que expectativas gera no leitor, que antecipações prevê, que elementos retoma ao longo do texto etc. Busquei examinar esses aspectos principalmente através da análise das capas, dos momentos em que o poeta se dirige diretamente ao leitor e da primeira e da última estrofes do poema (em geral, os escritores tendem a nelas concentrar os elementos que consideram mais importantes no texto).

De modo geral, as capas, os títulos e o número de páginas dos poemas, conjuntamente, já geram no leitor uma série de expectativas que o fazem antecipar alguns elementos da história que será narrada e em que subgênero (romance, "de acontecido" etc.) se insere no universo do cordel. Na maioria dos casos, os clichês utilizados nas capas se relacionam ao conteúdo do poema.

O barbaro crime das mattas da Varzea talvez seja, do grupo analisado, aquele que mais traga elementos do poema para conduzir a leitura do leitor, antes mesmo que ele abra a sua primeira página. A primeira parte do título do folheto era utilizada comumente em cordéis que tinham como tema esse tipo de acontecimento. Nesse sentido, já anuncia, para o leitor, o subgênero, no conjunto do universo de folhetos, daquele que vai ler. O número de páginas (8) também auxilia o leitor a percebê-lo como um folheto de "acontecido". É o único no grupo analisado que traz, abaixo do título, um resumo ou uma explicitação do título da história. Abaixo do título o autor escreveu: "O grande crime da noite de 29 de maio de 1928, praticado por Ladisláu Soares de Medeiros (Láu) em que foi victima sua amante Maria Firmina da Conceição (Dedé)". O leitor sabe, dessa forma, que se trata, sem nenhuma dúvida, da narrativa de um crime que havia ocorrido em uma data precisa, em que foram protagonistas personagens determinados. Na própria capa o autor traz elementos que permitem ao leitor realizar um julgamento dos principais personagens. Feita inteiramente a partir de uma gravura de zinco (que traz o título, a ilustração, o local e o preço), principalmente para aqueles que não sabiam ler, explicita também o tipo de história que o leitor encontrará: na ilustração, um homem negro (identificado através da inscrição: "Láu o assacino") está cravando uma faca no peito de uma mulher, branca, de cabelos longos (do lado direito de seu corpo pode-se ler: "Maria Firmina recebendo o golpe mortal"). No fundo, podem ser vistas árvores cerradas. Antes de começar a ler ou a ouvir o poema, certamente o leitor já é capaz de inferir, a partir do título e da ilustração, sobre o seu tema e, possivelmente, antever, em grandes linhas, o enredo da história. Não parece difícil, pois, para um leitor acostumado ao universo dos folhetos, imaginar os principais elementos do poema: um homem mata uma mulher, de maneira "bárbara", nas matas de um dos bairros periféricos do Recife, a Várzea. A partir da ilustração, infere-se que o homem é "mau", pois, além de assassino, é negro[8] – embora o autor tente, ao longo do texto, persuadir o leitor de que, apesar de todos esses "defeitos", Ladisláu não era tão "mau" assim. No universo dos folhetos, expressando elementos da cultura de modo geral, falsidade, traição, vulnerabilidade e mulheres são termos estreitamente relacionados. Maria Firmina teria traído Lau que, por vingança, assassinou-a? Mesmo que o leitor/ouvinte desse folheto não antevisse, em grandes linhas, a história, provavelmente ele já a conhecia. Afinal, um crime desse tipo, cotidiano e banal, mas com elementos universais extremamente atraentes para um público "popular", não ficaria incólume, naquela época, às notícias veiculadas pelo rádio, às páginas policiais dos principais jornais, às conversas cotidianas. Através de três entrevistadas, que têm impregnada a história em suas memórias, soube, também, que o crime foi também tema de uma música, bastante popular na época. Assim, provavelmente, quando leram ou ouviram o poema, os leitores/ouvintes já conheciam a história.

A capa de *O cachorro dos mortos* também parece cumprir um papel importante na antecipação das expectativas do leitor em relação ao conteúdo da história. A ilustração é composta de dois clichês de xilogravura: em um primeiro plano, um cachorro junto a três cruzes e a uma árvore; no detalhe, no lado direito e superior da página, em forma de círculo, o mesmo cachorro avançando sobre um homem bem vestido, ao lado da mesma árvore (ou, pelo menos, do mesmo tipo de árvore). Pelo menos alguns elementos o leitor/ouvinte de folhetos poderia inferir sobre a história a partir dessa capa: o personagem principal da história parece ser um cachorro, como também indica o título; a presença da morte é evidente, também expressa através da ilustração e do título. Talvez a história também fosse conhecida do leitor, já que provavelmente havia sido veiculada através da tradição oral (ela é editada cerca de 100 anos após o fato ter ocorrido) e reeditada sucessivamente desde o início do século, quando o folheto ainda não era um impresso de "larga circulação". O *romance* (o leitor também é capaz de inferir que se trata um livro do gênero já a partir do número de páginas que traz – 32), até hoje reeditado e considerado um "clássico" da literatura de folhetos[9], reúne elementos sobrenaturais, místicos – o poder dos animais, o destino – com fatos e sentimentos, ao mesmo tempo corriqueiros e universais – amor, traição, vingança, fidelidade, poder, justiça, crime, verdade.

A capa da edição de *A batalha de Oliveiros e Ferrabraz* traz o desenho bem cuidado de uma cena em que, em imponentes cavalos, alguns cavaleiros cumprimentam damas de uma provável corte. Embora não faça referência a nenhum episódio específico da história, a ilustração reitera, assim, para os possíveis leitores, o universo no qual a história se insere: o dos cavaleiros/guerreiros, o das cortes medievais. O título já indica, para o leitor habituado ao universo dos folhetos e ao universo das histórias de Carlos Magno, que circulavam não somente através de versões escritas (livro em prosa e diversos folhetos), mas também na oralidade e nas manifestações populares, que o folheto trata da narrativa de um episódio que envolve, em situação de enfrentamento (a batalha), dois personagens bastante conhecidos nesse universo – um cristão e um mouro – pertencente a uma série de histórias e manifestações populares do personagem Carlos Magno.[10]

A capa da edição que utilizei de *A chegada de Lampião no inferno* traz uma xilogravura bastante simples com o desenho de um homem de chapéu, calça e camisa (que não se aproxima da representação comum de Lampião, o cangaceiro), entre duas figuras assemelhadas ao diabo (uma delas com duas cabeças), com quem parece lutar (embora o desenho, toscamente feito, não dê ideia de movimento). Acrescenta, portanto, pouco ao título: sabe-se que o homem é Lampião exatamente por causa do título e imagina-se que ele está no inferno também principalmente por causa dele. O título do folheto auxilia o leitor a situá-lo no conjunto dos folhetos: não se trata da narração de um episódio ocorrido, como tantos outros publicados sobre Lampião; não se trata também de um *romance* (nem o tamanho do folheto auxiliaria o leitor a pensar desse modo), já que Lampião era um personagem real, com nascimento e morte reais, marcados. Certamente, o leitor já antevia no título aquele que era o tom predominante da história: irônico, jocoso. Trata-se, antes de tudo, de uma brincadeira, feita pelo poeta, sobre Lampião. O ritmo das estrofes é muito rápido, parecendo favorecer a memorização. Vários entrevistados, com um tom igualmente irônico e jocoso, recitaram trechos (ou mesmo quase o poema inteiro) desse folheto de memória.

Em outros casos, a composição da capa parece desempenhar um papel secundário, provavelmente porque os conteúdos dos textos já eram muito conhecidos do suposto leitor e por razões de custos de edição. Esse é o caso, por exemplo, do folheto *A lamentável morte de Getúlio Vargas*, que traz na capa um retrato de Vargas de meio corpo, vestindo uniforme e sorrindo. Certamente, para esse folheto, o leitor não precisava realizar grandes inferências sobre o quê tratava. A morte de Vargas foi noticiada incessantemente por meios de comunicação como o rádio, jornais, revistas e, certamente, foi o tema central das conversas ocorridas no dia. Além disso, o ex-presidente já havia sido tema, em vida, de diversos outros folhetos, que celebravam as suas realizações. Era, portanto, um personagem comum ao universo desse tipo de literatura. Desnecessário dizer que Vargas era uma figura extremamente popular na época e, até hoje, permanece como o "pai dos pobres" no imaginário popular coletivo. O adjetivo "lamentável", presente no título, expressa a opinião do autor sobre o fato – certamente compartilhada pelos leitores.

A capa do folheto *O pavão misterioso*, impressa no "modo paisagem", traz o desenho, xilogravado, de um pavão, simplesmente. Para o leitor, é difícil inferir sobre o conteúdo da história somente a partir dela: sabe-se apenas que se trata da história de um pavão e que, pelo título do folheto, esse pavão é "misterioso".

As capas das edições utilizadas dos folhetos *História da Princesa da Pedra Fina* e *Proezas de João Grilo* são as que, do grupo estudado, menos se relacionam aos conteúdos dos poemas. A *História da Princesa da Pedra Fina* traz um clichê com uma fotografia, provavelmente retirada de um cartão postal: uma jovem de meio corpo, com um sorriso discreto nos lábios e flores no cabelo. O leitor de folhetos sabe que não se trata, evidentemente, da representação fiel de uma princesa, mas de uma moça que certamente conjuga os principais ideais de beleza da época e isso parece ser o mais importante. Ser bonita é ser princesa... Muitas vezes o autor/editor dos folhetos obtinha os clichês para a confecção das capas nas tipografias de jornais ou reutilizava os cartões postais que circulavam na época sem que, necessariamente, tivessem relação direta com a história narrada. Era importante que fossem capas atrativas (e os leitores gostavam de capas com fotografias retiradas de cartões postais e de artistas de cinema) e baratas do ponto de vista editorial. O título do cordel já anuncia, para o suposto leitor, em qual universo a história está inserida: anuncia que se trata da história de uma princesa (portanto, a protagonista da história), caracterizada como "da Pedra Fina". O leitor habituado ao universo dos cordéis certamente infere que "Pedra Fina" é um lugar, provavelmente um reino (já que se trata de uma princesa), onde a história se desenvolve: um lugar imaginário, abstrato, atemporal. Não se trata, evidentemente, da narrativa de um *fait-divers*, com data e local especificados, mas de um lugar e de uma época que provavelmente só existem na imaginação do autor e de cada leitor. Trata-se, portanto, de um *romance* (o próprio número de páginas já é um indicativo desse dado).

No caso de *Proezas de João Grilo*, a capa traz um clichê com uma foto de um provável ator de cinema que, de maneira nenhuma, assemelha-se à representação descrita no poema e incorporada ao imaginário popular, do personagem: trata-se de uma foto de rosto de um homem de meia idade, elegantemente vestido, com o olhar perdido. Parece ter sido o caso típico, referido, de reaproveitamento de clichês já utilizados em tipografias. Na verdade, essa foi a única edição localizada do folheto que trazia essa capa, o que parece sugerir que ela não teve uma boa aceitação do público. Outras edições do poema, entre as quais a de José Bernardo da Silva, reeditada sucessivamente, trazem, em sua capa, uma representação mais próxima daquilo que se imagina sobre o protagonista da história: uma caricatura de um menino franzino, segurando um cordão com um grilo na extremidade. Por outro lado, seu título já indica o universo em que se insere no conjunto de folhetos: trata-se de um poema que narra as "proezas" – portanto, as façanhas – de um personagem provavelmente já familiar para a maioria dos leitores. Personagem engraçado, acima de tudo, mas igualmente esperto, franzino, pouco dotado fisicamente.

Em todos os folhetos analisados, as primeiras estrofes parecem cumprir o papel de apresentar os principais elementos do poema. Através delas, o leitor conhece os protagonistas da história, em geral julgados de maneira positiva ou negativa pelo poeta, que se utiliza de adjetivos para fazer essa classificação, induzindo o leitor a se situar do lado do bem ou do mal, e é introduzido no universo específico daquele subgênero de folhetos – no caso de folhetos de "acontecidos", avisa ao leitor de que a história narrada é verdadeira; no caso de romances, introduz elementos mágicos.

Como exemplo de um folheto de "acontecido" pode ser citado *O barbaro crime das matas da Varzea*. A primeira estrofe do poema pode ser caracterizada como uma introdução ao texto, em que o autor dirige a atenção do leitor para os elementos que considera mais importantes para serem considerados em sua leitura: o poeta acentua o papel do destino (o acaso); afirma da veracidade da história (exata); conduz o leitor a não julgar mal o personagem que, a princípio (considerando o resumo abaixo do título, a ilustração e a denominação de assassino no terceiro verso), seria o vilão da história.

> Tudo provém do acaso
> Conforme a situação,
> As vezes um homem assassino
> Não é por máu coração
> Mesmo na historia exata
> Como succedeu na matta,
> Da Uzina de São João.
> (*O barbaro...*, p. 1)

As estrofes seguintes, de certa forma, constituem o desdobramento da primeira estrofe: nelas são apresentados Láu – um bom homem, marcado pelo destino, apesar de crioulo e assassino –, Maria – mulher traidora e leviana – e os motivos que levaram ao crime – nesse momento o poeta justifica o ato: a honra, a mancha, a nódoa, a contrariedade marcadas no coração de Ladisláu provocaram atitudes irracionais.

De maneira semelhante, o poeta introduz o "romance" *Historia da princesa da Pedra Fina*. Como no folheto analisado anteriormente, nas primeiras estrofes o poeta apresenta os principais personagens da história: as três princesas do Reino da Pedra Fina, o agricultor, sua mulher e seus três filhos. A estrofe inicial é dedicada à apresentação da protagonista da história (já anunciada no título) e de suas irmãs, igualmente belas, moradoras de um reino com um nome de significado ainda sem sentido para o leitor. Através da primeira estrofe, o leitor confirma (na medida em que já tinha essa informação desde o título) que é uma história de reis, rainhas, príncipes e princesas, bastante comuns no universo do cordel. Ainda nesse momento, o autor introduz a presença do elemento sobrenatural, místico, característico desse tipo de história: a princesa é "misteriosa" e "encantada". A apresentação feita pelo poeta parece revelar a existência de um ambiente harmônico, sem problemas aparentes.

> No reino da Pedra Fina
> havia uma princesa,
> misteriosa encantada
> por obra da natureza
> com ela as duas irmãs,
> que eram a flôr da beleza.
> (*Historia da princesa...*, p. 1)

Do mesmo modo, a primeira estrofe do romance *Pavão misterioso* serve como uma introdução dos elementos principais da história e funciona para antecipar certas expectativas do leitor. O poeta já anuncia que se trata de uma história com elementos sobrenaturais (o pavão é misterioso), que se distancia do cotidiano (a história se passa, pelo menos em parte, na Grécia e trata de condes e condessas), cujos protagonistas são, certamente, um rapaz qualificado de corajoso e uma condessa. O provável inimigo dos heróis também já é anunciado: um conde, adjetivado de orgulhoso. O leitor também já sabe, a partir da leitura/audição dessa primeira estrofe, que se trata de uma história de luta, de desafios, de dificuldades e, sobretudo, de amor e da dificuldade em concretizá-lo. O leitor tende, pois, a ficar do lado do personagem corajoso, lutador, apaixonado, que parece enfrentar, ao longo da história, seu principal obstáculo – o orgulho de uma personagem pertencente à nobreza:

> Eu vou contar uma historia
> dum pavão misterioso
> que levantou vôo da Grecia
> com um rapaz corajoso
> rapitando uma condessa,
> filha dum conde orgulho
> (*O pavão misterioso*, p. 1)

O mesmo procedimento é adotado em *As proezas de João Grilo*, poema classificado tradicionalmente como satírico ou de "anti-heróis" e "amarelinhos": a primeira estrofe anuncia a narrativa, reiterando o que o título dizia: trata-se de uma história sobre um personagem provavelmente já conhecido do suposto leitor/ouvinte através das histórias que circulavam na tradição oral. A estrofe traz, ainda, elementos que conferem singularidade a esse personagem. Trata-se de alguém que viveu demais, na medida em que nasceu antes do tempo e morreu depois do previsto. Alguém que foi prematuro, o que, no imaginário popular, constitui um dado importante na trajetória de vida da pessoa, significando, ao mesmo tempo, sorte, na medida em que conseguiu sobreviver, mistério – como conseguiu sobreviver? –, e heroísmo – safou-se do desastre de morrer antes de nascer. Como o título anuncia (ao referir-se às proezas do personagem), o poeta reitera também na estrofe que João Grilo é "arteiro". O poeta acrescenta ainda que o personagem "criou-se sem formosura", ou seja, que tinha uma vida simples, pobre, característica da maioria dos supostos leitores/ouvintes. Apesar disso ("mais"), tinha sabedoria.

> JOÃO GRILO foi um cristão
> Que nasceu antes do dia
> Criou-se sem formosura
> Mais tinha sabedoria
> E morreu depois da hora
> Pelas artes que fazia
> (*As proezas de João Grilo*, p. 1)

Em outros casos, o poeta recorre, na primeira estrofe, a uma ideia, a um pensamento ou a uma invocação menos diretamente relacionada à narrativa propriamente, para, depois – nas estrofes seguintes –, apresentar mais concretamente os personagens. Em *O cachorro dos mortos*, o poema é iniciado com um provérbio da tradição oral, uma "lição" que também anuncia o tema geral da história: trata-se, como pode prever o leitor, da narrativa de um crime que será descoberto. O poeta introduz certos elementos, de caráter universal, presentes em muitas histórias: a verdade sempre vem à tona; a falsidade é sempre vencida; a tradição/o passado é algo que tem força, sendo prudente ouvir os antepassados:

> Os nossos antepassados
> Eram muito prevenidos
> Diziam; matos tem olhos
> E paredes têm ouvidos
> Os crimes são descobertos
> Por mais que sejam escondido
> (*O cachorro dos mortos*, p. 1)

Em *A lamentavel morte de Getulio Vargas*, como ocorre em alguns folhetos, na primeira estrofe o poeta invoca a presença de Deus para que tenha forças (para a mente) e equilíbrio (para a pena) para que possa escrever sobre algo tão dramático e que comoveu todo o povo, inclusive ele próprio. O fato a ser narrado é anunciado de forma geral: a morte, dramática, do presidente, que o leitor sabe quem é, mesmo que seu nome só seja anunciado na 6ª estrofe.

> O Jesus pai redentor
> Mandai socorrer-me urgente
> Equilibrai minha pena
> Fortificai minha mente
> P'ra lamentar os clamores
> Da morte do presidente
> (*A lamentável morte de Getúlio Vargas*, p. 1)

Após a apresentação dos principais elementos da história e de seus personagens, ocorrida na(s) primeira(s) estrofe(s), o poeta inicia a narrativa da ação propriamente dita, intercalada com comentários, em geral de cunho valorativo, feitos pelo poeta. Essa estruturação é encontrada tipicamente em *O barbaro crime das matas da Varzea* e, de maneira um pouco diferente (já que se trata de um poema irônico e não dramático) em *A chegada de Lampião no inferno*.

De modo geral, sempre que introduz um novo personagem, um novo fato ou até mesmo um novo cenário que desempenhará um papel importante na narrativa, o poeta a interrompe, chamando a atenção do leitor para a importância do que vai narrar. O poeta também chama a atenção do leitor quando volta a um assunto sobre o qual já escreveu anteriormente, em um procedimento bastante semelhante ao utilizado nas narrativas orais. Segundo Ong (1982), a repetição do "já-dito" pelo falante atende a certas expectativas do ouvinte em relação aos mesmos temas e às mesmas formas. Para o autor, a eliminação da redundância demanda uma tecnologia que implique na utilização de um espaço de tempo maior: a escrita. Com ela, a mente é forçada a tornar o pensamento mais lento, oportunizando a reorganização da linguagem, eliminando as repetições desnecessárias. Em *História da Princesa da Pedra Fina*, por exemplo, na estrofe 30, o poeta interrompe a narrativa para introduzir o personagem do barbeiro que terá um papel decisivo na história. Nesse momento, o poeta, ao caracterizá-lo, já dá elementos ao leitor, habituado ao esquema maniqueísta típico das histórias de cordel, para que ele perceba que no personagem se encontram os prováveis obstáculos a serem enfrentados pelo herói.

> Na côrte tinha um barbeiro
> que no reinado vivia
> tambem era conselheiro
> *em tudo se intrometia*
> disse logo a todo mundo,
> que a pedra o rei possuia.
> (p. 7, grifos meus)

Em outros casos, principalmente nas histórias mais longas, o poeta dirige-se diretamente ao leitor para lembrá-lo de algum episódio já narrado, mas que precisa ser lembrado por ele para que possa compreender o prosseguimento da narrativa. Esse recurso é claramente utilizado em *O cachorro dos mortos*, quando, nas estrofes 102 e 103, o poeta narra que duas crianças, brincando no gameleiro, encontram nele uma carteira. O leitor certamente antecipa que a carteira certamente é a de Valdivino, o vilão da história, já que, em versos anteriores, o personagem havia confessado a intenção de cometer o crime exatamente em um papel guardado na carteira, que veio a se perder. Mesmo assim, o poeta se dirige diretamente ao leitor para lhe explicar o que certamente já sabe:

> *O leitor deve lembrar-se*
> *De um verso que aqui já leu*
> *Veja na vespera do crime*
> *O que Valdivino escreveu*
> *O que no tronco da gameleira*
> *A carteira que perdeu*
> (*O cachorro dos mortos*, p. 21, grifos meus)

Em um procedimento também típico da oralidade, em *A batalha de Oliveiros e Ferrabraz*, nas estrofes 65 a 67, o poeta interrompe a narrativa e dirige-se diretamente ao leitor. Parece se esquecer de que tinha que narrar outra parte da história contida no livro de Carlos Magno. Sem se utilizar de um procedimento básico da escrita – refazer o texto antes de torná-lo público, incorporando o episódio ao poema sem explicitar seu esquecimento, conta ao leitor, como se estivesse conversando com ele, a sua falha. Essa estrofe também parece revelar, a julgar pelo verso "Quem sabe há de se lembrar", que, pelo menos parte do público leitor suposto pelo poeta, era formado por pessoas familiarizadas com a história:

> *Eu agora me lembrei*
> *da falta que cometi,*
> *mas foi porque me esqueci*
> *por isso não relatei*
> *porém sempre falarei*
> *para o leitor se agradar*
> *quem sabe ha de se lembrar*
> *na luta dos cavaleiros*
> *o cavalo de Oliveiros*
> *quando quis desembestar*
> (*A batalha de Oliveiros com Ferrabraz*, p. 21, grifos meus)

Em três poemas analisados, *História da Princesa da Pedra Fina*, *Pavão misterioso* e *Proezas de João Grilo*, o poeta recorre a um esquema narrativo bastante previsível. Nesses folhetos, vários episódios semelhantes, em geral colocando os protagonistas em situações de obstáculos ou de desafios, se repetem. Em muitos casos, a narração dos últimos episódios apresenta-se de maneira mais elíptica: o autor não retoma ou explicita alguns fatos ou reações muito óbvias, que já haviam sido descritas nos episódios anteriores. Certamente, julga o suposto leitor/ouvinte capaz de imaginar as cenas, ou seja, capaz de preencher, ele mesmo, esses brancos da narrativa. Se optasse por retomar todos os passos narrados a cada episódio certamente o texto ficaria muito repetitivo ou redundante. É assim que o herói José, com a ajuda da princesa, enfrenta os obstáculos propostos pelo rei e o barbeiro, em três momentos diferentes, em *A história da princesa da Pedra Fina*. Evangelista e Crêuza superam os obstáculos impostos pelo conde – em quatro episódios – para permanecerem juntos em *Pavão misterioso* e João Grilo mostra sua esperteza e sua astúcia, em várias pequenas narrativas muito semelhantes entre si, enganando os fortes e poderosos. Para encontrar a solução definitiva para os problemas que vêm sendo enfrentados pelos heróis e facilitar o desfecho feliz e harmônico característico do final das histórias, o poeta recorre, em dois desses poemas, à morte repentina, abrupta e sem muitas explicações, dos vilões: assim morrem o conde de *O pavão misterioso* e o barbeiro e o rei de *História da Princesa de Pedra Fina*.

Em dois dos poemas analisados, a descrição da ação é menos presente. Em *A batalha de Oliveiros com Ferrabraz*, toda a narrativa da luta é entremeada por diálogos, por desafios verbais, entre os dois cavaleiros. De maneira diferente dos outros cordéis analisados, a ação propriamente dita parece mais lenta do que o ritmo das estrofes. O folheto *A lamentável morte de Getúlio Vargas*, por sua vez, pode ser considerado o menos narrativo do grupo analisado: o autor, na maior parte do texto, descreve certas situações e opina sobre os fatos.

As estrofes finais dos poemas analisados trazem, de modo geral, o desfecho da história, acompanhado, em muitos casos, de um julgamento dos personagens ou de uma "lição" ou mensagem de cunho mais universal. Em *A lamentável morte de Getúlio Vargas*, o poeta encerra o poema falando sobre o destino que Jesus traça para cada um: destino do qual ninguém pode fugir, pois cedo ou tarde ele se cumpre.

> A sina que Jesus traça
> Ninguem pode desistir
> E quem traz ela traçada
> Cedo ou tarde há de cumprir
> Deixa de existir na terra
> Para com Deus existir
> (*A lamentável de Getúlio Vargas*, p. 8)

Em *As proezas de João Grilo*, na estrofe final, o poeta encerra o poema narrando que o "anti-herói" acerta a última questão proposta pelo rei e passa a viver na corte, sem trabalhar, até morrer. O poeta sintetiza, assim, os principais elementos da história: João venceu pela esperteza e vencer significa "gozar de um bom paladar" e "comer sem trabalhar até morrer":

> O rei achou muita graça,
> Nada teve o que fazer,
> João Grilo ficou na côrte
> Com regojizo e prazer
> Gozando um bom paladar
> Foi comer sem trabalhar
> Desta data até morrer.
> (*As proezas de João Grilo*, p. 24)

Em dois poemas, entretanto, essa tendência mais geral não é observada. Em *Batalha de*

Oliveiros contra Ferrabraz, o final da narrativa não é explicitado: o poeta afirma que Oliveiros deixa Ferrabraz e vai ao encontro dos inimigos, em um dos maiores perigos que Oliveiros já enfrentou.

> E Oliveiros andando,
> por uma estrada que havia,
> viu que de um monte saia
> a força que estava esperando
> o turco foi se apeiando
> e Oliveiros se armou
> sobre uma sombra o deixou
> foi de encontro aos inimigos
> um dos maiores perigos!
> que Oliveiros encontrou.
> (*A batalha de Oliveiros com Ferrabraz*, p. 32)

Em *A chegada de Lampião no inferno* o poeta delega ao leitor a responsabilidade de concluir a história, trazendo, mais uma vez, a marca de ironia que caracteriza todo o poema.

> *Leitores vou terminar*
> *tratando de Lampeão*
> *muito embora que não possa*
> *vos dar a resolução*
> no inferno não ficou
> no ceu tambem não chegou
> por certo está no sertão
> *Quem duvidar desta historia*
> *pensar que não foi assim*
> querer zombar meu serio
> *não acreditando em mim*
> vá comprar papel moderno
> escreva para o inferno
> mande saber de caim
> (*A chegada de Lampião no inferno*, p. 8, grifos meus)

As marcas da oralidade

Mas, além de trazerem características que os assemelham às narrativas orais no próprio caminho narrativo utilizado pelo poeta na elaboração do poema, como outras marcas da oralidade estão presentes em sua composição? É o que busco demonstrar nesta parte do capítulo. Como mostram os estudos sobre História da Leitura, esses "índices de oralidade"[11] não se constituem em representações de práticas de oralidade, mas se referem aos dispositivos depositados nos textos, explícitos ou implícitos, que conferem a eles uma destinação oral[12].

A utilização de um dialeto oral regional

Em todos os folhetos analisados, verifiquei a utilização de um léxico, de expressões e de uma sintaxe típicos do dialeto regional oral. A pontuação utilizada parece, muitas vezes, obedecer mais ao ritmo da fala, declamatória ou não, do que às exigências da leitura. Em alguns casos, esses elementos são mais presentes, em outros, menos explícitos.

Como exemplo, tomo *A chegada de Lampeão no inferno*, em que o tom de todo texto é predominantemente oral, ritmado, como se tivesse sido escrito e pensado para ser oralizado, memorizado, recitado, lido em voz alta. De todos os folhetos analisados, é o que mais claramente traz esses elementos. Alguns versos contêm expressões tipicamente utilizadas na linguagem oral, como se pode ver nas seguintes estrofes:

> Nessa voz ouviu-se tiros
> *que só pipoca no caco*
> Lampeão pulava tanto
> que parecia um macaco
> tinha um negro nesse meio
> que durante o tiroteio
> brigou tomando tabaco
> (p. 6, grifos meus)

As proêzas de João Grilo é, depois de *A chegada de Lampião no inferno*, no grupo analisado, aquele em que o poeta mais se utiliza de elementos típicos da oralidade (na primeira estrofe, o poeta e/ou editor utiliza aspas na expressão mais oral, parecendo demonstrar saber que aquela não era uma formulação típica da escrita), como pode ser observado principalmente nas palavras e frases grifadas das seguintes estrofes:

> E nasceu de sete meses
> Chorou no "bucho da mãe"
> Quando ela pegou um gato
> Ele gritou: Não me arranhe
> Não jogue neste animal
> Que você talvez não ganhe. (p. 1)

Embora não seja o mais comum no conjunto dos poemas analisados, em alguns casos, no entanto, o poeta parece se esforçar por utilizar um vocabulário que se aproxime da norma padrão escrita, como nos versos abaixo, por exemplo: "eu achei esta no rio/*porém* sem nunca esperar." (*A história da princesa da Pedra Fina*, p. 8, grifos meus); "essa pedra que procuro/é impossível *obter*" (*A história da princesa da Pedra Fina*, p. 9, grifos meus).

Em muitos casos, a estrutura das frases, e não apenas o seu léxico, não obedece à norma padrão escrita da língua portuguesa. No caso abaixo, bastante comum, o pronome é utilizado como na linguagem coloquial oral: "assim que o rei viu ela" (*Historia da princesa da Pedra Fina*, p. 6).

Em muitos poemas, a pontuação empregada também não segue as normas para a linguagem formal escrita, aproximando-se muito mais da oralidade. Em *As proezas de João Grilo* e *A chegada de Lampião no inferno*, observa-se, em quase todo o poema, a ausência de uma pontuação adequada: escreve-se, no ritmo da fala, o que parece ser um indício de que era para ser lido em voz alta ou de por alguém ainda muito imerso no mundo da oralidade – um leitor "precário", "inseguro", "inicial". Para o leitor "seguro", "antigo", torna-se até mesmo difícil a leitura com esse tipo de pontuação, como pode ser observado nos trechos seguintes:

> *João disse só tem garapa*
> *Disse o padre, de que é?*
> *João Grilo respondeu logo*
> *É do Engenho Catolé*

> *Disse o padre pois eu quero*
> João levou na coité
> (*As proezas...*, p. 3, grifos meus)

Vários outros pontos poderiam ser analisados para se verificar como, na própria escrita do poema, marcas da oralidade foram impressas.

A presença dos diálogos, dos discursos diretos

Um outro ponto analisado nos textos, com o objetivo de compreender a força de marcas da oralidade neles presentes, refere-se à utilização do discurso direto, dos diálogos, na construção dos poemas. O discurso direto é essencial na elaboração dos folhetos: em quase todos, eles desempenham um papel nuclear na condução da narrativa, o que leva a aproximar, mais uma vez, os folhetos das narrativas orais.

Em quatro, dos oito folhetos analisados, observa-se, em mais da metade das estrofes, a presença do discurso direto, seja para exprimir a voz do personagem, o seu pensamento ou, em casos mais raros, a descrição do conteúdo de cartas ou de outros objetos de leitura. Esses discursos são introduzidos ou por um travessão, ou por um verbo (dizer, falar, perguntar, exclamar, pensar, gritar), ou mesmo por nenhum sinal ou verbo, o que leva a acreditar que a leitura era pensada principalmente para ser realizada oralmente. Essas afirmações podem ser observadas na estrofe abaixo:

> O padre bebeu e disse:
> - Mais oh! que garapa bôa!
> - João disse; quer mais?
> O padre disse e patrôa
> Não brigará com você?
> João disse tem uma canôa!
> (*As proêzas de João Grilo*, p.3)

A lamentável morte de Getúlio Vargas, talvez pela própria natureza do folheto – a narrativa do suicídio de um "vulto histórico" –, é o único poema do grupo analisado em que a quantidade de discursos diretos pode ser considerada insignificante: somente em uma estrofe (das 31, ou seja, em 3,2%) o autor lança mão desse recurso. Em todo o poema, o autor praticamente não utiliza diálogos.

Essas constatações não significam que o discurso indireto também não fosse utilizado nos poemas. Embora não fosse o procedimento mais comum, vários exemplos de seu uso podem ser encontrados, mesmo nesses poemas em que predomina a utilização do diálogo, como pode ser observado nos exemplos abaixo, todos retirados do folheto *Batalha de Oliveiros com Ferrabraz*: "Carlos Magno perguntou/quem tanto o insultava, [...]" (p. 4) ou "Carlos Magno ordenou/ que os pares o pegasse [...]" (p. 5).

Em *O barbaro crime das mattas da Varzea*, em duas estrofes inteiras, o autor se utiliza do discurso indireto para narrar diálogos entre os personagens. É o único folheto da amostra analisada em que o autor se utiliza, de maneira significativa, desse recurso. Nos demais, o procedimento, quando aparece, é utilizado de maneira secundária.

A análise parece indicar, pois, que a presença do discurso direto na construção dos poemas é extremamente significativa, levando-se a hipotetizar que o autor e/ou editor buscavam se aproximar da linguagem oral, falada cotidianamente por seu público leitor/ouvinte.

O papel dos adjetivos

É comum, na literatura especializada, a referência à importância dos adjetivos e dos epítetos na elaboração das narrativas orais. Segundo Ong (1982), o modo de pensar oral seria mais agregativo do que analítico. Essa característica é expressa, por exemplo, na grande carga de epítetos e outras fórmulas que caracterizam a expressão oral e que são rejeitadas pela "alta" literatura, por provocarem, em sua avaliação, redundância e monotonia na linguagem. Para o autor, na medida em que as expressões agregativas são utilizadas, resta pouco espaço para o questionamento das adjetivações: a opinião já viria avaliada, cristalizando, de certo modo, o pensamento. Busquei, a partir dessa constatação feita em outros estudos, observar a importância deles, no grupo de folhetos analisados,

na condução da história e na produção de certos impactos possíveis em sua recepção.

Através da simples listagem dos adjetivos utilizados pelo poeta ao longo dos poemas, é possível realizar certas suposições a respeito dos personagens e da história propriamente dita e reconstruir, em linhas gerais, o próprio enredo, a partir das mudanças observadas na caracterização dos personagens. Esse fato, por si só, expressa a importância do papel que assumem na elaboração dos poemas.

Uma primeira constatação que pode ser feita é que os protagonistas das histórias, possivelmente por serem mais referenciados, mas também por desempenharem papel nuclear nas histórias e cumprirem um papel, junto ao leitor, de norteadores daquilo que será o "bem" e o "mal" no enredo, são os mais adjetivados. Em alguns casos, além da adjetivação do próprio personagem ou da negação de algum possível atributo a ele dado, o poeta qualifica também alguns elementos que lhe pertencem.

Como exemplo, tomo o folheto *O cachorro dos mortos*, em que a adjetivação dos principais personagens da história é bastante forte, cumprindo, de fato, o papel de marcador daqueles que são "bons" e dos que são considerados "maus". A família vítima da chacina é toda bem qualificada. O filho Floriano era um homem "feito", "empregado", "honrado", "distinto" e "estimado". As filhas são caracterizadas em uma única estrofe como moças "honestas", "trabalhadoras", "encantadoras". Valdivino, o vilão da história, por sua vez, é qualificado de fera "carniceira" e de monstro "tirano", "desgraçado" e "assassino" e sua mão "homicida". Zeferino, o carrasco que iria executar Valdivino, é explicitamente adjetivado, não deixando dúvidas, para o leitor, sobre de que lado da história pode ser situado: o poeta o caracteriza como "covarde", "vil", "assassino", um mulato "laranjo". Com cabelos bem "vermelhos", um rosto "largo"[13] e o couro da testa "franzido", seu aspecto é considerado "aborrecido" pelo poeta. Finalmente, Calar, o herói do poema, é adjetivado como "velho", "pobre", "bom" e "caçador". Testemunha "ocular" do crime, era um amigo "firme", um "bom" companheiro.

Em outros casos, como em *A chegada de Lampião no inferno* os adjetivos parecem cumprir funções menos decisivas na elaboração do enredo. Pela própria natureza do poema, satírico e irônico, e pela características de seus protagonistas – certamente o leitor já tem uma concepção prévia e mais ou menos estável de quem é Lampião e satanás – parece desnecessário, na visão do autor, explicitar para o leitor, através do uso abundante de adjetivos, quem são os principais personagens da história. Para caracterizar Lampião, o poeta utiliza apenas os adjetivos "bandido" e, após a luta com a tropa do inferno, "ferido". Quanto ao diabo, por outro lado, o poeta se limita a dizer, através da voz do próprio personagem, que ele andava muito "caipora".

O que análise revela é que, na maioria dos casos, o uso expressivo dos adjetivos na construção dos poemas parece querer deixar claro para o leitor de que lado se situam os personagens. Cumprem, pois, o papel de localizador das forças do "bem" e das forças do "mal", do herói e do inimigo, deixando pouca margem para ambiguidades. O poeta parece pressupor, pois, a existência de um leitor com pouca capacidade de complexificação dos personagens e do enredo. Muitas vezes, os adjetivos utilizados são extremamente fortes. No entanto, há, como se viu, casos de folhetos em que a ação dos personagens ao longo do texto é mais importante do que a sua qualificação prévia. Nos romances, o papel demarcador dos adjetivos ocorre com mais força, talvez por cumprirem, neles, um papel mais importante do que nos outros tipos de história; são, além disso, histórias mais longas, exigindo uma concentração maior do leitor.

O processo de adjetivação dos personagens, das ações e dos fatos, parece dar, ainda, à narrativa, um tom dramático – em alguns casos, hiperbólico – o que certamente contribui para causar, no leitor, um grande impacto emocional[14].

A presença do elemento mítico-religioso

Em todos os folhetos analisados, em diferentes graus e de maneiras diversas, o elemento mítico-religioso, expressado através de ações sobrenaturais (os processos de encantamento e desencantamento, a magia), da presença da morte, da força inevitável do destino (da sina, do acaso), da religiosidade cristã, está presente[15]. O elemento sobrenatural é, na verdade, constitutivo das narrativas orais tradicionais e do imaginário popular, de forma geral.

A ação de forças sobrenaturais, em geral auxiliando o herói na superação dos obstáculos que lhe são impostos e, portanto, no cumprimento de seu destino, é bastante presente nas histórias de folhetos. Em *Historia da princesa da Pedra Fina*, a presença de elementos mágicos, misteriosos, principalmente através do encantamento (e desencantamento) dos personagens, favorecendo a ação do herói, permeia toda a história. À semelhança da Pedra Fina, em *O pavão misterioso*, o sobrenatural aparece, permeando toda a história, sobretudo como hipótese, como suspeita, principalmente para os personagens (provavelmente não para o leitor, a quem é dada conhecer a origem do pavão).

Em outros poemas, as forças sobrenaturais agem menos diretamente sobre a conduta dos personagens, parecendo contribuir para dar um tom de mistério à narrativa, gerando certas expectativas no leitor. Em *O cachorro dos mortos*, por exemplo, todas as vezes que Calar ia até as cruzes dos seus patrões mortos, uivava muito, de uma maneira extremamente estranha.

Em *As proezas de João Grilo*, o poeta recorre ao sobrenatural para explicar a singularidade do protagonista: sua inteligência e esperteza, apesar de sua fragilidade física. O nascimento de João é permeado de elementos, pertencentes ao misticismo popular, que expressam o poder da natureza e desafiam a ciência: chorou ainda dentro do ventre da mãe, nasceu de sete meses, à noite, no dia de um eclipse da lua, e no momento da explosão de um vulcão. Como se não bastassem esses fenômenos, no seu nascimento, havia até mesmo lobisomem na rua.

Em muitos casos, como já me referi, as ações sobrenaturais são um meio para que o(s) herói(s) possa(m) cumprir sua sina. A questão do destino é extremamente forte em várias histórias de folhetos.

Mesmo quando o folheto não traz elementos sobrenaturais, a presença do destino ou da sina é extremamente importante na argumentação do poeta para explicar a ocorrência de determinados fatos. Em *O barbaro crime da mattas da Varzea*, por exemplo, o autor já inicia a narrativa afirmando que o acaso é o principal fator na condução dos fatos, assim como, em *A lamentável morte de Getúlio Vargas*, o poeta procura justificar o suicídio do presidente também através da sina que lhe foi atribuída.

A religiosidade cristã também está presente nos folhetos analisados: elementos como o perdão, a conversão, a oração, o temor a Deus e a bondade divina perpassam as diversas histórias. Em *A batalha de Oliveiros com Ferrabraz*, por exemplo, a questão religiosa está permanentemente presente, representada pela luta entre um cristão e um turco e pela conversão desse último. Várias são as estrofes em que o tema da conversão é introduzido pelo poeta.

Finalmente, observei também, nos folhetos, a importância conferida à morte na construção dos enredos. O único folheto, do conjunto analisado, em que a morte não está presente é *Proezas de João Grilo*. Nos demais, a morte é algo essencial na própria construção das histórias.

Pode-se afirmar, depois de realizada a análise do caminho narrativo percorrido pelo poeta para a elaboração dos poemas e da análise das marcas de oralidade neles presentes que, em muitos casos, o universo dos folhetos parece se assemelhar àquele das narrativas orais. As narrativas orais obedecem, como têm demonstrado estudos que se detêm sobre as relações entre oralidade e *letramento*, a certos padrões de composição que auxiliam na performance dos poetas, na memorização e na incorporação de temas e valores por parte da audiência. O esquema narrativo é, na maior parte das vezes, mais importante do que os detalhes do conteúdo das narrativas. As fórmulas – grupo de palavras nas mesmas condições métricas e que obedecem a um mesmo padrão sintático –, o ritmo e a estabilidade de certos temas e ideias facilitam a tarefa do poeta e auxiliam a audiência na memorização.[16]

Os autores que estudam a literatura de cordel brasileira também encontram, em sua estrutura, a recorrência a certas fórmulas e padrões de composição, semelhantes aos encontrados nas narrativas orais:

> Uma das características formais da Literatura de Cordel é a obediência a modelos de composição, dos quais o poeta popular procura não fugir.
>
> Há sempre repetições do mesmo tipo de estrofe e dos padrões métricos e contínua retomada dos mesmos assuntos, o que assegura à Literatura de Cordel uma perenidade, formal e de conteúdo, decorrente da exploração reiterativa dos mesmos topoi estilísticos e temáticos. Quanto mais o folheto se amolda aos procedimentos tradicionais, mais aplaudido e apreciado se torna. (TAVARES JÚNIOR, 1980, p. 60)

Repetição e renovação. Entre esses dois movimentos, o poeta cria seus versos. Ivan Proença afirma que o poeta será

> tanto mais importante quanto menos original se mostra, isto é, quanto mais seguir as fórmulas e os usos tradicionais. Daí provavelmente, o emprego intensivo de variado material cli-

chê, lugares-comuns, chavões. O *ufanismo* e sua carga ingênua, aliás, compõe esse quadro do lugar-comum. (Proença, 1977, p. 42)

Além dos clichês, o poeta se utiliza de outros recursos também presentes em outras formas de manifestações de cultura popular. Como exemplo, Proença (1977) cita a

> condução hiperbólica dos textos, basicamente ao longo de desafios, pelejas. Alguns romances também trazem à tona peripécias incríveis onde o exagero passa a componente importante da narrativa, acostumando e condicionando o leitor de tal maneira, que a diminuição do 'ritmo' de exageros normalmente é motivo de desinteresse em relação ao texto. (Proença, 1977, p. 55)

À semelhança de outras formas de narrativas orais, o tom emocional, como se buscou demonstrar, também caracteriza as histórias de cordel.

A "enciclopédia" do leitor

Além de trazer marcas da oralidade em sua estrutura narrativa, no léxico e na sintaxe utilizados, na presença do elemento mítico-religioso, os textos também expressam temas familiares ao suposto leitor/ouvinte? Qual a "enciclopédia" imaginada por autores e/ou editores desse tipo de impresso para seu possível leitor?

Um dos primeiros elementos que analisei, buscando me aproximar de qual seria, em linhas gerais, a "enciclopédia do leitor" visado pelo poeta e/ou editor refere-se ao local onde se passam as histórias ou a outros lugares mencionados no texto. Analisei, também, a presença de elementos, nas histórias, que possivelmente faziam parte do mundo do cotidiano do leitor/ouvinte de folhetos.

Dos oito folhetos analisados, três se passam em lugares demarcados, no Brasil, certamente conhecidos, pelo menos de nome, dos leitores/ouvintes. Os folhetos de "acontecido", como se era de esperar, são aqueles que mais precisamente delimitam os cenários e as datas de suas histórias. A história de *O barbaro crime das mattas da Varzea*, como o próprio título indicada, passa-se, na maior parte do tempo, nas matas de uma usina na Várzea, bairro do Recife, na época bastante isolado do centro da cidade. O folheto é construído a partir de fatos bem cotidianos, encontráveis ao longo do tempo nas páginas policiais dos jornais – uma mulher que trai o amante, um crime passional, a descoberta e a prisão do assassino – e, ao mesmo tempo, recorrendo a valores universais, que permeiam toda a história: a falsidade, a vingança e a punição pela traição, a imagem da mulher vulnerável e pecadora e do homem sem controle ao ver sua "honra manchada". O fato de o folheto trazer a data do episódio que narra também contribui para que, no processo de recepção, o leitor/ouvinte de folhetos compreenda a história dentro de um universo cotidiano, temporal, circunstanciado, apesar da presença dos elementos universais.

A lamentável morte de Getúlio Vargas apresenta um esquema semelhante. O cenário do poema é, genericamente, o "Brasil", a pátria brasileira. Algumas cenas se passam na "capital federal" e o presidente é levado para ser sepultado em "sua terra natal". Fala-se também das repercussões de sua morte em todas as capitais brasileiras. Assim, fala-se de um fato preciso, em um lugar mais ou menos delimitado. A datação do episódio também contribui para que o leitor situe o folheto em um quadro real, cotidiano. Ao mesmo tempo, como ocorre no folheto analisado anteriormente, o poeta recorre a elementos universais que buscam comover o leitor, lembrando-lhe alguns "feitos" de um "vulto" que, momentaneamente, deixa de ser humano (comparado até mesmo com Cristo), de forma que o celebre, fazendo o folheto ultrapassar uma função meramente informativa.

O cachorro dos mortos é o terceiro dos folhetos do grupo que data e situa a narrativa para o leitor: a história se passa na Bahia entre 1806 e 1809. A festa, cenário da descoberta do crime, ocorre na própria capital do Estado. Em alguns momentos do folheto, aparecem referências a outros lugares: para compor a junta médica para examinar se o assassino é louco ou não, por exemplo, as autoridades brasileiras mandam vir quatro médicos do "reino de Portugal". Certamente, Portugal fazia parte, mais do que nos dias atuais, do imaginário das pessoas comuns. Afinal, apenas cerca de cinquenta anos separavam a queda do último imperador brasileiro, um filho de portugueses, do cotidiano dos supostos leitores do folheto. O poeta introduz, ainda, na história, elementos cotidianos para o leitor. A recompensa, dada pela justiça da Bahia, para quem denunciasse os assassinos era, por exemplo, em réis, mesma moeda que o pai do assassino negocia com o futuro carrasco de seu filho. Elementos universais, por sua vez, também estão presentes em toda a história. Mais uma vez, a questão da "falsidade" merece destaque.

Outros três poemas do grupo analisado, quando se passam em lugares específicos, anunciados pelo poeta, fazem referências a locais abstratos, fora do Brasil, ou a locais imaginários, certamente só conhecidos dos leitores através do próprio universo de poemas. Além disso, os enredos não são datados, contribuindo para o caráter abstrato das histórias. Segundo Raymond Cantel (1993), a referência a outros locais e a outros tempos nos romances de cordel tem uma função, sobretudo, de deslocar o leitor para outro mundo, o mundo do maravilhoso.

A batalha de Oliveiros com Ferrabraz tem como cenário a França, embora isso só seja anunciado indiretamente, quando o poeta, através do personagem de Ferrabraz, faz referência ao exército francês. O inimigo, considerado o "legítimo dono" do "reino de Alexandria" vem da Turquia; é pagão, mas se converte ao cristianismo. A época em que se passa a história não é precisada, embora o leitor, com certos conhecimentos prévios, saiba que ela se passa na Idade Média, na época em que Carlos Magno viveu. Embora o poema fale sobre um mundo relativamente abstrato, povoado de cavaleiros, duques, rei, guerreiros, e sem aparente relação com o cotidiano do suposto leitor, ao trazer em seu núcleo elementos universais, como a questão do antagonismo entre o bem e o mal, expressa na luta do cristianismo contra o paganismo, o grande teor religioso do texto (com presença de questões como a fé, a conversão e a oração); ou mesmo valores como a valentia, a coragem, a persistência, a fidelidade, a obediência, contribuem para aproximá-lo do universo do leitor. Todo esse mundo trazido pelo poema faz parte, de uma maneira ou de outra, do imaginário ibérico-cristão, presente também em outras manifestações da cultura (como autos populares, toadas, canções) no qual o leitor está imerso sem que necessariamente disso tenha consciência.

Em *O pavão misterioso*, os protagonistas vivem na Turquia e, quando recebe a herança do pai, João Batista resolve viajar pelo mundo: vai ao Japão e à Grécia. A época em que se passa a narrativa também não é precisada, o que auxilia, mais uma vez, o caráter abstrato/universal da história. Outros elementos aparentemente estranhos ao universo do leitor também estão presentes no poema. No entanto, o poeta, ao longo de todo o poema, mistura elementos "estranhos" com elementos cotidianos, como a evocação da figura do "valente", tão comum no universo dos folhetos e dos leitores. Embora a história se passe na Turquia, o pai de Evangelista e João Batista é capitalista, dono de uma fábrica de tecidos e tem dois filhos, estrangeiros. O engenheiro que fabrica o pavão é também empregado da fábrica: mora na rua dos operários, na vila da fábrica. Na época em que foi composto o poema, provavelmente no final dos anos 20 ou início dos anos 30, a Companhia de Tecidos Paulista, fundada em 1891 e situada em Paulista, então pertencente à Olinda, era a maior fábrica têxtil do Nordeste e uma das maiores do país. Sua presença é bastante forte no imaginário das pessoas que viveram naquele momento. A partir de 1904 a Companhia passou ao controle acionário da família Lundgren, cujo chefe, Herman Lundgren, era um comerciante importador e exportador de origem sueca. Com a morte de Herman Lundgren, em 1907, a *CTP* passa a ser dirigida de fato por seus filhos Alberto, Frederico e Artur, principalmente os dois últimos (Rosilene Alvim, 1997). Assim, como se pode ver, a presença de uma fábrica de tecidos, gerenciada por dois irmãos estrangeiros, e de operários que moravam na vila da fábrica, não era, certamente, estranha ao universo dos supostos leitores do poema.

A narrativa de *Historia da Princesa da Pedra Fina* se passa no ainda mais genérico "reino da Pedra Fina": lugar abstrato, universal, semelhante àqueles descritos nos contos de fada, nas narrativas medievais. Nesse lugar abstrato, vivem, como se pode intuir, rei, princesas e também um barbeiro, certamente elemento mais cotidiano, mais próximo ao leitor do que os demais. Toda a história está permeada pela presença de elementos típicos das narrativas orais: obstáculos são postos para o protagonista, que, sucessivamente, consegue superá-los. O fato de o folheto não precisar a data nem o local quando e onde se passa a história certamente contribui para seu caráter abstrato e universal. No entanto, apesar de construída a partir de todos esses elementos abstratos, a história está permeada de situações provavelmente bastante cotidianas para o público leitor de folhetos. O pai de José, por exemplo, que tem três filhos, é pobre e trabalha em um roçado. Enquanto os quatro homens passam o dia no trabalho, a mulher permanece em casa preparando a comida.

Finalmente, os dois últimos poemas do grupo são aqueles de tom mais irônico. Neles, os cenários das histórias parecem não exercer um papel significativo no processo de distanciamento ou aproximação do leitor ao seu mundo cotidiano. Em *As proezas de João Grilo*, não há referências ao local onde se passa a maior parte da história. Sabe-se que João Grilo morava perto de um rio, onde ia pescar toda tarde. Quando narra o episódio do português, afirma que ele morava "no suburbio da Cidade". Não explicita, no entanto, de qual subúrbio fala, nem de qual cidade. A história, no entanto, principalmente em sua primeira parte, está recheada de elementos do cotidiano. Os personagens que contracenam com João tanto pertencem a um universo mais circunstanciado, como o vaqueiro (figura típica do sertão, familiar, portanto, a uma parcela dos leitores/ouvintes) e um português que vende ovos (a figura do português comerciante era bastante popular no período, principalmente nas cidades), quanto a um universo que ultrapassa tempo e espaço: um padre e um professor. Para realizar suas artes, João recorre a objetos/animais certamente bastante conhecidos do público leitor: a coité, a garapa, a lagartixa, a égua. E os cenários escolhidos também fazem parte do dia a dia da época: o rio, a igreja, a rua, a escola.

A história também traz elementos estranhos ao dia a dia dos leitores da época, mas certamente familiares ao universo dos folhetos. Quando narra o episódio dos ladrões, por exemplo, o poeta denomina a mata em que João Grilo se esconde de "bosque", palavra não usual no cotidiano, mas típica do universo dos contos de fadas. Os ladrões, que eram de "Meca" e "roubavam no egito" (p. 14), combinam entre si de se encontrarem no outro dia na "capela de belem". Na segunda parte da história, outros elementos estranhos ao cotidiano do público são, ainda com mais força, introduzidos. O cenário agora é a corte de um sultão do Egito, que convida João Grilo para desafios de adivinhações. No entanto, muitas dessas adivinhações, assim como as que ele faz ao professor na escola, certamente já circulavam na oralidade e uma das estrofes parece revelar que a situação em que João Grilo se encontrava, respondendo às perguntas do rei, é a de um "concurso" público de adivinhações, com muita gente presente, à semelhança do que parecia ocorrer nos serões.

A história de *A chegada de Lampião no inferno* se passa, como o título indica, no inferno. Como já me referi, trata-se, no entanto, de um poema extremamente irônico e o autor, certamente, não traz ao leitor o cenário de um inferno tal como referenciado no imaginário cristão, um lugar imaginável e até mesmo familiar. Referências ao cotidiano são feitas ao longo de todo o poema. O sertão aparece mais de uma vez: é lá onde Pilão Deitado anda "fazendo mal assombrado" e onde o leitor sugere que Lampião esteja. Quando se refere aos prejuízos financeiros que causou a visita de Lampião ao inferno,

o poeta, referindo-se às queixas de satanás, introduz uma reflexão certamente bem familiar aos agricultores e, principalmente, àqueles que viviam da dependência das chuvas (em especial os sertanejos):

> Reclamava lucifer
> horror maior não precisa
> os anos de safra
> e mais agora esta piza
> se não houver bom inverno
> tão cedo aqui no inferno
> ninguem compra uma camisa
> (*A chegada de Lampião no inferno*, p. 8)

Embora não precise a data quando se passa a história, o leitor sabe de que se trata de uma brincadeira a respeito da morte de Lampião, ocorrida próxima ao momento em que o poema foi escrito, ou seja, no final da década de 30.

A análise parece demonstrar, assim, que os poetas introduziam, em seus poemas, elementos extremamente cotidianos e circunstanciados, próximos da vida diária do suposto leitor/ouvinte e, ao mesmo tempo, aspectos aparentemente estranhos ao mundo em que estava inserido – como personagens mitológicos, reinos, príncipes e princesas –, mas que podem ser caracterizados como universais, na medida em que trazem uma grande carga de ideias e valores que não se vinculam, necessariamente, a um tempo, a um espaço e a uma cultura determinadas.

Folhetos e jornais: uma análise comparativa do ponto de vista do leitor

Nesta última parte do capítulo, busco, através da análise das notícias veiculadas no *Jornal do Commercio*, publicado no Recife, sobre o crime ocorrido na Várzea em 1928 – tema do folheto *O barbaro crime das mattas da Varzea* – outros elementos que permitam levantar indícios a respeito de quem era o público leitor/ouvinte de folhetos, no intuito de melhor compreender que especificidades de linguagem e de "universo de recepção" são esses que fazem com que o público consumidor dos folhetos não coincida com o público leitor de jornais. Busco, assim, encontrar mais elementos para a compreensão de quem era o leitor/ouvinte de folhetos, comparando o texto do folheto a outro tipo de texto, o jornalístico[17].

Vários estudiosos identificam a literatura de cordel como um sistema paralelo e particular de jornalismo. Segundo esses autores, o poeta popular necessita realizar um processo de "decodificação" das notícias veiculadas nos jornais ou em outros meios de comunicação, como o rádio e, mais recentemente, a televisão, para adequá-las o universo do público de folhetos. Uma das faces dessa decodificação, segundo Joseph Luyten (1992) é a transformação, pelo poeta, dos fatos em interpretação e não, pura e simplesmente, em informação.

As notícias sobre o "crime da Várzea", como ficou sendo denominado o ocorrido na maioria das publicações, foram divulgadas na seção *Na policia e nas ruas. Chronica da cidade*, na página 2 do *Jornal do Commercio*, em quinze dias, no período de 09 a 28 de junho de 1928. Quase todos os dias, o jornal veicula notícias sobre o ocorrido: o aparecimento do cadáver já deteriorado de uma mulher na mata da Usina São João da Várzea; a descoberta da identidade da vítima através de alguns indícios; a reconstituição de todas as investigações que foram realizadas para identificar a vítima e os dados encontrados sobre ela; informações sobre o suspeito de haver cometido o crime; a prisão do assassino; um resumo sobre o êxito das investigações e esclarecimentos a respeito dos prováveis motivos do crime; transcrição de trechos do depoimento do assassino; a reconstituição do crime pela polícia.

Uma primeira diferença entre as notícias veiculadas no jornal e o fato narrado no folheto parece óbvia. No folheto, o leitor tem toda a história em um único espaço: o resumo dos fatos em forma de uma narrativa completa, com começo, meio e fim, e, ao mesmo tempo, a opinião/julgamento do autor. O poeta, ao escrever o poema, já sabe objetivamente de todo o caso – que vinha provavelmente acompanhando através dos jornais –, já formulou sua opinião sobre o assunto e sente-se apto, portanto, a compor/contar uma história. O jornal, por outro lado, vai dando as notícias sobre o fato à medida em que ele vai sendo esclarecido, em tempo real. O leitor, para ficar ciente do andamento do crime, tem necessidade de ler/acompanhar a notícia durante vários dias (isso requer inclusive o movimento de procurar, no corpo do jornal e na seção onde eram publicados os fatos, as notícias sobre o assunto) em fragmentos. Uma das últimas publicações sobre o crime é que traz um resumo sobre ele[18]. O conjunto da história já pode ser visualizado pelo leitor do folheto, como se viu, a partir do momento em que lê/ouve seu título e observa a ilustração de sua capa, fatores inexistentes no caso do jornal. Nenhuma das notícias publicadas foi acompanhada de uma ilustração nem os títulos das matérias tinham um apelo tão forte quanto aquele que o autor e/ou o editor escolheram para o poema.

Uma outra questão que observei a partir da análise comparativa realizada é que o poeta, de fato, parece reinterpretar o caso narrado, à sua maneira. Ao se ler o folheto e as notícias veiculadas no jornal, tem-se a impressão, em que pesem todos os dados coincidentes e objetivos sobre o fato narrados em ambos os veículos, de que podem ser interpretadas como duas histórias diferentes. No folheto, o poeta omite diversos dados que parecem fundamentais para a compreensão da história. O poeta não se refere ao fato, por exemplo, de que Ladislau raptou e, segundo algumas versões, "desvirginou" Maria Firmina quando ainda era menor, como é veiculado no jornal. Aliás, no folheto, o poeta não traz dados objetivos sobre os personagens, como, por exemplo, a idade de cada um deles, o que ocorre na imprensa. Os protagonistas da história parecem ser "encaixados" em modelos prévios de "marido vítima" e "mulher traidora"[19]. O folheto não se refere também ao fato de que a vítima era espancada pelo marido frequentemente, como noticiado no jornal, e que ele já a havia ameaçado de morte. No folheto, o poeta refere-se simplesmente e, de certa maneira, de forma abstrata, à "falsidade" e à "levianidade" de Maria Firmina. No jornal, por outro lado, a "traição" de Maria é objetivamente situada: após ser expulsa de casa por Ladislau, passa a viver com um pescador no Pina, bairro do Recife. A questão da "falsidade", assim, que parece central no folheto – e em todo o universo da literatura de cordel –, não ocorre no jornal. Pode-se afirmar, em linhas gerais, que o folheto traz uma versão masculina do fato. O poeta parece se colocar no lugar do personagem com o qual mais se identifica – o homem da história, vítima da "falsidade" da ex-mulher. Nesse processo de reinterpretação do caso, o poeta não hesita em atribuir ao "acaso", como faz na primeira estrofe do poema, a responsabilidade pela ação das pessoas, já que, por natureza, elas não são, como Ladislau, necessariamente "más".

Uma terceira constatação realizada a partir da análise é que, no folheto, a ênfase do narrador está nos personagens principais envolvidos no caso e na narrativa, com a interpretação pelo poeta, dos fatos. No jornal, por outro lado, pode-se dizer, quando se analisa minuciosamente notícia após notícia sobre o fato, que o protagonista da história são as investigações da polícia. A ênfase do narrador está nas investigações que foram realizadas sobre o crime, fator não enfatizado no poema. Embora o poeta reconheça e elogie, principalmente nas últimas estrofes do folheto – o que é significativo –, a ação da polícia, o inquérito realizado não constitui, de maneira nenhuma, o núcleo da história. O poeta parece, pois, em todo o folheto, transformar as pessoas reais, protagonistas de uma história cotidiana de amor e de crime, em personagens de um conto, que traz para o leitor, como se viu, elementos de certa forma universais.

No processo de tornar a notícia uma história, o autor dá, assim, lugar de protagonistas ao assassino e à vítima do crime. Nessa reelaboração, a adjetivação dos personagens, como busquei analisar na seção anterior, tem um papel fundamental, conferindo, sobretudo, um tom dramático e emocional ao texto. As notícias do jornal, por outro lado, parecem enfatizar a reconstituição dos fatos e não a qualificação dos personagens. Nas poucas vezes em que os adjetivos aparecem, Ladislau é caracterizado como "indigitado" criminoso, adjetivo que não cumpre, portanto, um papel valorativo, e de "barbaro" matador de Maria Firmina. Em outro momento, o mesmo adjetivo, ao lado de outro – "passional" – é utilizado no subtítulo da notícia (do dia 26/06): "Um barbaro homicidio, ou um crime passional?" No folheto, "barbaro", um adjetivo de impacto, é utilizado no lugar mais estratégico do impresso: o título. Maria Firmina, por sua vez, é qualificada, no depoimento do próprio Ladislau, de "rebelde", característica da vítima que provocava, segundo a versão do assassino, as discussões entre o casal.

O que parece sobressair, no folheto, não é, portanto, a reconstituição do fato em si ou a necessidade que o leitor teria de ficar informado sobre os acontecimentos. Os comentários sobre o caso, como me referi, certamente já circulavam na oralidade: o que parecia interessar ao suposto leitor/ouvinte era, além de uma opinião/interpretação do poeta sobre o caso, uma "revisão", uma "recapitulação" daquilo que já sabia no formato – literário – da literatura de cordel. O que parece importar para o suposto leitor é, pois, menos a "atualidade" ou a informação objetiva sobre o fato/a notícia, e mais os valores universais rememorados pela história, nos quais ele crê e deles se alimenta cotidianamente.

Considerações finais

Que grandes tendências podem ser traçadas após a análise realizada?

Uma primeira constatação que pode ser feita a partir da análise dos folhetos é de que a maioria das histórias tem as características de uma narrativa. Mesmo quando não "contam uma história", os poemas tendem a dedicar uma significativa parte de seus textos à narração: são relativamente poucas as estrofes dedicadas à descrição ou à análise de algum fato.

De modo geral, os esquemas das histórias são previsíveis, levando o leitor/ouvinte habituado ao universo dos folhetos a antecipar certas ações, antever alguns fatos: poucas são as surpresas e os imprevistos das histórias e, em muitos casos, são significativas as redundâncias.

As primeiras estrofes dos poemas em geral servem para o poeta introduzir os elementos que julga principais na história, incluindo, em alguns casos, a expressão de um ditado ou provérbio que sintetiza a lição do texto, a invocação a Deus para pedir inspiração para escrever o poema ou a apresentação dos personagens. Em certos folhetos, o poeta dirige-se diretamente ao leitor tanto no início quanto no final do poema. Como constatou Candance Slater (1984), em geral, essas estrofes apresentam um ambiente harmônico a partir do qual a história (trazendo elementos que quebram essa harmonia) vai se desenvolver. As últimas estrofes, por sua vez, apresentam, em geral, um caráter conclusivo: o poeta enfatiza, para o leitor, o que considera mais importante na história que acaba de narrar ou simplesmente conclui o enredo[20]. Pode-se afirmar que a maioria dos folhetos obedece, para utilizar a expressão de Umberto Eco (1986), a um esquema de "narratividade superficial".

Os poemas parecem reforçar certos valores, ideias e modos de pensamento que já compõem o mundo dos leitores, levando-os a se sentir à vontade com a estrutura narrativa e o teor das histórias.

Os folhetos analisados parecem estar, como já hipotetizaram e, em alguns casos, demonstraram vários estudos, marcados pela presença da oralidade: a adoção, na escrita, de um dialeto oral regional; a utilização significativa do discurso direto nas estrofes; o uso expressivo de adjetivos na elaboração dos poemas; a recorrência ao elemento mítico-religioso na composição dos enredos; a repetição de certos esquemas narrativos e a retomada de algumas ideias tornando o texto bastante previsível para o leitor, são alguns indícios que demonstram essa constatação.

A tendência "oral" dos poemas não deve ser vista, no entanto, sem ressalvas. Sabe-se que, nas décadas iniciais do século, no Brasil, de modo geral, a presença da oralidade é inerente à produção literária e, em especial à poesia. A poesia era considerada, sobretudo, um gênero oral, escrita para ser recitada ou lida em voz alta, mesmo nos meios eruditos. No caso da literatura de cordel, essa questão é ainda mais aguda, na medida em que se trata de um gênero originário, em significativa medida, das cantorias. Além disso, aos poucos o seu público foi-se tornando cada vez menos escolarizado e de origem rural, possuindo pouco contato com o universo letrado e demandando uma literatura que utilizasse uma linguagem mais próxima ao oral.

O poeta parece se utilizar, na composição dos poemas, de uma "enciclopédia" que conjuga elementos do cotidiano do suposto leitor daquela época e lugar, ao mesmo tempo em que o transporta para mundos aparentemente estranhos, mágicos, abstratos. Essa transposição cumpre, ao que tudo indica, uma função que poderia chamar de literária: levar o leitor a um dezenraizamento do universo em que vive. Cumpre também o papel de reforçar certos valores e ideias, de caráter mais universal, que o leitor já possui.

Comparando-se um folheto de "acontecido" com as notícias veiculadas nos jornais sobre o mesmo fato, creio que também foi possível se aproximar com mais acuidade do universo do público leitor. Os supostos leitores/ouvintes das histórias de cordel parecem não estar interessados em se informar sobre um determinado fato ou conhecer o enredo de uma determinada história, mas, através da literatura, reforçar certos valores de caráter mais universal que parecem compor seu mundo.

O leitor/ouvinte de "carne e osso"

Nesta segunda parte do trabalho, procuro reconstruir o perfil dos leitores/ouvintes de folhetos e aspectos que caracterizavam as formas de leitura/audição desse tipo de impresso no período estudado. As principais fontes utilizadas para a realização da análise foram as entrevistas realizadas com oito leitores/ouvintes e com um vendedor de folhetos. De maneira secundária, utilizei, também, as 26 memórias e romances analisados e documentos diversos, como registros censitários e dados estatísticos.

De um modo geral, a produção sobre a literatura de cordel no Brasil tem, genericamente, caracterizado o público consumidor de folhetos como "nordestino" e pertencente ao "povo". Duas expressões que, de tão repetidas, muito pouco contribuem para uma melhor compreensão de quem lia/ouvia folhetos e em que contextos de práticas e usos da leitura e da escrita esse consumo se dava. Além disso, embora o perfil dos leitores/ouvintes de folhetos tenha se transformado ao longo do tempo, os estudiosos do tema tendem a não problematizar essas mudanças. Como nos demais aspectos, há uma tendência a "congelar" o cordel, em uma determinada época, universalizando-a.

A caracterização do público leitor/ouvinte de folhetos foi realizada a partir de algumas questões que, pouco a pouco, foram dando lugar a categorias de análise. No período do apogeu da literatura de cordel no Brasil, ou seja, nas décadas de 30 e 40 do século XX, os seus leitores/ouvintes eram adultos ou crianças? Eram homens ou mulheres? Eram negros ou brancos? Eram semialfabetizados? Eram "pobres" ou "ricos"? Eram leitores/ouvintes também de outros tipos de textos?

Homens e mulheres? Meninos e meninas?

Algumas pesquisas apontam o público leitor de folhetos como predominantemente masculino. Antônio Arantes (1982), por exemplo, em sua pesquisa realizada na década de 70, observou que o público que compra e lê folhetos é composto, principalmente, de adultos do sexo masculino. Os resultados da pesquisa podem nuançar esse tipo de afirmação. Das 29 pessoas com quem conversei, 23 eram homens e seis eram mulheres. Dos 23 homens, treze conheciam folhetos, mas não eram leitores; sete eram leitores ou ouvintes e três não conheciam folhetos. Entre as seis mulheres, três se disseram não leitoras e uma afirmou que não conhecia cordel. Dos nove sujeitos que entrevistei, todos leitores/ouvintes de folhetos, cinco eram homens e quatro eram mulheres. A princípio, parece haver, realmente, uma ligeira predominância masculina entre os leitores/ouvintes.

De modo geral, os entrevistados confirmaram esse dado. Zé Moreno, por exemplo, afirma que as mulheres eram minoria nas reuniões para leitura e audição de folhetos que faziam no engenho onde nasceu. Atribui ao analfabetismo a causa da quase ausência das mulheres entre o público consumidor desse tipo de literatura:

> Dificilmente lia, sabe por quê? Porque mulher geralmente, naquele tempo, parece que 40% das mulheres sabia ler, sabia ler e ia entreter as leitura delas pra outras coisa mais útil, né? [...] Sabia ler, mulher naquele tempo... quem já tinha alguma coisa... Mulher pobre, coitada, nem sabia ler. No interior, por exemplo, era difícil uma mulher daquela saber nada, era difícil os homem saber, se contava[1].

No Recife, para onde migrou ainda muito jovem e onde continuou a ler e ouvir folhetos, Zé Moreno afirma que as mulheres, no geral, também não se interessavam pela leitura de cordéis. No máximo, gostavam de ouvir os outros lerem: "Num se interessava. Se interessava só de ouvir. Ouvir, dar suas risada e ir s'imbora. Pronto."

As afirmações de Zé Moreno estão relacionadas tanto às suas experiências como leitor e ouvinte de folhetos nas feiras e nas rodas de parentes e amigos, como a uma experiência pessoal, em casa. Sua irmã, com quem mora há vários anos, não gostava de ler folhetos. Preferia as revistas de moda, "mais úteis", para usar a expressão de Zé Moreno, no desempenho de seus papéis como mulher.

A questão da falta de utilidade das leituras de folhetos para o desempenho dos tradicionais papéis femininos foi também referida por uma das mulheres com quem conversei: afirmou que, quando chegou ao Recife, ainda jovem, de uma cidade do interior, tinha que "engomar, passar, na casa dos outros onde trabalhava." Depois teve um filho e não podia fazer "nada dessas coisas". A mulher, de 68 anos, negra e vendedora de bombons e refrigerantes na porta de sua casa, atribuiu ainda ao fato de ser membro da Igreja de Jesus Cristo dos Santos dos Últimos Dias o seu não conhecimento de folhetos.

Entretanto, é sobretudo o espaço em que as leituras/audições de folhetos se davam que diferenciava, significativamente, os leitores/ouvintes pertencentes a um e outro sexo.

Inicialmente, nas feiras, os homens pareciam compor a maior parte daqueles que se aglutinavam em volta do vendedor para ouvir a leitura de folhetos. Quando as mulheres também faziam parte desse público, uma restrição, inexistente quando se tratava dos homens, parecia existir de maneira fundamental: era preciso que elas soubessem ler. Como afirma Zé Mariano, "...se a mulher sabia ler", se "as mulheres estudava..." podiam comprar os impressos.

No espaço privado, por outro lado, a situação era diferente: as mulheres pareciam compor, sem maiores restrições, o público leitor de folhetos. Na casa de Zé Mariano, era ele quem, mesmo analfabeto, comprava os folhetos na feira. Ouvia atentamente a leitura do vendedor e, se a história fosse "bonita", comprava e levava para sua mulher: "aí eu dizia: 'Ah, eu vou levar essa poesia pra mulher.' Comprava." Era sua mulher, alfabetizada, quem lia as histórias, para ele e também para outros parentes e vizinhos que em sua casa se reuniam: "Minha mulher sabia muito ler, aí ela lia pra tudinho. [...] Era um divertimento. Ela lia assoletrando mesmo, faltando as letra". Zé Mariano destaca as histórias de João Grilo como sendo as preferidas de sua mulher.

Ana Maria também era uma ouvinte atenta e fascinada pelas histórias, principalmente por aquelas de "príncipes e princesas". No entanto, não ia à feira escolhê-las e comprá-las. De modo geral eram seus filhos os encarregados dessa função. Na rua, o espaço era principalmente masculino: "Era mais os homem na rua, era... que lia folheto." Em casa, a situação era diferente: "Ouvia todo mundo. Era mulher, era homem, era moço, era menino..." Crispim, seu marido, acrescenta: "Porque ali era só escutar, n'era?"

Zé Mariano se refere a uma outra situação de leitura tipicamente masculina, ocorrida fora do espaço doméstico: a dos folhetos de "safadeza". "É, eu comprava também, comprava pra ler. A gente ajuntava um bocado de gente, assim... somente homem, né? Somente homem, pra conversar essas coisas safadas, né?" Segundo as entrevistadas Zeli e Zezé, esses folhetos também eram lidos por mulheres; a leitura, no entanto, ocorria no espaço doméstico.

As fontes produzidas e analisadas indicam, assim, que o espaço de leitura das mulheres era predominantemente o privado, o doméstico. Nas feiras e mercados, homens adultos compunham a maior parte de público que ouvia e comprava os folhetos. Em casa, se fossem alfabetizadas, as mulheres podiam cumprir o papel de leitoras. Na verdade, os diferentes graus de apropriação do espaço urbano estavam diretamente associados ao *ser homem* ou *ser mulher* na sociedade da época. Os espaços de sociabilidade femininos eram ainda restritos, mesmo no caso de mulheres pertencentes às camadas populares e engajadas no mercado de trabalho[2].

Caso semelhante ao das mulheres era o dos meninos e meninas, que muitas vezes, com um grau maior de escolarização do que os pais, liam as histórias em voz alta, em casa. Cinco, dos oito entrevistados, foram leitores ou ouvintes de folhetos ainda crianças. Os entrevistados mais idosos afirmaram só terem conhecido folhetos após adultos. Esse dado parece confirmar que os folhetos foram mais difundidos, em particular entre as camadas populares e nas comunidades do interior, a partir da década de 30. Crispim, Ana Maria e Delita, nascidos em uma época (década de 10) e em lugares (Sertânia, Sertão de Pernambuco e Pilar, várzea da Paraíba) em que os folhetos ainda não eram amplamente difundidos, só conheceram esse tipo de literatura quando adultos. Seus filhos, no entanto, ainda crianças, em alguns casos compravam e, com um nível de escolarização maior que o dos pais, liam as histórias para eles, em casa. Delita afirma que começou a ler folhetos na década de 30, quando suas filhas ainda eram muito pequenas, na então comunidade de pescadores Piedade, hoje um bairro de Jaboatão, região metropolitana do Recife. Zezé, sua filha, cresceu vendo muitos títulos em casa, comprados pelo padrasto. Era ela, ainda menina, quem lia as histórias em voz alta.

Para Antônio, leitor e ouvinte – "via, assistia e lia" – de folhetos desde que cursava o "primeiro ano" na escola, em Bezerros, Agreste do Estado, os meninos também compravam os livrinhos, "pra ter uma ideia de poesia, queria saber os versos, achava bonito os versos, saber os versos... Comprava também pra ler em casa..." Os motivos que levaram o então menino Zé Moreno a se interessar pela leitura de folhetos são bastante semelhantes aos apontados por Antônio:

> Na minha época de menino, de primário, de escola eu era doido pra ler folheto porque na minha casa eu tinha um tio meio curioso que não sabia ler, mas arranhava. Ele lia aquilo e eu ficava invejoso. E eu não sabia, me botaram na escola e eu aprendi algumas linhas e me fixei naqueles versos, naquelas coisas e sei alguma coisa...

Zé Mariano, que nunca aprendeu a ler, tem uma história particularmente interessante. Filho de pai alfabetizado, de quem ouvia as leituras de folhetos quando era menino, ainda no interior da Paraíba, depois de adulto, continuou a ouvir folhetos, desta vez com o auxílio da mulher e do filho, também alfabetizados. Ele afirma que, se os meninos soubessem ler, também poderiam comprar as histórias. Assim como, para as mulheres, para as crianças saber ler era condição para adquirir os folhetos na rua, o que não se dava com os homens adultos.

Os próprios poetas, na maioria dos casos, tiveram uma história semelhante a de seus leitores/ouvintes. Apolônio Alves dos Santos, por exemplo, nascido em 1920 em Guarabira, lia, em casa, para sua mãe e suas irmãs, os folhetos comprados por seu pai na feira (SLATER, 1984, p. 128).

Embora a análise dos folhetos não revele que esse tipo de impresso fosse também destinado às crianças, elas concretamente pareciam usufruir das histórias, lendo-as ou ouvindo-as. Esse parece ter sido também o caso das crianças nos *chapbooks* ingleses. Segundo Victor Neuburg (s.d.), esses impressos eram produzidos para um público adulto. No entanto, eles foram efetivamente lidos por jovens leitores, em especial dos meios populares, principalmente em consequência da ausência de livros infantis que não tivessem um forte viés teológico ou doutrinário, na Inglaterra do século XVIII.

Os resultados da pesquisa parecem indicar, pois, que mulheres, meninos e meninas constituíam parte significativa do público leitor/ouvinte de folhetos, mas, na maioria dos casos, cumpriam seus papéis principalmente no espaço doméstico.

Negros e brancos?

Como alguns estudos já mostraram, o preconceito contra negros e índios está presente, de maneira marcante, em muitos folhetos de cordel. Saber se os negros eram também leitores/ouvintes das histórias e como reagiam diante dos textos era uma questão que particularmente me interessava. Entre as 29 pessoas com quem conversei, mas que não compuseram o conjunto dos nove entrevistados, oito eram negras e 21 eram brancas. Dos oito negros, três disseram-se não leitores, outros três consideraram-se leitores/ouvintes e dois afirmaram que não conheciam folhetos. Entre os 21 brancos abordados, 14 disseram-se não leitores, três que não conheciam folhetos e quatro se colocaram como leitores/ouvintes de folhetos. Seis, entre os nove leitores/ouvintes/vendedor de folhetos que entrevistei, eram negros. Há, portanto, uma pequena predominância de negros, entre os leitores/ouvintes de folhetos, no grupo com que trabalhei. Todos eles afirmaram, de um modo ou de outro, que o preconceito presente nos folhetos não constrangia ou impedia que os negros estivessem entre o público leitor desse tipo de produção.

Para Zé Moreno, negro, de fato os folhetos traziam histórias em que o negro era associado ao satanás. No entanto, para ele

> não tinha esse negócio de... como é... preconceito. Tinha... tinha, mas ninguém... preto, preto não sabia bem a sua posição, entendeu? Eu acho que eles não se ligavam muito para isto, depois eles não tinham lá tanto prestígio. Eles não dava a... não dava a mínima para isto.

E "montar no preto" era considerado somente mais uma "brincadeira, aquelas brincadeira de boca de noite." Assim, embora reconheça a presença do preconceito, Zé Moreno justifica o fato de os negros continuarem a ler/ouvir folhetos, pela falta de consciência da situação e pelo preconceito já estar difundido nas demais esferas da vida social:

> Hoje é que a consciência negra tá se acordando e tá lutando, danadamente. É que tava muito próximo da escravidão, né? Eles tavam mais querendo é se firmar, que tinha saído do cativeiro.

Mas agora não, agora eles tão consciente de que tem seu lugar no céu, porque tem mesmo...

Em uma direção semelhante, Edson, branco, confirma que os negros estavam entre os consumidores de folhetos. Na leitura, em que ficava evidente o preconceito, sobressaía o que se considerava engraçado:

> Preto é o seguinte: o pessoal fazia os folheto discriminando os preto, eles achava graça. [...] Então... negócio de preto eles fazia folheto discriminando os preto, preto não tinha problema com ele não. Ele comprava. 'Zé Pretinho e o Cego Aderaldo', o pessoal gostava, preto comprava. Ali era negócio de gracejo, era negócio de gracejo, folheto que fazia pra pessoa se divertir, não tinha negócio de preconceito, nem de discriminação, não. Eles fazia, eles sempre fazia esse negócio de preto, ele fazia assim... pra que o preto achasse graça, né? Então não havia possibilidade de ninguém estilar o cordel não. Lia, todo mundo comprava...

Diante da minha questão, Zé Mariano, negro, riu alto e explosivamente:

> Os pretos? Ofendia nada (risos), aquilo... eles tirava na brincadeira. Aí na feira sempre eu encontrava um se... maltratava uns aos outros, era... um dizia que era uma coisa, outro dizia que era outra, nera? [...] (risos) Aí... quando... naquela brincadeira, nós ficava distraído, aí tudo brincava com ele, ninguém dizia nada não.

Zé Mariano não se vê, a julgar por sua afirmação, como o negro de que o folheto falava: era a um "outro" que as histórias se referiam.

Candance Slater (1984), em sua pesquisa realizada no final dos anos 70, constatou, de maneira semelhante, que, apesar de a maioria dos leitores/ouvintes de folhetos ser descendente de negros ou índios, eles não se veem como o "outro", negro ou índio, representado pejorativamente nas histórias.

Outros entrevistados afirmaram que o preconceito estava presente em todas as instâncias sociais, o que fazia com que os negros, assim como as mulheres, já estivessem acostumados com ele, no momento da leitura dos folhetos. De fato, em 1940, por exemplo, embora a população não branca compusesse 45%[3] da população pernambucana[4] e, em alguns casos, chegasse a constituir quase 80% da população de algumas cidades, como Nazaré, na Zona da Mata (Quadro 1), os brancos ocupavam, quase completamente, os postos e profissões mais prestigiosos e lucrativos. Em relação à educação, a disparidade entre brancos e não brancos é ainda maior: ainda em 1940, 91% das pessoas com educação secundária eram brancas, contra 1% de negros (Roberto Levine, 1980). De acordo com os dados demonstrados no Quadro 2, enquanto a porcentagem de negros que sabia ler e escrever era de apenas 13,20% no Estado, entre os brancos esse índice era de 30,90%.

Diante da minha questão sobre a associação do negro ao diabo nos folhetos, Crispim, negro, assim se expressou, rindo: "Ah! isso aí todo mundo diz, eu mesmo chamo... eu me chamo de satanás." Para ele, o negro era discriminado em todas as esferas:

> Ói, nego era tão bom que nesse tempo que eu tava falando de Lampião [...] abriram um decreto pra assentar praça na polícia no interior, que os nego danaram-se a cair na polícia. Quando foi pro resto os... os homem num quiseram mais não, que era muito ruim... [...] (risos) os nego eram tão bom que eles num quiseram mais. Repare na polícia aí que ninguém vê nego não.

Ao mesmo tempo que fez essa afirmação, aparentemente resignando-se diante do preconceito, Crispim me disse que "se o caba falasse de nego ia pra o pau" e certamente entusiasmado com a possibilidade de narrar a história e, desse modo, "vingar-se" um pouco do preconceito, Crispim desfiou uma narrativa em que, ao contrário daquelas que ouviu nos folhetos por tanto tempo, o negro sai, pelo menos simbolicamente, como vencedor:

> Ali mesmo em Arcoverde tinha um nego veio na beira da estrada, ainda em... em 19 ou 20, passando lá em 19, passando na porta de uma bodeguinha... Nesse tempo eu acho que ele era solteiro ainda, aí depois se casou, a mulher dele chamava-se Marta, nega também. Aí chegou esses negócio de caminhão em 29. Chegava na porta: "Seu Belo, o caminhão seco d'água, seu Belo, D. Marta, seu Belo, D. Marta." Tratava bem, aí quando amontava no caminhão, aí gritava: "Eita, belo fumo e nega Marta, belo fumo e

nega Marta." Quando foi um dia, ele agarrou um bacamarte veio... Disse: "Filho da peste, vou acertar vocês um dia." Chegaram na casa dele, com o caminhão seco d'água e tal e não sei mais: "Vou comprar um negócio aqui." Sei que ajeitaram o caminhão, seu Belo pr'aqui, D. Marta pr'ali, seu Belo pr'aqui, D. Marta pr'ali... E o bacamarte dele atrás da porta. Quando se treparam e deram adeus, quando se treparam lá e deram adeus: "Adeus, belo fumo e nega Marta". Ele pegou o bacamarte... Pou!!! Bem na cabeça de um. Ainda deram parte... Mas pra quê bulir, né mesmo? Ele tava na casa dele, num sei pra que foram bulir com ele. [...] Nego também é gente. É porque... se o camarada não quer se embrenhar com ele, mas se ele não tá se embrenhando...

Ao terminar de narrar essa e outra história semelhante, Crispim, pensativo, expressou o que talvez muitos leitores/ouvintes de cordel negros ou índios – e mesmo mulheres – desejassem falar: "Eu mesmo tenho raiva e tenho alegria, se o caba me ataca eu fico irado, só não faço mais porque não posso." Alegria e raiva, sentimentos aparentemente contraditórios, mas que expressam, de um lado, a impregnação do preconceito que está em toda a parte – o folheto, a piada contra o negro fazem rir; de outro, a indignação de quem sabe que o folheto e a piada não expressam o que ele sabe sobre si mesmo, sobre sua história.

Para Antônio, branco e originário de uma região (o Agreste, onde se localiza Bezerros) em que a presença de negros foi e é muito pequena[5], o negro, tal como os folhetos o caracterizam, é descendente do macaco e do satanás, diferenciando a situação desse segmento da população na época e na atualidade: "Hoje por todo mundo, em todo país... se encontra preto em todo canto do mundo. Naquele tempo tinha preto e quando a gente via um preto... Preto, Ave Maria! O preto aonde passava ninguém perto dele num ia."

Os depoimentos dos entrevistados revelam, assim, que o preconceito presente nas narrativas dos folhetos não impedia que os leitores/ouvintes negros, que nem sempre se viam como o "outro" de que falavam as histórias, fruíssem das leituras e delas se apropriassem de maneiras diversas; maneiras estreitamente relacionadas com suas trajetórias, com suas experiências, com inserções que tiveram/têm em diferentes espaços sociais. Esses dados revelam, assim que, ao contrário do que por muito tempo se acreditou, o público não é simplesmente moldado pelo escrito, deixando-se imprimir pelo texto e pela maneira como o texto é imposto, tornando-se semelhante àquilo que lê. A leitura, como afirma Michel de Certeau é, antes de tudo, uma "operação de caça", é "peregrinar por um sistema imposto" (1994, p. 264)

"Crentes" e católicos?

No processo de aproximação dos leitores/ouvintes de folhetos, busquei também perceber se os protestantes compunham o público desse tipo de impresso e como reagiam diante do preconceito presente nas histórias.

Todos os entrevistados disseram-se católicos. Zé Mariano e Zé Moreno afirmaram que os "crentes" não gostavam de folhetos, pois, além de não se identificarem com os conteúdos das histórias, gozadores dos "nova-seita", não se coadunavam com as maneiras de viver dos poetas e também dos leitores/ouvintes, muitas vezes associadas à boemia. Essa hipótese é levantada por Renato C. de Campos (1977), diante da constatação de que, até o final da década de 50, não haviam surgido folhetos de autores protestantes: para ele, havia uma incompatibilidade entre a vida mundana do poeta e a disciplina da religião.

Na percepção de alguns leitores, o universo dos folhetos era substancialmente diferente daquele de uma religião considerada rígida em relação a seus preceitos e na prescrição de normas de conduta para seus fiéis. Para Zé Moreno era bastante plausível que os poetas, depois que se tornassem protestantes, parassem de escrever:

> Perde o... porque o entusiasmo, é.... (silêncio) as reuniões e depois que ele fica crente as reuniões que ele vai falar só é dentro da *outra mitologia*, né? Então quem quer escutar? Só os do lado dele. Então ele vai parar de escrever, o campo dele terminou. [...] *O campo poético normal é um e o do crente é outro, a doutrina é uma outra.* Quer dizer, a vida é uma só, mas o lado de seguir, ele segue caminhos diferentes, então parou... Começou a ser crente já... cantador de viola: se é crente ele tem uma certa... meia dificuldade de ter um... digamos um tema, um...um...um...um debate com outro que seja católico, porque só vai um contra o outro e nunca fica bem. [...] porque o lado profano não pode se unir com lado... O cabra, o católico, usa de tudo, que tudo tá certo... Nas horas de fazer oração, é oração, na hora de fazer outra coisa, é outra coisa. E o crente não, o crente quer que seja só... *aquele caminhozinho deles...* (grifos meus)

De fato, a mulher com quem conversei em Casa Amarela, como já foi referido, atribuiu o seu não conhecimento de folhetos ao fato de ser mulher e ser "evangélica" – participante da Igreja de Jesus Cristo dos Santos dos Últimos Dias.

Zezé, Zeli e Zé Moreno, por outro lado, afirmaram que não se lembravam de terem conhecido "crentes" quando crianças. De fato, como se pode observar a partir dos dados do Quadro 3, os protestantes eram praticamente inexistentes nas cidades do interior de Pernambuco, em 1940. Apenas no Recife e em cidades da região metropolitana, constituíam um grupo que se aproximava de 5% da população. Também apenas na capital do Estado outras religiões tinham alguma visibilidade na época.

É possível afirmar, portanto, que os protestantes pareciam não fazer parte do público leitor/ouvinte de folhetos. O pequeno número de não católicos no Estado na época do apogeu desse tipo de literatura, por si só, já é um indicador para se realizar essa constatação.

Analfabetos?

Na pesquisa, uma questão desde o início se impunha: as camadas letradas da população também liam os cordéis? Indícios têm demonstrado que, de uma maneira geral, elas não se reconhecem nessa literatura, mesmo quando a conhecem e a leem. Entre as sete pessoas com instrução superior com quem conversei, seis disseram-se não leitoras e apenas uma se revelou leitora de folhetos. Dos vinte e cinco romances e memórias analisados –, de autoria, portanto, de pessoas escolarizadas –, sete mencionam, de maneira brevíssima, a existência dos folhetos. A maioria dos entrevistados confirma o que o silêncio dessas obras parece afirmar:

> Pessoa de poder aquisitivo melhor ia se preocupar com outras coisa, às vezes ainda era estudante, era coisa... Ia se preocupar com o estudo dele, outras coisa mais importante, que era aquilo era coisa passageira.... [...] Era difícil, porque cada um tinha sua, suas ocupações, suas funções a desempenhar. Não ia se passar pr'aquilo. Só pessoa *menos culta* é que gostava disso, porque isso também instruía, né? Não ia se passar pr'aquilo. (Zé Moreno, grifos meus)

No entanto, era possível encontrar intelectuais que, nas décadas de 20 e 30, consumiam esse tipo de literatura. Sylvio Rabello (1979) lembra-se de um ex-professor seu na Faculdade de Direito do Recife, conhecido como um leitor "sôfrego". Quando morreu, foram encontradas em sua biblioteca particular desde obras de historiadores e filósofos clássicos "até os romances baratos e a literatura de cordel" (p. 127). O professor é descrito, no entanto, como alguém pouco comum também em outras facetas de sua vida. Mesmo assim, creio que esse dado – associado a outros, em especial aqueles resultantes da análise da materialidade dos próprios folhetos – contribui para relativizar a ideia de que o público leitor de folhetos sempre se restringiu às pessoas com poucos anos de escolarização.

De fato, de modo geral, pelo menos na época de apogeu da literatura de folhetos brasileira, na medida em que parece ter havido uma gradativa mudança no perfil do público leitor no decorrer do tempo, pessoas semialfabetizadas ou analfabetas compunham a maioria do conjunto de pessoas que liam ou ouviam esse tipo de impresso. Os sujeitos que entrevistei, como já foi referido, tiveram experiências nulas ou restritas de escolarização.

A escolarização restrita parecia não impedir que as pessoas lessem ou ouvissem a leitura de folhetos. Para Manuel Camilo dos Santos, um grande poeta paraibano, em entrevista dada a Orígenes Lessa (1984) em 1958, o fato de as pessoas não serem alfabetizadas não interferia no uso que faziam dos folhetos: "Tem mais gente lendo. Mas não é preciso. Com poesia não é. O povo compra do mesmo jeito. Se tem algum que sabe ler na família, tudo bem. A pessoa escuta e gosta, quando o romance é bom. Guarda até de cabeça." No entanto, durante a pesquisa, tive depoimentos de pessoas que, por serem analfabetas, sentiam-se constrangidas em se aproximar de grupos de leitores, publicamente.

Na verdade, essas práticas públicas de leitura pareciam ser significativamente diferentes nos locais onde as taxas de analfabetismo eram extremamente altas, como em muitas cidades e comunidades do interior do Estado, e onde elas eram relativamente baixas, como no Recife. De acordo com Zé Moreno, no engenho em que morava, composto de uma comunidade de cerca de 80 a 90 pessoas analfabetas – somente seu pai e seu tio sabiam ler – quem não sabia ler e escrever integrava-se ao restante do grupo no momento da leitura/audição de folhetos, sem constrangimentos: "E ninguém reclamava nada não. Agora isso quem lia, quem sabia lia pra quem não sabia e assim matava o tempo." No entanto, acredita que, no Recife, era mais constrangedor para o analfabeto assumir sua condição e participar, na rua, dos grupos de leitura/audição de folhetos: "Eu acho que tinha um complexo, né? Um complexo de inferioridade, se sentia que tava meio receoso. Lá no interior não, quem não sabia, não sabia mesmo e todo mundo não sabia, a maioria não sabia..." É interessante observar que, dos oito entrevistados que compõem o *corpus* principal da pesquisa, os três analfabetos tiveram suas experiências de audição de folhetos no interior do Estado. O "complexo de inferioridade" de que fala Zé Moreno parecia encontrar ressonância nas diversas esferas da vida social na época. As representações do analfabeto como ingênuo, incapaz e improdutivo estavam presentes inclusive nos programas de combate ao analfabetismo. Nos documentos da Primeira Campanha Nacional de Educação de Adultos, lançada em todo o Brasil em 1947, por exemplo, o analfabeto aparece como "marginal", "incompleto", "defeituoso", pouco produtivo e caracterizado pela minoridade: econômica, política e jurídica[6].

O analfabetismo e os baixos índices de escolarização eram uma realidade em Pernambuco. De acordo com registros oficiais, a taxa de alfabetização subiu em Pernambuco, apenas, de 17% em 1872 para 22% em 1940. Em 1940, a taxa de analfabetismo do Recife era de 32,09% entre as pessoas acima de 5 anos. Mas a situação mais grave estava no interior do Estado. Em algumas cidades em que nasceram as pessoas que entrevistei, como se pode se observar no Quadro 4, os índices de analfabetismo chegavam a quase 90%, como eram o caso de Bezerros e Bom Jardim, ambas situadas no

Agreste do Estado. Segundo Roberto Levine (1980), em Pernambuco, à medida em que o interesse pela educação crescia, as escolas particulares proliferavam, em ritmo mais acelerado que as escolas públicas. Segundo o autor, no final da década de 30, o ensino público estava em situação deplorável e as verbas orçamentárias continuavam exíguas, embora durante a década o Estado tenha construído diversas escolas, principalmente nas principais cidades do interior.

"Pobres"?

Pode-se afirmar que, em determinada época, o público consumidor de folhetos era constituído predominantemente por "camadas humildes" da população rural ou urbana. Essa questão está diretamente relacionada ao que foi desenvolvido no tópico anterior. Alguns autores chegam a afirmar, como Ivan Proença (1977, p. 13) que a característica inerente aos folhetos é a de que eles são "feitos para o povo". Já em 1953, Câmara Cascudo (1994) refere-se aos folhetos como um reflexo poderoso da "mentalidade coletiva"[7], em cujo meio nasce e vive e dá indicações de quem compunha, na época, a maior parte desse público:

> Transmite-se pelos folhetos em maior percentagem e oralmente pelos cantadores, pelos trabalhadores de enxada, pelos comboieiros e mascates, salineiros e cabeceiros, pelo povo que apanha algodão e corta palha de carnaúba, seringueiros, caucheiros, garimpeiros, jangadeiros, barcaceiros, pescadores, vaqueiros, "lambaios" de caminhões (ajudantes dos *chauffeurs*) madeireiros no Pará-Amazonas, quebradores de côco no Piauí, por mil condutos dispersos e vivos. (CASCUDO, 1994, p. 13)

De modo geral, os entrevistados indicaram que as camadas populares compunham a maior parte do conjunto de pessoas que liam e/ou ouviam folhetos. Para Zeli, eram "os pobres" os principais leitores desse tipo de impresso. Ana Maria expressou que os "ricos" desprezavam a leitura de folhetos.

A maioria dos leitores/ouvintes de folhetos nas décadas de 30 e 40 parecia pertencer, assim, às camadas populares urbanas e rurais. Em que condições de vida estavam imersas cotidianamente essas pessoas, esses rostos com quem, em alguns casos de maneira mais rápida, em outros mais longamente, pude conversar? No Recife, em particular, as condições de vida das camadas populares se tornavam, à medida que a cidade crescia, cada vez piores. A maior parte da população mantinha-se à margem das instituições culturais características dos centros urbanos, como escolas, clubes e até mesmo sindicatos, que eram limitados a um número relativamente pequeno de trabalhadores fixos e vigiados pelas autoridades. Mendigos, catadores de caranguejos, mas também artesãos, caixeiros de lojas, trabalhadores especializados, que tinham longas jornadas de trabalho em estabelecimentos comerciais e nas pequenas indústrias da cidade, compunham uma massa "sem rosto", na expressão de Roberto Levine (1980). Cerca de metade da população do Recife morava em mocambos[8]. Outra parte da população pertencente às classes populares, como trabalhadores assalariados do comércio e da indústria, vivia nos bairros decadentes da cidade, em casas de concreto ou em cortiços, com condições de iluminação e ventilação precárias[9].

Há depoimentos, entretanto, que relativizam a ideia de que o leitor/ouvinte de cordéis era unicamente popular. Edson, por exemplo, afirma que "pessoa rica" também comprava folhetos: "Tinha gente que não tinha preconceito não. Vinha comprar e na minha barraca muita gente rica vinha comprar." Zé Mariano afirma que, em algumas casas onde trabalhou como pedreiro ou fazendo serviços gerais, via folhetos, principalmente com as mulheres. Embora questionando se a "parte rica" gostava verdadeiramente dos folhetos, testemunha a presença deles nas casas onde trabalhou:

> Às vezes eu via, chegava na cidade assim... eu via aquelas mulher, aquelas milionária às vezes tava com folheto, que era história, que era cantando também. Elas liam aqueles folhetos de Luiz Gonzaga, de como é... como e... de Ferrabraz, de Lampião, aqueles folheto. Às vezes, muitas vezes eu via nas casa das patroa, lia folheto, folheto lá... [...] Era comum, só num sei se elas gostavam daquilo não, só sei se que eu via elas lendo...

Conforme demonstrado, à semelhança do que parece ter ocorrido em relação aos graus de escolarização do público leitor, há indícios de que os folhetos inicialmente não eram destinados, de maneira exclusiva, às camadas populares. As mudanças nos locais de venda, o progressivo desaparecimento da referência à autoria do poema, os baixíssimos índices de alfabetização no início da publicação dos poemas e o próprio depoimento de dois entrevistados nascidos na década de 10 de que não conheceram folhetos na infância parecem indicar que o público leitor de cordéis foi-se transformando ao longo do tempo. Mais recentemente, voltou a ter em segmentos da classe média seu principal consumidor, através de turistas e pesquisadores.

"Matuto"? Nordestino?

Pode-se afirmar, assim, que o público consumidor dos folhetos, na época de seu apogeu, era constituído, predominantemente, por homens, mulheres e crianças das camadas populares, analfabetos ou semialfabetizados. Mas, os estudos realizados sobre o tema afirmam, ainda, que o leitor de cordel é "nordestino". De maneira geral, como já foi referido, o Nordeste aparece, nessas produções, de maneira homogeneizada e a-histórica. Nele, habitariam homens aparentemente iguais entre si, com visões de mundo e costumes próximos aos observados na Idade Média. Os folhetos refletiriam, então, essa "essência" do homem nordestino: hospitaleiro, puro, ingênuo, triste, inerentemente criativo, místico. "Homem nordestino", para muitos desses autores, é sinônimo de sertanejo: um rosto marcado pela seca e pelo sofrimento[10].

De fato, algumas das denominações dadas aos folhetos pelos entrevistados, como "livro de histórias matutas", "livro de poesias matutas", "folhetos de histórias de matuto" e "poesias matutas", indicam, pelo menos, que as histórias narradas têm como temas ou personagens o "matuto" ou que a sua produção (autoria/edição) é "matuta". Na verdade, os poetas, inclusive alguns bastante difundidos, como Leandro Gomes de Barros e João Martins de Athayde, ambos originários do Sertão da Paraíba, escreveram muitos folhetos com temática de interesse rural, como aqueles baseados em cantorias, os que tematizam a seca e os migrantes, os que narram histórias de vaqueiros, os que falam sobre o cangaço.

Segundo Ruth Terra (1983), os folhetos eram mais difundidos nas zonas rurais, tanto nos engenhos da Zona da Mata, quanto nas fazendas de gado do Sertão. Nos engenhos, onde a estratificação social era maior, eram lidos e ouvidos por trabalhadores assalariados e moradores e, no Sertão, o público era constituído também por fazendeiros. Nas duas regiões, os folhetos também eram difundidos entre os pequenos proprietários. A autora hipotetiza que os folhetos eram mais lidos e ouvidos no campo, na medida em que constituíam uma das poucas formas de lazer e fonte de informação.

No entanto, os resultados da pesquisa demonstram que essas questões são muito mais complexas. Inicialmente, é preciso marcar que, embora muitas vezes associados às tradições rurais, como já foi referido, o surgimento e o desenvolvimento da literatura de cordel só foram possíveis no contexto de urbanização, onde os índices de letramento eram pelo menos razoáveis: a produção, os usos e as práticas de leitura e escrita encontravam-se em todos os lugares. Nas pequenas cidades do interior, ao contrário, a circulação do impresso era muito restrita, inviabilizando a produção e difusão dos folhetos em larga escala, pelo menos em sua fase inicial.

Dos nove sujeitos que entrevistei, seis tiveram uma significativa parte de suas experiências de leitura/audição de folhetos no Recife ou em sua região metropolitana, embora apenas dois tivessem nascido nesses locais.

Há ainda outros indicadores que me permitem supor que os folhetos produzidos, principalmente em sua primeira fase e reeditados sucessivamente ao longo do tempo, visavam também a um público urbano, como busquei demonstrar. Ruth Terra (1980) reconhece que os folhetos também eram difundidos nas cidades, inclusive nas capitais, fundamentando-se na análise de alguns folhetos, em especial daqueles que criticavam os impostos, a carestia, falavam sobre as "salvações do norte", satirizavam os protestantes ou mesmo aqueles que tematizam a migração do sertanejo para a Zona da Mata ou para os grandes centros urbanos. Candance Slater (1984) também se refere ao papel desempenhado pelos pequenos vendedores, moradores das cidades ou de seus arredores, na distribuição de folhetos para as comunidades rurais mais distantes. Como expressão do papel que Recife desempenhou, por exemplo, no desenvolvimento do cordel, a autora afirma, como já haviam afirmado diversos estudos, que, em alguns lugares, os folhetos eram conhecidos como "arrecifes".

Para Ruth Terra, romances, pelejas e as histórias sobre o cangaço interessavam aos dois tipos de público, rural e urbano, já que "no Nordeste, sobretudo no período estudado, não ocorre uma distinção nítida entre cultura popular rural e urbana" (1983, p. 36). Essa afirmação da autora, repetida em tantos outros estudos, também merece ser complexificada.[11]

Na verdade, não é possível falar na existência de uma única cultura, seja ela erudita ou popular em Pernambuco, tão pouco no Nordeste. Segundo Roberto Levine (1980), a cultura do Recife, associada às artes e às letras, estava muito mais próxima do que ocorria no Rio de Janeiro ou na Europa do que no interior rural. O mundo das pequenas cidades ou comunidades do interior permanecia estranho aos habitantes da capital e de algumas cidades maiores. Dentro do Estado, as diversas regiões viviam hábitos culturais distintos: "Dominada pelo açúcar, a Zona da Mata mantinha seu próprio meio de vida; a cultura do Agreste, enraizada nas pequenas cidades letárgicas e nas feiras regionais, seguia rumo distinto. Como também era distinta a vida do Sertão." (p. 117). Apesar de só possuir 15% da população do Estado, Recife tinha 91% dos leitos hospitalares, 88% dos estudantes do curso secundário, 66% dos profissionais do jornalismo e 31% dos cinemas.

Os valores urbanos modernos penetravam no Estado através do Recife, cuja vida comercial era influenciada de maneira poderosa pelos estrangeiros e por suas elites. Entre as cidades do interior, somente Caruaru, Garanhuns e Pesqueira tiveram, segundo Roberto Levine (1980), um certo grau de vida verdadeiramente urbana, embora dependessem economicamente do Recife. A grande parte das sedes dos municípios eram, ainda em 1937, na expressão do mesmo autor, "sonolentas cidadezinhas com vida de povoados". Algumas delas tinham menos de

4% da população total dos respectivos municípios. As elites das pequenas cidades do interior buscavam imitar os hábitos culturais daqueles que habitavam no litoral de várias maneiras. Móveis, roupas de cama, louças eram comprados no Recife e, embora muitos hábitos rurais arcaicos persistissem, o crescimento urbano e a modernização da capital contribuíam para questionar certos costumes característicos da cultura sertaneja tradicional (LEVINE,1980). O Recife também atraía filhos das elites do interior, em busca de galgar degraus mais altos de escolarização e de se inserirem em ocupações urbanas prestigiosas. Nesse contexto, a capital do Estado sobressaía como "um oásis urbano, cosmopolita" (p. 99). Esse fato não significa que não houvesse, também, na cidade, um apego incondicional a certos valores do passado e um receio quanto às mudanças. O movimento "regionalista-tradicionalista", liderado por Gilberto Freyre ainda na década de 20, expressa essa ambiguidade presente entre grupos de intelectuais e parte da elite política da cidade: desejo de modernização em alguns aspectos e atitude tradicionalista em outros. A ênfase na preservação da identidade regional expressava, na avaliação de alguns autores[12], um meio de proteção das elites diante da modernização do sul-sudeste e da crescente e inevitável decadência do Nordeste.

A grande afluência de migrantes para o Recife era uma realidade no período estudado. Histórias de migração caracterizam as trajetórias de vida de sete, das nove pessoas que entrevistei. Segundo Roberto Levine (1980), à medida que o trabalho no campo foi sendo modernizado, trabalhadores abandonavam as áreas rurais. Esse processo deu-se principalmente a partir da década de 1920, quando os preços das terras subiram e, pouco a pouco, as relações informais entre donos de terras e trabalhadores deram lugar a relações de trabalho assalariado. A partir da década de 30, principalmente, quando os salários caíram verticalmente, milhares de trabalhadores rurais abandonaram o campo, migrando para o Recife ou para o "sul", ou seja, para São Paulo e Rio de Janeiro. De acordo com a pesquisa realizada por Mário L. de Melo (1961), o crescimento populacional do Recife, entre 1940 e 1950, foi de 50% ou 176 mil habitantes. Desse aumento, segundo o autor, 24% podem ser atribuídos ao incremento natural. Consequentemente, nesse intervalo de dez anos, a cidade recebeu um contingente migratório de, pelo menos, 133 mil habitantes. Segundo esse autor, em estudo realizado no final da década de 50, o fenômeno não seria "inquietante" se a ele correspondessem "transformações profundas na estrutura econômico-social do Estado" (p. 33). No entanto, afirma o autor, que à

> expansão demográfica da cidade também não corresponde todo um conjunto de serviços públicos citadinos (água, iluminação, transporte, educação, saúde, abastecimento) cujo ritmo de

crescimento se subordina ao próprio desenvolvimento econômico. Como resultado, existe dentro e em torno da cidade uma espécie de população marginal, excedente, não articulada devidamente, não integrada em uma vida urbana organizada. (MELO, 1961, p. 33)

No Recife, as consequências do crescimento urbano e das migrações se fizeram sentir através das altas taxas de subnutrição, desemprego, prostituição e violência. Os migrantes, principalmente advindos da Zona da Mata, passavam dificuldades e ficavam expostos à violência, sobretudo policial, na capital do Estado (LEVINE, 1980).

Assim, as fontes produzidas e analisadas parecem revelar que, elaborada inicialmente por poetas sertanejos, a literatura de cordel só pôde se desenvolver no contexto urbano. As camadas populares das cidades teriam se constituído, pois, no público mais visado pelo poetas e editores, pelo menos em um primeiro momento. Aos poucos, os folhetos "voltaram" às cidades do interior e à zona rural, onde também eram lidos principalmente por pessoas com ocupações manuais e pouco especializadas e com um pequeno grau de instrução, deixando de fazer parte da cultura urbana[13]. Esse parece ter sido também o caso da *litterature de colportage* francesa, segundo avaliação de Philippe Joutard no prefácio à obra de Robert Mandrou (1985). Inicialmente, o público consumidor dos livretos da *Bibliothèque Bleue* era muito amplo e, acima de tudo, urbano. Aos poucos, há uma popularização e ruralização das obras, tornando-as um elemento importante da própria cultura camponesa.

Considerações finais

Homens, mulheres e crianças: as diferentes gerações pareciam compor efetivamente o público leitor/ouvinte dos folhetos de cordel nos anos 30 e 40. Aos homens adultos, mesmo que não soubessem ler, era franqueada a possibilidade de participar dos espaços públicos de leitura: eram eles que, principalmente, ouviam o vendedor nas feiras e compravam os impressos. Às mulheres, aos meninos e meninas, por outro lado, estava reservado sobretudo o espaço doméstico, privado, para que pudessem exercer seus papéis ativos como leitores. Moradores das pequenas comunidades rurais ou das cidades de médio e grande porte – muitos com histórias de migração – e pertencentes a frações das camadas populares, os leitores eram, em sua maioria, analfabetos ou semialfabetizados. Os negros, embora retratados nos textos de maneira preconceituosa, também compunham o público que lia e ouvia folhetos: de maneira geral, não se viam como o "outro" das histórias.

A "cultura escrita" do leitor/ouvinte

Os leitores/ouvintes de folhetos tinham outras experiências de leitura? Que experiências eram essas? Como essas leituras se relacionavam ao que se lia, de modo geral, no Recife e em Pernambuco, na época em que os folhetos alcançaram o seu apogeu? Como essas pessoas que não tinham acesso à escola ou que tinham uma escolarização restrita se inseriam em culturas já profundamente marcadas pela presença da escrita? Em que níveis essa inserção se dava? Em outras palavras, que níveis de *letramento* apresentavam, então, os sujeitos que entrevistei? Tomo aqui, a palavra *letramento* em um sentido amplo, considerada, sobretudo, como "o estado ou a condição que adquire um grupo social ou um indivíduo como conseqüência de ter-se apropriado da escrita" (SOARES, 1998, p. 18).[1] Permito-me dela utilizar como um instrumento para melhor compreender as diferenciações apresentadas pelos sujeitos entrevistados, que muitas vezes apresentavam entre si um grau semelhante de escolarização (noção considerada, então, insuficiente, embora não desprezível), em relação ao contato que tinham com a palavra escrita e aos usos efetivos que faziam dela. Por não ter sido o objetivo da pesquisa "medir" os níveis de *letramento* da população estudada, o que apresento aqui são apenas algumas pistas e algumas indicações de como o conceito pode ser útil na compreensão desses processos.

Caracterizo, então, os sujeitos que entrevistei, todos moradores do Recife, nascidos em sua região metropolitana ou em cidades do interior de Pernambuco e da Paraíba, entre 1910 e 1932, principalmente a partir de seus níveis de escolarização e da leitura ou audição que faziam de objetos impressos.

Como já me referi, dos nove sujeitos que entrevistei, três declararam-se analfabetos, três tiveram experiências de escolarização de até um ano e três passaram de dois a cinco anos na escola. Nas trajetórias de vida de todos eles, os folhetos constituíram o objeto de leitura e/ou audição mais presente. Para os analfabetos, leitura em voz alta sempre mediada por alguém alfabetizado: em geral, os filhos ou vizinhos e, eventualmente, o cônjuge. Os outros, na maior parte das vezes, liam os cordéis em voz alta para um grupo e, em outros momentos, realizavam uma leitura solitária, silenciosa.

Dos nove entrevistados, quatro afirmaram não ter tido outras experiências de leitura/audição de impressos em suas trajetórias. Crispim[2], Ana Maria[3] e Zé Mariano[4], todos analfabetos, sendo os dois primeiros moradores de uma cidade sertaneja até recentemente, embora tenham tido contato com outros objetos de leitura, não experimentaram a sensação de ler ou ouvir notícias, histórias, descrições, poesias fora do suporte do folheto. Delita[5] se alfabetizou já adulta e, embora moradora do grande Recife durante a maior parte da sua vida, sua experiência de leitura/audição de impressos esteve restrita aos folhetos. Nas memórias e romances analisados, os personagens que se referem aos folhetos, salvo uma exceção, também não possuem muitas outras experiências de leitura, ao contrário de outros leitores que, morando na mesma cidade, mas pertencentes principalmente a outros grupos sociais, experimentavam uma grande diversidade de contatos com objetos impressos.

Os outros cinco entrevistados revelaram terem tido e, em alguns casos, ainda terem, experiências de leitura com outros objetos impressos. Zé Moreno[6], Edson[7], Antônio[8] e Zezé[9] moraram, durante a maior parte de suas vidas, no Recife e tiveram, em alguns casos mais restritas (caso dos dois primeiros), em outros mais longas (caso dos dois últimos), experiências de escolarização. Zeli[10] morou a maior parte do tempo em pequenas cidades do interior do Estado, e suas outras experiências de leitura, assim como as de Zezé, praticamente se restringiram às cartilhas e aos livros didáticos dos primeiros anos de instrução. Dois dos homens desse grupo foram os que revelaram maior intimidade com a leitura e maior diversidade de experiências com diferentes objetos impressos e não impressos. Entre os gêneros preferidos por eles, estão aqueles que, de modo geral, são considerados "populares", como histórias em quadrinhos, romances policiais e almanaques, mas que, no Recife das décadas de 30 e 40, circulavam também entre as camadas mais "letradas" da população.

O que parece influenciar para que alguns sujeitos tenham apresentado contatos diferenciados e tenham feito usos diversos dos objetos que compõem o mundo da cultura escrita? Inicialmente, parece que a aprendizagem das habilidades básicas de leitura — a alfabetização inicial — seja por processos autodidatas, seja por processos de escolarização formal —, constitui o fator preponderante para que os sujeitos se sintam mais habituados ao mundo *letrado*, fazendo dele parte significativa de sua vida. No entanto, a partir da aquisição dessas habilidades, o nível de escolarização dos sujeitos não se constitui mais, necessariamente, um fator fundamental para as suas experiências de *letramento*.[11]

Um outro fator que se revelou muito significativo é o que se refere aos níveis de inserção na cultura urbana. Viver na cidade, embora originário da zona rural, imerso em um mundo onde o impresso se encontra em todos os lugares, parecia fundamental, naquele momento, para os processos gradativos de aquisição de uma maior familiaridade com a cultura escrita.[12]

O pertencimento de gênero também pareceu decisivo para a determinação dos graus de *letramento* dos entrevistados. As mulheres tiveram contato com uma menor diversidade de objetos escritos e apresentaram menor intimidade com eles.[13] Na verdade, como se verá mais detalhadamente a seguir, os diferentes graus de apropriação do espaço urbano estavam diretamente associados ao *ser homem* ou *ser mulher* na sociedade da época. Os espaços de sociabilidade femininos eram ainda restritos, mesmo no caso de mulheres pertencentes às camadas populares e engajadas no mercado de trabalho.[14]

Finalmente, a ocupação profissional também parecia se constituir em um fator importante para a maior ou menor intimidade das pessoas com a escrita. Sujeitos que exerceram, durante a maior parte da vida, ocupações manuais, assalariadas ou "autônomas" (de subsistência, como o trabalho no campo), ou, no caso da maior parte das mulheres, não trabalharam fora do lar, apresentaram menores níveis de *letramento*. Trabalhadores em ocupações semiespecializadas, por outro lado, revelaram maior grau de inserção na cultura escrita.[15]

A classe social a que pertenciam os sujeitos não se constituiu em um fator fundamental na análise específica que fiz, na medida em que, grosso modo, os entrevistados pertenciam ao mesmo grupo social. No entanto, através da análise realizada a partir das autobiografias e romances, tornou-se evidente que as condições de acesso aos objetos característicos do mundo *letrado* e as relações estabelecidas entre as pessoas pertencentes às camadas médias e esses objetos eram muito mais *naturais* do que aquelas mantidas por pessoas dos segmentos populares. Mas o pertencimento social não era o único determinante nesse processo, nem talvez o principal. A evidência citada refere-se, sobretudo, às camadas médias *urbanas*: a inserção na cultura das cidades parecia se sobrepor, naquele momento, ao pertencimento social. Além disso, em alguns casos, os mesmos objetos de leitura circulavam entre as diferentes camadas sociais. Outros fatores que não apareceram na pesquisa podem também ser levantados como influentes na determinação dos níveis de *letramento* de certos grupos: um deles é a militância política. As atividades realizadas em movimentos sindicais (e sociais, de modo mais amplo) parecem contribuir para o desenvolvimento de habilidades consideradas típicas da cultura escrita, mesmo quando exercidas por pessoas analfabetas[16]. Possivelmente, um outro fator que merece ser investigado refere-se ao pertencimento racial e/ou étnico, embora no grupo de entrevistados com que trabalhei, ainda que houvesse uma ligeira predominância de negros, esse fator não pareceu ter influência significativa nos processos de *letramento* dos sujeitos. Além desses fatores, poderia também fazer referência à força de processos autodidatas que marcaram, em alguns casos ligeiramente, em outros decisivamente, as trajetórias de vida de alguns sujeitos. No entanto, a complexidade de fatores envolvidos nesse processo exige estudos mais aprofundados especificamente sobre o tema[17].

Assim, a experiência urbana, o pertencimento a um ou outro sexo e a aprendizagem das habilidades básicas de leitura parecem constituir fatores importantes para a diversificação das experiências de leitura. Alfabetizados; homens; com fortes experiências urbanas; trabalhadores, durante a maior parte da vida, em ocupações semi-especializadas: esse é o perfil geral dos entrevistados que tiveram uma trajetória de leitores que ultrapassou significativamente a experiência com os folhetos. Mas, principalmente para essas pessoas, como se davam, em suas trajetórias individuais, essas diferentes inserções no mundo *letrado*?

Como se davam os processos de inserção na cultura escrita?

Centro, aqui, minha análise, na busca de reconstrução dos processos pelos quais as pessoas, tomando especificamente o grupo de sujeitos que pesquisei, foram, em menor ou maior grau, apropriando-se e inserindo-se no mundo da cultura escrita. Esses processos, embora em grande parte fluidos e imprevisíveis, dependentes de uma série de fatores constitutivos da trajetória de cada um dos leitores, podem ser, em grandes linhas, visualizados.

O acesso à alfabetização e às primeiras leituras

Os outros objetos de leitura mais citados, além dos folhetos, pelos leitores/ouvintes que entrevistei foram as cartilhas e os livros didáticos. Referências à "carta do ABC" aparecem nas entrevistas, nas memórias e nos romances que analisei. Parecia ser, ainda nas décadas de 30 e 40, largamente utilizada no Recife e em Pernambuco, de modo geral.[18] Além de utilizada em processos formais[19] e informais[20] de ensino, é comum a referência, nas fontes analisadas, aos processos autodidatas de alfabetização através desses impressos. Em um processo solitário de reflexão metalinguística, de construção de hipóteses, na tentativa de conferir significados para uma nova linguagem, adultos analfabetos se alfabetizavam.

João Martins de Athayde, um dos principais editores de folhetos da história do cordel, não frequentou a escola. Foi a partir do desejo de fazer versos que o poeta aprendeu a ler, através também de uma das cartas de ABC mais utilizadas na época – a de Landelino Rocha:

> O que aprendi de leitura foi quase por minha conta e pela minha força de vontade.
>
> Sentindo desejo de escrever as minhas glosas, comprei uma carta de ABC de Landelino Rocha e andava com ela dentro do chapéu para toda parte. Eu ia tratar do gado e me sentava, às vezes, debaixo dos pés de pau só para estudar as lições. Quando cheguei na parte que diz: "É meu pai..." não precisei mais de ajuda de ninguém e por mim mesmo continuei a aprender. Acontece, porém, que eu aprendi a escrever com a mão esquerda e por isso minhas palavras apareciam escritas pelo avesso [...] Depois endireitei e fui pelo caminho dos outros. (apud TERRA, 1983, p. 45-46)

De maneira semelhante a Athayde, a partir da necessidade de saber utilizar a escrita na vida cotidiana, Gregório Bezerra (1980) aprendeu a ler. Aos 25 anos, o ex-camponês e então soldado do exército, que sempre havia desejado estudar, necessitou escrever uma carta para a irmã. Ao ver seu pedido protelado por um colega de profissão, tomou a decisão de, sozinho, aprender a ler. Comprou uma cartilha e, com disciplina, foi aos poucos se alfabetizando: "Numa semana li e reli a cartilha muitas vezes; se uma sílaba ou palavra me atrapalhava, recorria a qualquer pessoa que soubesse ler; e assim fiz, até me convencer de que já sabia toda a cartilha" (p. 195).

Pesquisa realizada por Vera Ribeiro (1999), na atualidade, na capital paulista, mostra que a aprendizagem inicial, autodidata, da leitura, através da carta do ABC, ainda é uma realidade no Brasil, mesmo nos grandes centros urbanos. Um dos sujeitos entrevistados pela autora, Sebastião, revela que comprou uma carta do ABC, consultada à medida em que se esforçava para, no condomínio em que trabalhou como porteiro, decifrar os jornais e as correspondências que distribuía. Em processo semelhante aos sujeitos que entrevistei, fica explícita, no depoimento de Sebastião, a necessidade constante de reflexão para, aos poucos, através do levantamento e confirmação de certas hipóteses, construir uma compreensão inteligível do sistema alfabético: "Com o 'l' e com o 'b' é que eu me atrapalhava. Que aqui você tem o 'bla', sem o 'l' é 'ba'. [...]Era complicado para você entender o porquê daquela letra ali, aí depois que eu vim me tocar, o que faz esse 'l' e esse 'r' entre o 'b' e o 'a', isso é o que faz o significado da língua.' Diante da questão da entrevistadora, que buscava compreender como Sebastião havia entendido esse processo – através da fala ou da repetição –, o entrevistado afirma: "Não, pensando porquê. Depois que eu fui entendendo, lendo jornal, lendo jornal que eu fui entender" (RIBEIRO, 1999, p. 177).

No estudo que realizei, em outros casos, os próprios folhetos de cordel eram um instrumento nos processos iniciais de aprendizagem da leitura. Essa questão, no entanto, será melhor trabalhada no último capítulo do livro.

Para a fixação das primeiras aprendizagens em relação à leitura, era também comum a utilização dos livros de leitura utilizados na sequência das cartas de ABC. Além de utilizados nos processos formais[21] de escolarização, também pareciam ser um instrumento útil nas autodidaxias. Para prosseguir em seus estudos com o objetivo de aprender a ler e escrever, Gregório Bezerra (1980), por exemplo, recorreu ao Primeiro Livro de Leitura de Felisberto de Carvalho, lendo-o e relendo-o várias vezes, a ponto de sabê-lo quase todo de cor.[22]

O desenvolvimento das competências de leitura através da inserção na cultura urbana

O ESPAÇO DA RUA

Como já me referi, a inserção na cultura urbana parecia ser um fator decisivo para o desenvolvimento dos níveis de *letramento* da população que estudei. Mesmo para aqueles que nunca frequentaram a escola, as experiências vividas em um espaço em que o impresso se encontrava por toda a parte traziam uma maior intimidade com o mundo da leitura e da escrita.

É muito provável, por exemplo, que, principalmente para os moradores do Recife, diversas tenham sido as vezes em que pediram para alguém ler a destinação do bonde ou ônibus de que precisavam, as placas de rua, os boletins, os manifestos políticos, os almanaques, as folhinhas, os folhetos de propaganda que recebiam... (ver, por exemplo, REGO, 1993, ALVES DA MOTA, 1987, VAREJÃO, 1992, SETTE, 1995, BEZERRA, 1980,

FREYRE, 1975). A cidade tinha, entre as décadas de 30 e 40, uma população em torno de 400 mil habitantes, mais de uma dezena de periódicos diários em circulação e mais de trinta com periodicidade menor (Cf. Roberto Levine, 1980, ver Quadro 5). Jornais, revistas e livros eram publicados na cidade e o impresso se encontrava em todos os lugares. A taxa de analfabetismo era de 32,09% entre as pessoas acima de 5 anos. Taxa alta quando se considera que estamos falando da terceira maior cidade do país na época; taxa baixa quando se compara com a média do Estado de Pernambuco: 74,34% de analfabetos nessa mesma faixa etária[23] (ver Quadro 4). Havia uma grande movimentação em torno da produção cultural: teatros com apresentações de companhias nacionais e internacionais e cinemas espalhados pelas regiões centrais e pelos bairros.

Todo esse contexto possibilitava que, embora não de forma sistemática, os moradores da capital estivessem em permanente contato com o impresso, em seus contextos de uso. Daniel Roche (1996), em seu estudo sobre as práticas da escrita nas cidades francesas do século XVIII, revela que todas as grandes metrópoles regionais são produtoras e consumidoras de livros, de brochuras e de jornais. Nelas, a escrita representa algum papel mesmo para os que não a decifram. Uma série de práticas cotidianas relacionadas entre si passou a ocupar um papel importante no incremento e na difusão do impresso.

> Todas essas maneiras de utilizar os escritos, toda essa familiaridade com a circulação dos saberes sublinham as possibilidades de aculturação urbana. Com o impresso, esta adquire uma flexibilidade e uma capacidade pedagógica ainda maior. Entendamos claramente aqui que, para a maioria urbana, a relação com a escrita não implica necessária e unicamente o livro, e que a relação com o livro não coloca em questão apenas e de maneira uniforme o livro possuído. A leitura urbana passa por múltiplas formas em que a posse individual associa-se a manuseios coletivos e varia segundo os grupos e as ligações sociais. (p. 195-196)

Em Pernambuco do século XX, nas pequenas cidades do interior, por outro lado, as taxas de analfabetismo chegavam a 89,74%, como em Bezerros, no Agreste, local de nascimento de um dos entrevistados (ver Quadro 4). Na maioria dessas localidades, a circulação do impresso era muito restrita. Mesmo para aqueles que ingressavam em processos formais de escolarização era difícil atribuir sentido à aprendizagem da leitura e da escrita, na medida em que limitados (e, em alguns casos, quase inexistentes) eram os seus usos e as suas práticas. Nesses espaços, o impresso parecia estar mais presente nas celebrações religiosas. Os objetos de leitura e escrita nelas presentes pareciam comuns no cotidiano da época: breviários, livros de missa, missais, livros de orações, livros de batismo, de casamento, de cerimônias para ingresso no seminário e de doações e bilhetes para venda nas festas de padroeiros foram objetos de leitura referidos, quase em sua totalidade, por Ovídio Duarte (1988), em seu romance ambientado em uma cidade do Sertão. No livro, as referências às práticas de leitura praticamente se restringem a esses objetos. No caso dos folhetos, era mais comum que, naquele período, nas pequenas comunidades do interior, eles fossem mais *ouvidos* do que *lidos*:

> Era a única diversão, nas bocas de noite aquele que sabia ler pr'aquela matutada que não sabia, ia tudo pra lá... Ele ia ler e mentir, né? E aquela matutada de boca aberta, escutando... Ninguém sabia ler, só ele que sabia, e ele era o campeão. Já aqui não, aqui todo mundo sabe, cada um lê pra si e acabou a história. [...] Lá era a coletividade e aqui é cada um pra si. Ninguém interessa. Tá lendo aqui, o outro tá fazendo uma toada ali... [...] O camarada sem concentração, assim é melhor [...] pegar os seus livrinho, levar pra sua casa, ficar em casa e ler à vontade. Quer dizer, bem individualista, lá era coletividade, né? Lá um lia pra todos e aqui cada um lia pra si. A diferença era só essa. (Zé Moreno)

A inserção no espaço urbano e a apropriação dos lugares públicos de convivência, entretanto, não se dava da mesma maneira para homens e mulheres. Elas pareciam permanecer, em larga medida, pelo menos no grupo social estudado, mais restritas ao espaço doméstico, ao privado. Até para comprar folhetos na feira ou no mercado, eram os homens os escolhidos para a tarefa. Na casa de um dos entrevistados, por exemplo, era ele quem, mesmo analfabeto, comprava os folhetos na feira. Ouvia atentamente a leitura do vendedor e, se a história fosse "bonita", comprava e levava para sua mulher. Alfabetizada, era ela quem lia as histórias, para ele e também para outros parentes e vizinhos que em sua casa se reuniam.

A pesquisa realizada por Vera Ribeiro (1999), já citada, revela a permanência da influência da cultura urbana nos processos de aquisição das habilidades básicas e no desenvolvimento das competências em leitura e escrita. Rosemeire, uma das entrevistadas pela autora, afirma que aprendeu o que sabe lendo o nome dos ônibus e folheando revistas. Outra entrevistada, Conceição, revela que aprendeu a ler

> passeando na rua com amigos que lhe mostravam os *outdoors*, explicavam o que anunciavam e indicavam as letras que formavam as palavras. (RIBEIRO, 1999, p. 177)

O PAPEL DO CINEMA

No contexto urbano, algumas práticas se destacavam em relação às demais nos processos de letramento de determinadas parcelas da população. No período estudado, o cinema fazia parte do cotidiano da cidade, como uma das principais opções de lazer, para todas as camadas sociais. Presente em quase todas as entrevistas que realizei, nas memórias e romances analisados, aparece também como um objeto de leitura, referido como fundamental na formação de leitor. Zé Moreno destaca o cinema como seu "principal professor". Para ele, que na escola nem chegou a "completar a carta do ABC", as legendas do cinema o obrigavam a ser mais fluente na leitura. Em seu depoimento, é interessante observar como ele se coloca hoje diante do papel de leitor: autônomo, fluente, capaz de "comer com as próprias mãos". O contexto urbano, possibilitador do acesso a esses novos meios de lazer, ausentes no engenho de onde migrou, apresenta-se como estimulador de novos usos e práticas da leitura:

> Ah... Matuto não passa muito tempo na escola. Passa mais na porta da escola. Aprendi pouco. Eu vi só a carta de ABC e talvez nem toda. Mas aí eu vim pra cidade e na cidade eu me desenrolei. O cinema foi o meu principal professor. Eu tinha que ler aquelas legendas, naquele tempo era inglês e vinha a legenda embaixo em português[24]. [...] E quem ensinou ler ligeiro foi o cinema, porque ou lia ligeiro ou não sabia a história, porque a legenda do cinema é (faz barulho e gesto significando rapidez). Não deixar passar nada. [...] Então, pra eu entender os segredos do filme, eu tinha que ler a legenda, aí me aprofundei, esforcei e cheguei até onde estou. Graças a Deus hoje já sei comer com minhas mãos. [...] Juntar as duas letras e era a coisa mais difícil que eu achava, era juntar as sílabas e... depois que eu aprendi isso, o cinema começou a me ensinar o resto, o jornal alguma besteira, o folheto o resto da coisa e o mundo, o professor mundo acabou de ensinar mais alguma coisa e... até que me serviu. (Zé Moreno)

Segundo Rosângela Dias (1993), o cinema era, naquele momento no Brasil, uma grande diversão de massa: a maioria dos espectadores era formada pelas classes populares e médias urbanas. Em 1952, eram cerca de 180 milhões de espectadores e 2.411 salas exibidoras, para uma população urbana de 16 milhões e uma população total de cerca de 52 milhões de habitantes (Cf. Anuário Estatístico do Brasil, de 1952, apud Dias, 1993). O Brasil se colocava entre os dez primeiros países quanto ao número de cinemas e ao total de espectadores. Para a autora, o preço do ingresso também parecia facilitar o acesso do grande público aos cinemas: em 1952, o Brasil tinha o sétimo ingresso mais baixo da América Latina.

No entanto, como ocorria em relação aos processos de inserção no contexto urbano de modo geral, as mulheres, a julgar pela análise das entrevistas, autobiografias e romances analisados, pareciam frequentar menos o cinema do que os homens. Algumas das entrevistadas, por exemplo, foram ao cinema pela primeira vez depois de casadas, mediadas, portanto, pela presença de um homem.

O papel da "literatura popular"

Além dos folhetos, referidos pelos entrevistados como fundamentais para o desenvolvimento das competências de leitura, como desenvolverei no último capítulo, outros tipos de literatura, tradicionalmente classificadas como "populares", pareciam também contribuir para o processo de desenvolvimento das competências de leitura e da inserção gradativa de populações semiletradas no mundo da cultura escrita. No grupo de pessoas que entrevistei, três principais tipos de impressos foram citados como componentes de suas leituras: as histórias em quadrinhos, os romances policiais e os almanaques. Esses gêneros literários, a princípio dirigidos a um público popular, também circulavam na época junto a um público mais vasto, pertencente às camadas médias, como parece indicar a análise de outras fontes, como memórias e romances.

Um dos entrevistados afirmou que lia as histórias em quadrinhos quando ainda era criança, identificando-as como um tipo de literatura tipicamente infantil. Um outro sujeito também associou os quadrinhos aos livros infantis, afirmando que os "segredos e as figuras" das revistas foram, por muito tempo, objeto de sua leitura (Zé Moreno). O vendedor de cordéis, no ramo desde 1938, identificou os quadrinhos ao público consumidor de folhetos, afirmando, no entanto, que eram poucas as opções em torno desse tipo de literatura. As histórias em quadrinhos pareciam, assim, ser amplamente difundidas entre os segmentos populares. Como já foi referido, no entanto, a leitura dessas histórias parecia não estar restrita a determinada camada social, apesar de não ser identificada como gênero literário[25].

Alguns leitores entrevistados liam também outro tipo de literatura classificada como popular: os romances policiais, com histórias de detetives ou "histórias de crime", como denominou um dos sujeitos. Zé Moreno afirma que, pouco a pouco, os folhetos foram dando lugar a esses livros, em sua trajetória como leitor:

> Passei pra ler aqueles livreto de detetive. Aquilo me interessa muito, embora comeu minha vista, a minha vista era boa, hoje tá meia cansada... mas ainda gosto de ler... pra matar o tempo. [...] É, eu comprava de dez, doze, aquelas tulha. Comprava, eu comprava uns cinco, digamos hoje, na banca, daqueles cinco eu lia mais trinta, porque eu ia trocando nas banca, trocando um pelo outro, um por outro, quando eu ia com um novo [...] trocava por dois usados e assim ia...

Os livros de detetive, à semelhança das histórias em quadrinhos, embora a princípio dirigidos a um público popular, também circulavam na época junto a um público mais vasto, pertencente às camadas médias, como demonstram as autobiografias e os romances analisados. Muitas vezes conhecidos como narrativas simplesmente capazes de prender a atenção do leitor, os romances policiais têm sido classificados, pela maioria dos críticos, como "sub-literatura". Principalmente os daqueles autores que se tornaram mais populares, em sua maioria originários dos Estados Unidos, Inglaterra e França, foram, em especial ao longo do século XX, amplamente traduzidos e difundidos, muitas vezes em edições baratas e de bolso, por todo o mundo. O fascínio que exerceram entre esse amplo público consumidor pode ser demonstrado através da afirmativa de Zé Moreno: "aqueles livreto que tinha pequeno com a história, sem nenhuma figura, só a história, que aquilo é que é importante, a gente quer saber é a história. Aquilo eu li muito, muito, passei muito tempo lendo aquilo, ainda hoje quando eu pego...". O universo dos romances policiais (ver, entre outros, Medeiros e Albuquerque, 1979), pode-se afirmar, não se distancia significativamente daquele de outros tipos de narrativa considerados populares, como os próprios folhetos de cordel: a estrutura das histórias segue esquemas mais ou menos constantes, em que se destaca a luta do bem contra o mal.

Um outro tipo de objeto de leitura tradicionalmente classificado como popular ou "subliteratura" – o almanaque – também esteve presente na trajetória de leitores/ouvintes entrevistados e de alguns memorialistas/romancistas. Os entrevistados e entrevistadas recordam-se de que os almanaques eram muito presentes no cotidiano da época, distribuídos, na maior parte das vezes, na farmácia, como um brinde (ver Vera Casa Nova, 1996 e Margareth Park, 1999). Lembram-se, sobretudo, dos "signos", dos "negócio de lua, da sorte" e dos "dizeres" que traziam. De maneira similar às histórias em quadrinhos e romances policiais, os almanaques, embora não fossem considerados uma leitura "legítima", circulavam também entre as camadas médias da população.

Outros tipos de objetos impressos também faziam parte do universo de leituras/audições dos grupos de pessoas com que trabalhei, embora não de forma tão significativa. Entre eles, destacam-se as modinhas, folhinhas e livros de sorte. Alguns poucos liam também revistas. Mais uma vez, nesse caso, o pertencimento de gênero parece significativo: a única mulher que se revelou leitora de revistas afirmou que a elas teve acesso depois do casamento, através da mediação do marido. Quase todos os entrevistados, exceto um, afirmaram não ter o hábito de ler jornais. Os entrevistados não se referiram à leitura de nenhum livro pertencente aos consagrados cânones literários. No entanto, moravam principalmente no Recife, em um mesmo meio em que circulava uma variedade de obras literárias; onde eram publicados, divulgados e consumidos livros de autores locais, nacionais e estrangeiros.

Todos esses processos referiam-se, sobretudo, à aprendizagem e às práticas de *leitura*.

Nada se sabe, se considerarmos certas definições e certos instrumentos utilizados para medir níveis de *letramento* sobre os conhecimentos que possuíam os sujeitos em relação à matemática, às ciências naturais e sociais. Mesmo em relação à leitura, por não ter sido o objetivo do estudo, não se têm elementos para medir níveis de compreensão de um texto, por exemplo. E pouco se sabe – já que não era o objetivo inicial da pesquisa – sobre os processos de aquisição das habilidades básicas da *escrita*. Apenas um dos entrevistados se referiu ao ato de escrever, afirmando que ele era mais fácil do que ler porque "...escrever, você escreve qualquer garrancho, mas ler não, ler você precisa saber direito, precisa compreender" (Zé Moreno). Certamente, o entrevistado chama a atenção para o caráter de imprevisibilidade que caracteriza a leitura: não se pode prever o que se vai ler. A todo momento, pode-se deparar com uma semântica, uma sintaxe, um corpo de significados, enfim, uma *enciclopédia* (Cf. Umberto Eco, 1986) que não é a do leitor. Quando se escreve, principalmente se pensarmos em textos simples, ao contrário, lida-se com um conjunto limitado, e conhecido pelo sujeito escritor, de palavras, de estruturas sintáticas, de sentidos. Não se pode escrever o que não se sabe. Apesar de serem poucas as referências feitas pelos entrevistados sobre a escrita, sabe-se, no entanto, que era comum, no universo em que estavam inseridos os sujeitos que entrevistei, a leitura e audição de cartas, bilhetes, telegramas e outros objetos que circulavam em suportes não impressos. A referência à escrita e ao envio de cartas é feita em todos os romances e memórias analisados, parecendo ser este o meio de comunicação à distância mais utilizado e a prática de escrita mais comum no período, entre todas as camadas da população. Foi também o desejo de escrever cartas para seus parentes no interior a principal motivação de Sebastião, sujeito entrevistado na pesquisa de Vera Ribeiro (1999), para aprender a escrever.

Considerações finais

Parece haver uma série de fatores que determinam ou influenciam os modos de inserção das pessoas no mundo *letrado*. Uma das constatações mais fortes do estudo revela que há diferenças significativas entre as práticas de leitura e também entre as relações dos leitores/ouvintes com os objetos de leitura, nos centros urbanos e nas pequenas cidades do interior e comunidades rurais. O pertencimento de gênero e as ocupações dos sujeitos também se revelaram fatores importantes na compreensão do processo de inserção das pessoas no mundo da cultura escrita.

Apesar de a aprendizagem inicial da leitura e da escrita ser considerada outro fator importante, níveis de escolarização nem sempre coincidem com níveis de *letramento*. A formação do leitor, assim, não está diretamente associado à escola nem a níveis de escolarização. Zé Moreno, leitor "fluente", capaz de reconhecer e definir signos da cultura *letrada*, como o prefácio e o índice de um livro, consumidor sôfrego de livros, capaz de fruir das leituras que faz, passou menos de um ano na escola. A sua trajetória como leitor, iniciada com folhetos ainda no engenho onde nasceu e morou até os 16 anos, intensificou-se com a experiência urbana: cinema, livros de detetive, histórias em quadrinhos e ainda os folhetos o tornaram um leitor incansável.

Creio que também vale a pena ressaltar que não se pode associar diretamente um objeto de leitura a uma camada social determinada, como já mostraram estudos realizados em outros países. As relações entre objetos de leitura e grupos sociais são muito mais complexas.

A posse e o empréstimo: o acesso dos leitores/ouvintes aos folhetos

A análise dos depoimentos dos entrevistados revela que, basicamente, dois eram os tipos mais comuns de acesso aos folhetos: os leitores/ouvintes compravam os folhetos em seus locais de venda ou pediam emprestados a parentes, vizinhos ou amigos. Essas duas formas de acesso aos impressos não se davam, entretanto, de maneira tão diferenciada: o mais comum era que aquele que comprava os folhetos os fizesse circular para um número maior de pessoas – e a leitura coletiva, bastante comum naquele momento, possibilitava essa circulação de maneira intensa.

Os leitores/ouvintes entrevistados afirmam que eram comuns a compra e a acumulação dos folhetos em casa. O tempo, as mudanças ocorridas nas trajetórias de vida e, eventualmente, empréstimos realizados, fizeram com que as coleções pessoais dos cordéis fossem sendo perdidas, diluídas.

Os folhetos que Zezé possuía foram herdados de sua mãe, que os comprava e os acumulava em casa. Calcula que, quando era criança, a família devia ter cerca de 50 folhetos. Antônio e Zé Mariano também afirmam que compravam os folhetos e os acumulavam em casa.

Esses folhetos eram, eventualmente, emprestados, servindo como objeto de leitura de um número maior de pessoas. Zeli se lembra de que, quando migrou definitivamente para o

Recife, doou muitos folhetos componentes de sua coleção a parentes e amigos. Conservou outros, que até hoje guarda "num quarto", "numa caixa" na casa de uma de suas irmãs, onde costuma morar eventualmente. Lembra-se de que possui folhetos que comprou quando ainda tinha sete anos; ao falar neles, refere-se à sua assinatura, signo de posse, em um deles contida: "Tem um que tem o meu nome ainda, eu não sabia nem escrever, tudo aquele nome todinho, com aquelas letra toda.".

Em alguns folhetos analisados, recolhidos nos acervos das instituições, encontrei também alguns com assinaturas. Em muitos casos, assinaturas de pesquisadores conhecidos, que doaram seus acervos pessoais para as instituições, como é o caso de Cavalcanti Proença, em relação à Fundação Casa de Rui Barbosa. Em outros, de parentes dos poetas, cujos acervos também foram adquiridos pelas instituições, como é o caso de Raquel Aleixo de Barros e do poeta Leandro Gomes de Barros. Finalmente, leitores anônimos, que inscreviam sua marca manuscrita na capa, na primeira página, ao lado da letra impressa: Zeca, Maria do Socorro Ananias, Alzira Guimarães M. foram alguns deles, demonstrando a importância que conferiam à posse do livro. Em alguns casos, assinaturas seguras, revelando um maior contato com a pena, com o lápis, com a caneta; em outros, uma caligrafia hesitante, expressão de uma menor familiaridade com uma das habilidades típicas do mundo *letrado*.

O desejo da posse e da conservação de livros[1], objetos materiais signos de partes da história da vida do leitor, parece ultrapassar determinadas camadas sociais. O "amor ao livro" acompanha leitores apaixonados de qualquer tipo de obra, como revelou a análise das autobiografias e dos romances. A progressiva montagem de uma biblioteca pessoal fazia parte da trajetória de alguns leitores ou, pelo menos, considerado fato importante de ser registrado em uma autobiografia – esse gesto parece gozar de prestígio no universo do mundo *letrado*, principalmente se a biblioteca for composta de obras literárias.

Em alguns casos, os leitores/ouvintes de folhetos faziam uso das duas estratégias de acesso ao impresso: compravam os livretos, acumulando-os em casa e, ao mesmo tempo, pediam emprestado a parentes e amigos. Zé Moreno afirma, por exemplo, que, ao escutar a leitura do vendedor na feira, se a história lhe agradasse, comprava o folheto; se a história não lhe agradasse, pedia o folheto emprestado a alguém. O entrevistado, posteriormente comprador também de coletâneas de poesias populares publicadas no suporte livro, em seu depoimento, revela, explicitamente, a "vaidade" de ser um possuidor de livros e de poder, através da leitura, promover encontros de sociabilidade com outro leitor para discuti-los.

> Eu tenho outro livro desse que é dez vezes melhor do que esse[2]. Emprestei, vaidade, tal, o camarada ficar sabido, pra gente discutir. Resultado, não serve, que emprestei o livro, sumiu e nunca mais eu li, chama-se Glosador e Repentista. Eu já fui também nas livraria, não encontrei de jeito nenhum.

Outros entrevistados, por sua vez, basicamente se utilizavam de uma rede de empréstimos para terem acesso aos folhetos. Zefinha, criança leitora e ouvinte dessas histórias nos anos 60 e 70 em uma comunidade rural do interior da Paraíba, tinha acesso às histórias através dos tios e primos, que iam à feira da cidade mais próxima – Surubim, em Pernambuco – para comprá-los. Disse que jamais comprou um folheto, mas tinha acesso a eles facilmente através dos parentes. Estocavam-nos em casa e faziam com que circulassem entre os membros da família.

No caso dos folhetos, os empréstimos eram feitos também em locais onde tradicionalmente são realizados aqueles de outros objetos do mundo *letrado*? Os dados sugerem que as bibliotecas não tinham, naquele momento, folhetos em seus acervos. Posteriormente, principalmente na década de 70, com a inflação de estudos sobre literatura de cordel, é que algumas passaram a incorporar os folhetos em suas prateleiras[3]: dirigidos, portanto, a um outro público leitor. As bibliotecas, apesar das campanhas realizadas em Pernambuco, nos anos 40 e 50, a favor de sua popularização, não eram locais frequentados pelos entrevistados[4]. Segundo Zé Moreno, que se lembra da implantação da biblioteca pública de Casa Amarela, ocorrida em 1949, o "povo" não tinha o hábito de frequentá-la nem parecia saber quais eram as suas funções:

> Aquilo ali era mata, quando eu cheguei pra lá. [...] Ali funcionava um prado de cavalo, dentro do prado de cavalo um campo de futebol, no centro, no miolo, e uma briga de galo. Era três coisas [...]. Depois foram desmatando, fizeram aquilo na década de... quando, meu Deus do céu? Sessenta, sessenta e poucos ou setenta fizeram aquela biblioteca. Eu até isso eu nem sabia o que significava, o significado de biblioteca, pra mim era um bicho brabo (risos).

Referências à frequência a algumas bibliotecas da cidade são feitas, por outro lado, nas memórias e romances analisados, demonstrando que, para as camadas médias, intelectualizadas sobretudo, esses espaços lhes eram muito mais naturais. A Biblioteca Pública de Pernambuco e a Biblioteca da Faculdade de Direito do Recife são algumas das bibliotecas citadas: fontes de pesquisas, de consulta a obras literárias, a jornais[5]. Em algumas obras, aparecem também referências a bibliotecas no interior do Estado,

Esses locais públicos tradicionalmente utilizados para a consulta de livros, como as bibliotecas, não faziam parte do universo daqueles que, entre os anos 30 e 40, compunham a maior parte do público leitor de folhetos. Os leitores/ouvintes de folhetos pareciam ter o hábito de comprá-los e, em muitos casos, emprestá-los ou tomá-los de empréstimo a parentes e vizinhos. Era sobretudo nas feiras e nos mercados que as pessoas adquiriam os impressos, como mostrarei a seguir.

Locais e contextos de venda

Nos anos 30 e 40, os folhetos eram vendidos principalmente nas feiras e nos mercados, onde eram geralmente lidos pelo vendedor. Segundo a literatura especializada sobre o tema, os cordéis eram tradicionalmente vendidos também em romarias, praças públicas, portas de engraxataria etc. dispostos "enfiados no barbante, encarreirados e suspensos no cordel". Havia também vendedores que os negociavam dispostos em caixotes, mesas compridas, sobre esteiras (PROENÇA, 1977, p. 18). Os poemas eram vendidos, às vezes, pelo próprio poeta, que também vendia poemas de outros cordelistas.

Na memória dos moradores do Recife, na época de apogeu da literatura de folhetos, o Mercado de São José e as feiras de alguns bairros eram os principais locais de venda dos impressos. Os vendedores do Mercado comercializavam os folhetos diretamente para seu público leitor e funcionavam sobretudo como distribuidores dos impressos para outras localidades. Edson calcula que os vendedores que se fixavam no Mercado eram em número de dez ou vinte e relembra a época em que era um dos mais importantes distribuidores de folhetos do Nordeste:

> Todo canto tinha uma banquinha de folheto aqui, você vendia. Os violeiros vinham pra praça[6], cantava, a gente lia o folheto, vendia e fazia as feirinhas daqui: Peixinhos, Casa Amarela, Carpina, São Lourenço, Paudalho, todo canto tinha um freguês. Esse... Vitória, Caruaru, todo mundo vinha comprar aqui a gente. [...] Pra vender lá. Era um negócio, a minha barraca, quando o Mercado pegou fogo[7] tinha cinquenta mil cordel.

O poeta José de Souza Campos, entrevistado no final dos anos 70 por Candance Slater (1984), recorda-se do Mercado, nos anos 40, de maneira semelhante a alguns leitores/ouvintes que entrevistei: a tipografia de João Martins de Athayde publicava continuamente novos folhetos e uma dúzia de poetas montava suas bancas para comercializar as histórias na feira que acontecia semanalmente, atraindo moradores da cidade e também lavradores. Segundo Liêdo Souza,

> À sombra de suas (da praça do Mercado) árvores, matutos vindos do interior por alguns dias

ou pela vida toda, enquanto tomavam contato com as pessoas da cidade grande, ouviam, deslumbrados, as mirabolantes estórias dos cordéis. A própria praça era como se fosse uma daquelas estórias ao vivo: colorida, excitante, poética, incrível. As mulheres fáceis, a cantoria, as ervas, garrafadas milagrosas, uma maravilha de cinema,[8] o mercado onde "tudo que há no mundo" estava ali. (1977, p. 15)

A análise das memórias e romances mostra que o Mercado de São José, fundado em 1875, era um espaço bastante habitual e uma referência para os moradores do Recife. Em outras memórias e romances, são realizadas referências a personagens empregados em "casas de pasto", à presença de "raizeiros" – que mesmo hoje ainda vendem suas ervas no local e em seus arredores – e emboladores de coco no Mercado[9]. Em um dos romances analisados, o autor afirma que um dos personagens "criou-se na safadagem no pátio do mercado", o que revela, de certa forma, a atmosfera do local[10].

Nessa época e nas décadas seguintes, os folhetos eram vendidos junto com almanaques, orações impressas, canções, remédios caseiros e imagens de santos, assim como revistas usadas. Geralmente, eram comercializados em uma área específica na feira ou mercado onde também eram vendidos ervas medicinais, fumo e artigos manufaturados.

As feiras dos bairros e das pequenas cidades do interior também funcionavam como importantes locais de comercialização dos folhetos. Segundo Edson[11], vendedor entrevistado, várias feiras do Recife, além dos "barraqueiros" do Mercado, vendiam folhetos. Cita, como exemplo, as de Casa Amarela, Peixinhos, Sítio Novo e Cavaleiro. No interior do Estado, refere-se às feiras de Vitória de Santo Antão, Caruaru, Bezerros, Escada, Palmares e Ribeirão. Ele próprio funcionava, através de sua banca no Mercado de São José, como já me referi, como distribuidor de folhetos para os diversos vendedores que se espalhavam pelas feiras do Estado:

> Todas feiras vendia. E num tinha uma pessoa só não, tinha era muita gente. Muita gente vendia [...] onde tivesse feira aqui vendia [...] todo mundo tinha freguesia, vinha todo mundo comprar folheto e ia vender. Era maleta e mais maleta aqui.

Edson se recorda também de outros Estados para onde distribuía os folhetos, comercializados nas feiras: Rio Grande do Norte, Paraíba, Ceará etc.

Para os moradores das pequenas cidades do interior de Pernambuco e da Paraíba, as feiras foram os locais apontados como principais pontos de venda por todos os entrevistados. Zé Mariano afirma que, na época do apogeu da literatura de folhetos, em todas as feiras que conheceu, em geral realizadas nos finais de semana, havia sempre vendedores desse tipo de impresso, que cantavam as histórias. O entrevistado associa a compra de folhetos, nas feiras das cidades próximas à pequena propriedade rural em que morava quando era criança (Bom Jardim, na Paraíba, e Surubim, Lagoa Comprida, Orobó, João Alfredo e Pesqueira, em Pernambuco), à época do verão – a partir de setembro de cada ano. Segundo ele, no inverno, ou seja, na época das chuvas, seu pai não permitia que fosse à feira se "entreter" e perder tempo escolhendo e comprando folhetos. O verão, em sua memória, época de "férias", era o "tempo que tinha mais divertimento, tinha tempo pra ficar mais na feira, demorar mais na feira pra ler os folhetos, né?" Seu pai ia às feiras fazer negócios e os filhos desfrutavam o momento para se divertir: "Aí lá a gente... a gente tinha um divertimento. Dez dias pra papai fazer os negócio..." E reconstitui em sua memória, à semelhança de outros leitores/ouvintes, o momento da venda dos impressos: "Aí a gente ficava pelo meio da feira, aquela multidão de gente assim no meio da feira. E vendo aqueles camarada todo a ler folheto, né? Tudinho lendo folheto. Lendo folheto e... contando história."

A referência a poetas que procediam, eles mesmos, à venda de suas composições, sem recorrer à rede tradicional de distribuição dos folhetos, também foi feita pelos entrevistados. Segundo Edson, esse era o caso de Patativa do Assaré:

> Ele fazia o folheto mas ele não vendia... só quem vendia era ele [...] A senhora era conhecida dele: olhe aqui, isso aqui é um folhetozinho da minha autoria, me dê o que puder aí pra me ajudar. [...] Ele mesmo ia e pessoa dava o que podia: um real, dois, dava cinco, o que a pessoa pudesse dar, dava, pra ajudar ele, né? E aí ele era violeiro, gostava de violeiro, gostava de poesia.

Ao contrário do que parecia ocorrer no período inicial da trajetória da literatura de folhetos brasileira, as livrarias não foram referidas pelos entrevistados como possíveis locais de acesso aos folhetos. No entanto, a análise das memórias e romances revela que elas eram espaços de frequência habitual entre as camadas médias da população da cidade. Também os sebos foram referidos na análise[12].

Assim, nos anos 30 e 40, sobretudo, as feiras e mercados pareciam se constituir nos locais onde mais facilmente acesso se tinha aos folhetos embora, eventualmente, outros espaços também comercializassem esse tipo de impresso, como as próprias tipografias e os "depósitos" de folhetos dos poetas e/ou editores, como se pôde inferir a partir da análise dos próprios impressos.

A escolha dos folhetos pelo público leitor/ouvinte

O papel do vendedor

A *performance* do vendedor parecia se constituir no fator mais importante para a definição, pelos leitores/ouvintes entrevistados, de que folhetos comprar. Esse critério, embora tenha aparecido em quase todas a entrevistas realizadas, parecia ser decisivo, sobretudo, para os consumidores com menor grau de *letramento*. Na memória dos entrevistados, é muito nítida e forte a reconstituição da leitura oralizada feita pelo vendedor nas feiras, no momento de comercialização dos folhetos. Essa leitura, como mostrarei, definia, em grande medida, as boas e más histórias, as bonitas, dignas de serem compradas, e as que não agradavam. A sedução do enredo, a gesticulação, a *performance* de um leitor competente pareciam decisivas na fruição da leitura e na decisão de comprar os livretos. O cordel, na época de seu apogeu, situa-se entre esses dois polos – a oralidade e a escrita – nem sempre tão distintos entre si: um tipo de literatura escrita e impressa que tinha sua recepção (assim como aspectos de sua produção, como busquei demonstrar) profundamente marcada pela oralidade: o momento da venda é exemplar nesse sentido.

Os vendedores, que liam, cantavam os declamavam os poemas, aglutinavam, assim, em torno de si, um grande número de pessoas interessadas em ouvir a história e em, possivelmente, comprá-las[13]. Em seu depoimento, Antônio destaca as qualidades necessárias a um bom vendedor: não é suficiente que leia a história, mas que tenha um tom de voz agradável e um "gesto bonito".

Você vê eles cantando, oxe, é uma aglomeração de gente observando. Tem caba que tem um gesto bonito de... um tom de voz. Que é agradável, outro canta mais lido, outro num canta: vai ler. Outro tem um tom de voz mais agradável. Aquilo ali influía muito para... pra quem vende e pra quem compra, né? [...] Mais proclamando, sabe? Proclamando... Quer dizer, as vozes que ele fazia, fazia aquele tipo de voz do folheto e saía tudo certinho, aí [...] "... é 10 centavos ainda, é barato ainda". [...] Ele tinha que ler. O que sabia cantar, cantava. O que não sabia cantar, lia mesmo. Uns tinha a voz bonita, né? [...] Tinha que ter o aceite... Isso contava muito na pontuação, entendeu? [...] Pra ficar... positivo.

Na mesma direção, Zé Moreno afirma que "tinha sujeito que tinha uma capacidade, fazia história feia ficar bonita... [...] Mas o vendedor, não, ele lia bem versado e... cantando, né?" Essa capacidade do vendedor era fundamental para que a pessoa considerasse a história "bonita" e se sentisse motivada a comprar o folheto.

Em entrevista concedida a Orígenes Lessa, em 1954, Manuel Camilo dos Santos, importante poeta e editor de folhetos em Campina Grande, afirmou que possuía dez vendedores para os impressos de sua tipografia *A estrela da poesia*, destacando a importância da *performance* no momento de comercialização dos impressos, mesmo quando o vendedor não soubesse ler:

Todos cantam. Cantando sai melhor do que lendo. O povo aprecia mais. Não viu aquele analfabeto que esteve aqui? Canta muito bem. Dá gosto.

O pessoal até pensa que ele sabe ler, porque canta olhando a página do folheto aberto. E vive disso muito bem. (LESSA, 1984, p. 57)

O momento da venda dos folhetos na feira e a *performance* do vendedor parecem ainda nítidos na memória de alguns entrevistados:

> Não, ele num cantava com violão não, era somente o folheto e ele. (imitando o vendedor:) "Eu vou contar a história do menino, num sei o quê..." Cantava, né? Aí ia cantando e lendo. Aí tem... ainda me lembro lá em Lagedo, o cantador cantava (cantando): "Meu Padim Ciço dizia: quem com o ferro fere com o mesmo ferro é ferido". Parece que eu tô ouvindo esse cantador cantar isso. Em Lagedo, em 40... Eu tava com 10 anos em 40, ainda me lembro direitinho do cantador cantando. (Zeli)

O momento da leitura dos folhetos pelo vendedor é considerado, pelos entrevistados, como muito "bonito": através daquele primeiro contato com a história, lida e/ou declamada por um leitor competente, os leitores/ouvintes se sentiam fascinados e estimulados a adquirir os livretos. O depoimento de Zeli é ilustrativo:

> Na feira, aqueles homens lendo, lendo... Aí eu ainda me lembro o cara que cantava "quem com o ferro fere com o mesmo ferro ferido". Cantava o dia todinho aquele folheto. Aí o povo ia chegando e ia comprando e ele cantando no meio da rua e a gente comprando os folheto... [...] Era, achava bonito e comprava o folheto.

Zé Mariano se recorda de que os vendedores liam as histórias nas feiras e, em seguida, começavam a vendê-las: "Eles mesmo ia pro meio da rua pra ler, ia ler o folheto pra poder o camarada comprar. [...] Esses folheto, eu me lembro que ele lia... [...] contava ali naquela história, aí a gente via e comprava, pra trazer pra casa." Analfabeto, afirma que, escutava atentamente a leitura oralizada do vendedor na feira e, se a história contada fosse "bonita", dizia a si próprio: "Ah, eu vou levar essa poesia pra mulher." Em muitos casos, depois de encerrada a leitura de uma história, o vendedor começava a ler em seguida um outro poema.

Alguns entrevistados recordam-se de uma das características das estratégias utilizadas pelo vendedor na hora de comercializar os folhetos: a interrupção no momento em que a história atingia o clímax. Segundo Edson, ele próprio leitor de folhetos no momento da venda, se o vendedor não parasse a leitura antes do término da história, ninguém comprava os folhetos, na medida em que, ao escutá-la naquele momento, o possível consumidor perdia o interesse em tê-la em casa. Para Zé Moreno, a pausa feita pelo vendedor no momento da leitura era fundamental para motivar os leitores/ouvintes possíveis consumidores dos folhetos:

> É, porque era, fazia parte da motivação, sensação, né? O camarada ficava ciscando pra saber do resultado e não podia.. Só comprando porque ele já leu, lia até a... como é que se diz... a

coisa ficar bem provocante. Quando ele chegava ali o camarada que tava assistindo aquela... tudo... Na hora de saber do resultado, querendo ali, ele parava e assim: "Meus amigo quem quiser saber do resto compra o livro, não sei o quê, bam, bam, bam". Aí o camarada dizia: "Vou ter que comprar mesmo porque eu quero ver o resultado..." Aí...

Na avaliação de Antônio, o vendedor também parava a leitura da história antes de terminá-la para que o público pudesse melhor compreendê-la. A leitura dos versos em voz alta pelo folheteiro e a sua interrupção antes do final da história, para um público disposto em círculo é registrada por Ivan Proença (1977), Marlyse Meyer (1980), Franklin Maxado (1984) e Antônio Arantes (1982).

Para os leitores/ouvintes de folhetos, assim, o vendedor e sua *performance* no momento da venda pareciam fundamentais na menor ou maior fruição do enredo das histórias e no processo de decisão de que livretos comprar.

O papel do enredo

A *performance* do vendedor e o interesse pelo enredo são dois fatores diretamente associados na memória dos entrevistados quando falam dos critérios utilizados na escolha de que folhetos comprar.

Nos depoimentos de Zezé essa questão aparece com clareza: em sua memória, o vendedor "lia, a gente ouvia, né? Achava bonito, né? E comprava." Na mesma direção, Zeli afirma: "Era, achava bonito e comprava o folheto. [...] A história que a gente achava bonita, nera?" Delita também se refere à beleza das histórias como determinante no momento da escolha de que folhetos comprar.

Edson, o vendedor, afirma que o público leitor de folhetos utilizava como principal critério para a escolha do que comprar o título da história, no caso daqueles já conhecidos, ou o próprio enredo, que conheciam no momento da leitura feita pelo vendedor. Afirma que a autoria dos poemas não era um fator importante (com a mudança de público nos anos 70 isso também se transforma) no momento da escolha de que folhetos comprar:

> procurava o folheto: tem tal folheto? Procurava pelo autor não, procurava pela história, porque a pessoa lia o folheto na feira e perguntava: tem folheto assim? Tem. Num procurava pelo autor não. Hoje o pessoal procura Leandro Gomes de Barros, não sei o quê...

Segundo Ruth Terra (1983), para o público dos folhetos, não importa o autor. A engenhosidade narrativa, a moralidade e o caráter exemplar eram características que, se estivessem presentes na história, seja de valentes, pelejas, poemas de época ou em romances, eram valorizadas pelos leitores/ouvintes. Alguns entrevistados, no entanto, lembram-se de alguns autores mais lidos e procurados, como mostrarei a seguir.

A influência dos autores e/ou editores

Em alguns momentos, alguns leitores/ouvintes entrevistados se referiram à importância dos autores e/ou editores na escolha dos folhetos a serem comprados. Esse parecia não ser o fator decisivo na hora da compra, mas exercia alguma influência. Os autores mais lembrados pelos entrevistados foram João Martins de Athayde e Leandro Gomes de Barros. É interessante perceber que foram os leitores que apresentaram maior intimidade com o mundo da cultura escrita, como Zé Moreno e Antônio, além do vendedor, que citaram o nome de alguns autores. Antônio lembra-se, sobretudo, de alguns romances, como *Pavão Misterioso*, *O Cachorro dos Mortos*, *João de Calau*[14] e *A Princesa e o Dragão*, atribuídas, pelo entrevistado, a João Martins de Athayde. A referência à autoria das histórias é tão forte para Antônio que ele denomina de "história de João Martins de Athayde", ao lado de "história antiga" e "história de poesia matuta", os folhetos. Sugeriu-me, caso me interessasse em comprar alguns livretos, que assim me dirigisse ao vendedor: "– Tu vai assim e diz: 'Eu quero uma história mais antiga, de João Martins de Athayde, história boa.' Aí ele lá mostra a você." Um dos homens com quem conversei, mas não compôs o *corpus* daqueles efetivamente entrevistados, não apenas se lembrava de João Martins de Athayde como o poeta mais conhecido de folhetos na época – "ele foi um dos pioneiro desses livros de cordel" –, como se recordava também de que era paraibano e de que havia escrito ou editado histórias que muito lhe marcaram – uns "livro bem fabuloso" – como o *Boi Misterioso*, o *Pavão Misterioso* e os folhetos de "Lampião".

A editora de Athayde é lembrada como detentora de um quase monopólio no processo de produção e comercialização dos folhetos na época de seu apogeu:

> Tinha João Martins de Athayde, era... Leandro Gomes, era... tinha uma porção de gente que eu me esqueço o nome, mas provavelmente quantos pegavam folheto que ia ver o editor João Martins de Athayde, editora João Martins de Athayde, João Martins de Athayde. Dificilmente vinha um outro. Essa família Athayde era um nome... (Zé Moreno)

No depoimento de Zé Moreno, percebe-se o lugar ocupado pelo poeta e editor João Martins de Athayde em seu imaginário: alguém que se diferenciava em relação a seu público leitor/ouvinte:

> Na época o... o... tampa mesmo, o danadão que escrevia mesmo, era uma editora chamada João Martins de Athayde, cantor [...], um poeta de nome, a família Athayde. Ainda hoje dentro da

Academia de Letras tem gente dessa família. Na Academia Brasileira de Letras, tem gente dessa família não sei o quê Athayde, ainda é sangue daquele povo.

O depoimento desse entrevistado ilustra bem a importância conferida aos autores e/ou editores no momento da escolha dos folhetos. Reconhece que o fator preponderante para a escolha de que folhetos comprar era o enredo, mas associa a qualidade das histórias à autoria e/ou editora dos impressos. Em sua entrevista, é nítida a consciência de que o texto/história é também um impresso, um objeto material, produzido por um autor e publicado por uma casa editora, fatores que lhe conferiam uma legitimidade frente ao público leitor habituado ao universo do cordel:

> O povo [...] ligava pra história. [...] Mas geralmente as história dele (Athayde) era as melhores, aí é por isso que vendia mais. [...] Quando a história era dele já sabia que tinha qualquer coisa que se aproveitava.

Assim, parece que a autoria e/ou editoria, embora não fosse um fator decisivo, também constituía um indicador, pelo menos para alguns leitores de folhetos, de que histórias deveriam comprar.

Outros fatores

Outros fatores, embora em menor grau, também foram citados pelos leitores/ouvintes entrevistados como importantes no momento da compra dos folhetos, como as capas, por exemplo, que são apontadas como importantes, embora não decisivas, no processo de escolha e compra dos folhetos. Mais uma vez, o fator estético parece mais importante: se a capa fosse "bonita", contribuiria para a venda dos folhetos. Em alguns casos, as transformações ocorridas na capa de alguns folhetos, em especial no momento da substituição dos clichês de zinco por aqueles de madeira (preferido pelos intelectuais), o público tradicional habituado ao universo dos folhetos estranhava e, muitas vezes, deixava de comprar os impressos por neles não reconhecer a capa original. Para Zé Moreno, a capa, que se relacionava sempre com o enredo da história, era um atrativo a mais para o comprador de folhetos:

> Se fosse... de... de... de amor tinha a moça e tinha o rapaz, a fotografia, né? Parecida, caricaturado... Se fosse o cantador de viola tinha os dois cantador de viola, tudo caricaturado com uma caricatura bem... quase parecida com o jeito da pessoa, mas que não parecia... não era como o retrato que parecia, era coisa de arrumação.

Quanto à influência do tamanho dos folhetos – fator relacionado diretamente ao tipo de história – no momento da compra, os entrevistados tiveram opiniões diferentes. Segundo Edson, os romances, em especial alguns títulos, venderam muito ao longo do tempo. Destaca, no entanto, que os que mais eram vendidos eram os folhetos de oito e dezesseis páginas. Essa observação pode ser corroborada pelo que afirma Zé Moreno, que indica um dos motivos que levavam as pessoas a optarem pelos folhetos mais finos. O entrevistado, embora gostasse dos romances, associados às histórias de príncipes e princesas, preferia os folhetos menores, mais fáceis de memorizar: "Mas passou de 24 páginas já fica mais pesado pra gente decorar. Tem de 8, de 16, 24, 45, não sei o quê, aí já vai ficando mais pesado..." Zeli também preferia os folhetos, "de 8, 16 e 31" páginas. Zezé, por sua vez, tinha preferência pelos romances, com suas histórias de reinos e encantamentos.

Os temas e as histórias preferidos pelos entrevistados

Os romances, livretos em geral com 48 ou 64 páginas, na maioria das vezes baseados em histórias da tradição oral ou em clássicos da literatura universal, com seus enredos centrados em tramas de amor, sofrimento e aventura, histórias de encantamento, de reinos distantes e situadas em um tempo indefinido (geralmente a "antiguidade"), foram muito lembrados pelas pessoas que entrevistei. *O pavão misterioso*, *O cachorro dos mortos*, *Zezinho e Mariquinha* e *Romeu e Julieta* foram as histórias mais citadas. Além desse romances, os entrevistados se referiram a outros, marcantes em suas trajetórias: *História da princesa da Pedra Fina*, *Oliveiros e Ferrabrás*, *O soldado jogador*, *A bela e a fera*, *Genoveva*, *Dimas e o bom ladrão*, *O rico avarento*, *Os doze pares de França*, *Luiz de Borgonha*[15], *O reino de Alexandria*, *João de Calau*, *Alonso e Marina*[16]. Edson, o vendedor, cita, além desses títulos, outros romances que permaneceram sendo vendidos ao longo do tempo e que, ainda hoje, são procurados por compradores em sua barraca: *Juvenal e o dragão*, *O boi misterioso* e *Pedrinho e Julinha*. Algumas estrofes desses romances foram recitadas pelos entrevistados.

Histórias que receberam versões em outros meios de comunicação, como o cinema e a televisão, como *Sansão e Dalila* e *Escrava Isaura*, também foram lembradas por uma das entrevistadas. Além desta última, outra história baseada em clássicos da literatura brasileira foi lembrada por Zeli: *Iracema, a virgem dos lábios de mel*, considerada, por ela, uma história "muito bonita". A história da *Escrava Guiomar* foi lembrada por Zezé. Em conjunto, as duas irmãs lembram-se de histórias baseadas em contos de fadas tradicionais, como *A Bela Adormecida* e *Branca de Neve*.

Em alguns casos, os leitores/ouvintes, ao se lembrarem de alguns enredos – mesmo quando não se lembraram dos títulos dos folhetos – emocionaram-se, evocando sentimentos que pareciam estar profundamente marcados em suas trajetórias de vida. Crispim, ao narrar uma história de cujo título não se lembrava, introduz por diversas vezes sua opinião a respeito dos personagens e de suas ações, tirando "lições" das histórias, destacando as ideias de justiça e verdade. Durante a narração, o homem sertanejo de 86 anos chorou duas vezes.

Zeli lembrou-se do romance *Genoveva*. Durante sua narração, à semelhança de Crispim, fez observações e tirou lições da história. No processo, foi auxiliada por Zezé. Amor, traição, injustiça, verdade e destino se misturam nessa história de reis e rainhas de um reino distante. Para as leitoras, sobressai, na memória, a beleza da narrativa e o quanto era (e ainda é) capaz de comover, de emocionar, de se transportar para outros mundos, de trazer lições para a vida: "A outra não era princesa. Pra ver como é a sorte. Essa é uma história mesmo muito bonita, lindo esse folheto. Eu não sei se eu ainda tenho ele" (Zeli).

Os romances e suas tramas de amor, traição, injustiça e verdade foram os mais lembrados pelas pessoas que entrevistei. Baseados em histórias tradicionais, em alguns casos adaptadas a aspectos da realidade local, as narrativas foram, sobretudo, referidas por seus leitores/ouvintes em sua dimensão estética: bonitas, comoventes, sentimentais, ritmadas, agradáveis,

capazes de fazer chorar e rir são características das histórias consideradas fundamentais. Transportando-os para reinos distantes e realidades imaginárias, eram capazes de dar prazer e fruição aos que delas desfrutavam.

Histórias de anti-heróis também foram muito lembradas pelos entrevistados, como as de João Grilo e Cancão de Fogo[17]. O vendedor Edson afirmou que os folhetos com as histórias desses dois personagens foram bastante vendidos ao longo do tempo, sendo muito procurados pelos compradores ainda na atualidade.

As "presepadas" de João Grilo foram particularmente lembradas, com alegria, por alguns entrevistados[18]. Antônio, por exemplo, não somente se lembrou das muitas histórias que havia lido, como me aconselhou a comprá-las. Ainda hoje, o entrevistado retém na memória versos dos folhetos desse anti-herói. No meio da declamação, certificou-se de que eu estava realmente gravando sua fala e, em outro momento, questionou se eu estava entendendo a história, atitudes que revelam uma valorização do poema e, ao mesmo tempo, de sua capacidade de memorização.

Nem sempre, no entanto, o conhecimento das histórias desse anti-herói era fruto da experiência dos leitores/ouvintes com os folhetos impressos. Zefinha, por exemplo, também conhecia as histórias de João Grilo, suas "presepadas", sua esperteza. No entanto, o seu contato com o personagem deu-se através das histórias que eram contadas oralmente. Esse dado confirma que as relações entre tradição oral e folhetos impressos eram muito estreitas. Através de folhetos, Zefinha conheceu um outro anti-herói: Camões[19]. Outros anti-heróis também foram lembrados, como Pedro Malasarte[20]. Crispim lembrou-se especialmente do folheto que trazia a história de Jeca Tatu[21], para ele, um "bicho do primeiro século".

Segundo Renato C. de Campos (1977/1959), a figura do herói "ladino" e "astucioso" sempre foi muito popular, em todas as épocas e lugares. O autor cita exemplos de personagens com essas características tanto na tradição ocidental quanto na oriental. No Brasil, assim como em Portugal[22], Pedro Malasartes possui um lugar de destaque na literatura popular, como, por exemplo, em contos. Segundo o autor, as histórias de Pedro Malasartes foram, aos poucos, transformando-se, dando lugar, cada vez mais, a anti-heróis "amarelinhos", estilizados por Monteiro Lobato na figura do Jeca Tatu, também transformado em histórias de folhetos. Entre esses personagens, destacam-se Cancão de Fogo, João Grilo, João Leso e Camões, todos com corpo franzino, mas capazes de fazer peripécias, vencer obstáculos, enganar os poderosos.

As histórias de cangaceiros, em especial de Lampião, também foram lembradas por alguns entrevistados. O cangaceiro foi tema de diversas histórias de folhetos, na época em que viveu, mas também depois de sua morte. Entre os primeiros, destacam-se aqueles poemas que narram suas aventuras, seus crimes, as perseguições que sofria da polícia, o terror que provocava sobretudo entre os sertanejos. Depois de sua morte, muitas histórias continuaram a ser escritas, destacando-se as que podem ser classificadas como irônicas, jocosas, engraçadas: *A chegada de Lampião no inferno*, analisada na Primeira Parte do trabalho, é o exemplo clássico desse gênero, muito marcada na memória de alguns entrevistados.

Histórias de outros valentes também foram lembradas pelas pessoas que entrevistei. Um dos folhetos preferidos de Zé Mariano era aquele protagonizado por Antônio Cobra Choca, comparado, pelo entrevistado, a um cangaceiro. Para o entrevistado, as pessoas gostavam desse tipo de história porque, na vida cotidiana, ocorriam fatos parecidos com os que eram lidos/ouvidos nos folhetos:

> Só que era assim mesmo, antigamente o pessoal chegava... aqueles homem chegava e o brabo era ele só, puxava logo uma faca (risos), matava os outro: "O brabo aqui sou eu" [...] hoje... o tempo hoje tá mais civilizado.

Na mesma direção, Zé Mariano se lembra das histórias de *Oliveiros e Ferrabraz* e a do

Seringueiro[23] que, em sua memória e interpretação, estavam associadas ao cangaço:

> Tudo isso era gente de cangaço, era gente que brigava, que naquela época se brigava, era isso, era aquilo outro. Brigavam, chegavam fazendo desordem, isso e aquilo outro. Um queria ser mais brabo que o outro, n'era? (risos).

Folhetos que narram a vida de personagens políticos importantes na época também foram lembrados. Edson destaca alguns desses folhetos, de grande sucesso de vendas:

> Naquele tempo que morreu Getúlio Vargas você vendia de cansar. Getúlio Vargas vendeu tanto, foi milhares de folhetos. Morreu Agamenon, a mulher de Agamenon, olhe não dava vencimento, a gráfica não dava vencimento pra fazer folheto, o cordel de Agamenon. Era cheio de gente comprando, tinha muita gente vendendo.

Crispim lembrou-se também de um folheto impresso na ocasião da morte de Vargas – para o entrevistado, quando "deram fim a ele" – e de sua curta presença nas feiras: "saiu o caba lendo o folheto dele também, mas foi poucos tempo, se foi 8 dia foi muito."

Segundo Manuel Diégues Júnior (1986), por ocasião do suicídio de Vargas, em 1954, entre 20 e 30 folhetos sobre o tema foram publicados. Muitos, como afirmou Edson, aproveitaram para reconstituir a vida do presidente, narrando sua participação na vida política do país em seus momentos mais significativos.

Os entrevistados se lembraram também de folhetos que foram baseados em fatos ou boatos ocorridos. Edson se lembra de alguns desses folhetos que, segundo ele, venderam muito. Um deles contava a história do *Bode Cheiroso*, um bode que, por gozação, foi candidato a vereador em Jaboatão, recebendo seis mil votos.

O folheto *O barbaro crime das mattas da Varzea*, já analisado, foi recordado, de maneira marcante, por Zeli, Zezé e Delita. Embora não se lembrassem do título ou do autor do poema, as três entrevistadas lembraram-se do enredo da história, que, como se viu, narrava um caso que teve grande repercussão na época em que ocorreu, típico das páginas policiais dos jornais. De acordo com elas, uma mulher, de nome Laura ou Maria, foi assassinada por seu amante e seu corpo foi encontrado nas matas de Boa Viagem, bairro do Recife. Como se vê, na memória das entrevistadas, o nome da personagem ou o local em que ocorreu o crime se tornam secundários na reconstituição do enredo: importa que a vítima do crime foi uma mulher e que ele ocorreu em uma mata de um bairro relativamente isolado na época. As três leitoras/ouvintes contaram a história conjuntamente, complementando, entusiasmadas, as informações que uma ou outra esquecia. Segundo as entrevistadas, o acontecimento, além da publicação em folheto, ganhou também uma versão em música, da qual ainda retêm trechos na memória. Delita foi particularmente consultada quanto à versão musical da história; segundo suas filhas, a mãe gostava e, frequentemente, cantava a música: "Ela cantava era muito [...] sabia todinha e esqueceu, tinha no folheto que ela lia." Em alguns momentos, as três cantaram trechos da música ao mesmo tempo:

> No dia 29 de maio/um horrível crime se deu/na mata da Usina da Várzea/a infeliz da Maria morreu/Seu amante coitado/que tão desgraçado/parecia ser/ Preferiu a matar sua amada/do que a vergonha jamais sofrer.

Na versão musical, como se vê, são indicados a data, o local do crime e o nome da vítima. Esse dado parece corroborar a hipótese de que, para as entrevistadas, o mais importante no poema é seu enredo, com as ideias e valores universais que é capaz de suscitar, de fazer refletir, de confirmar aquilo que elas já sabem, através de suas vivências, provocadas por um determinado tipo de inserção social, cultural, de gênero, naquela sociedade específica. Ao terminar de cantar, Delita interpretou o que os versos insinuavam: "É a história do que ela fez com ele, ele teve vergonha dela que arranjou outro homem, ela arranjou outro homem. Ele matou ela." O tema do folheto, para a entrevistada, tornou-se, assim, "a história do que ela fez com ele" e não do assassinato, ou seja, do que "ele fez com ela". A mulher, como em tantos outros folhetos, é a traidora e, como tal, pôde ser assassinada por seu amante, envergonhado da traição. De maneira semelhante ao que ocorre no folheto, Maria é apenas adjetivada de "infeliz", enquanto seu assassino, maculado pela vergonha de ser traído, é qualificado de "coitado" e "desgraçado". Assim, parece sobressair, na memória das entrevistadas, a versão "masculina" do fato, marcante no folheto e, ao que parece, na música composta na época — e significativamente diferente daquela reconstituída pelos jornais.

Folhetos de "safadeza" foram, ainda, lembrados pelos leitores/ouvintes entrevistados. Na memória de Zé Mariano, como já me referi, esses poemas eram lidos somente por homens que, reunidos, muito se divertiam com as histórias. Zezé, no entanto, também se lembrou da existência desses folhetos, como aqueles do cego Piranha e do *Matuto que vendia banana*. Segundo a entrevistada e sua irmã Zeli, essas histórias eram lidas também pelas mulheres, no espaço doméstico. De acordo com elas, "palavrão todo mundo lia": "era tanta graça". A história do matuto foi particularmente lembrada pelas duas que, no processo de rememorá-la e narrá-la, muito se divertiram, gargalhando em alguns trechos.

Segundo Liêdo Souza (1976), os folhetos de "safadeza" ou "putaria" foram referidos pelos poetas populares, em sua pesquisa, com muita cautela, na medida em que já lhes haviam causado sérias dificuldades, como, por exemplo, a invasão da polícia e o fechamento de várias gráficas editoras. Esse tipo de folheto floresceu realmente na década de cinquenta, quando proliferaram publicações clandestinas. O problema tornou-se tema de debate, na época. No "Congresso Nacional de Trovadores e Violeiros", realizado em Salvador, em 1955, por exemplo, o poeta Rodolfo Coelho Cavalcante, presidente da Associação Nacional de Trovadores e Violeiros e organizador do congresso, incluiu um item nos estatutos da Associação dizendo que ela foi criada "para moralizar a poesia e combater toda espécie de licenciosidade". (apud SOUZA, 1976, p. 90).

Histórias de "gracejo", em alguns casos estreitamente relacionadas às consideradas, por alguns entrevistados, de "safadeza", também foram referidas. Zezé lembrou-se, rindo, da história de *O velho que vendia banana na feira*, referida também como folheto de "safadeza", e da história de um "matuto" atrapalhado. Os folhetos de "gracejo", em geral de 8 ou 16 páginas, qualificados de "engraçados" por seus leitores/ouvinte, foram muito populares na época do apogeu da literatura de cordel no Brasil.

Os folhetos que reproduziam ou simulavam desafios também foram lembrados pelos entrevistados. Crispim, originário do sertão, onde essas histórias parecem ter sido mais foram mais difundidas, lembrou-se de alguns desses folhetos, como os de *Zé Pretinho do Tucum* e do *Cego Aderaldo*. A peleja entre *Zé do Carmo e Maria Roxinha* foi lembrada por Antônio como uma história "bonita danada". Para Zé Moreno, o interesse do público nas histórias de desafios e pelejas estava no prazer da competição.

As cantorias e pelejas constituem um conjunto próprio na literatura de cordel. Em alguns casos, o poeta se baseia, para escrever o folheto, em cantorias que realmente aconteceram, introduzindo modificações e recompondo-as. Em outros, elabora as histórias, a partir de suas vivências, nesse formato. Um dos temas mais frequentes desses folhetos é a "ciência": os dois poetas disputam entre si, e diante de um suposto público, quem tem mais conhecimentos "eruditos". Gramática, mitologia, história, astronomia são exemplos de áreas tematizadas nesses poemas (JUNIOR, 1986).

Considerações finais

Nas décadas de 30 e 40, particularmente, os leitores/ouvintes de folhetos se utilizavam de duas maneiras principais para terem acesso a esses impressos: a compra, com a posse e o acúmulo de coleções em casa, e o empréstimo, que funcionava através de uma rede de relações que incluía, principalmente, parentes, vizinhos e amigos. As livrarias e as residências dos autores, locais em que os folhetos já haviam sido comercializados nos primórdios de sua história, pareciam, na época, não mais cumprir um papel significativo nos processos de aquisição desses impressos: as feiras e os mercados constituíam, de fato, os endereços mais frequentados por aqueles que os compravam ou simplesmente escutavam sua leitura em voz alta – ou declamação –, pelo vendedor.

A *performance* do vendedor, considerado um leitor competente, em torno do qual se aglutinavam os potenciais interessados nos poemas, o próprio enredo da história, os autores e/ou editores, as capas e o tamanho das histórias constituíam, nessa ordem, os principais fatores que determinavam, para aqueles que liam e ouviam as histórias, que folhetos comprar. Muitas histórias ficaram marcadas nas memórias dos entrevistados: os romances, estruturados em torno de elementos como amor, luta, justiça, traição, falsidade e situados em lugares e tempos distantes do cotidiano do leitor, são destacados como aqueles poemas particularmente capazes de comover, de transportar para outros tempos, de suscitar julgamentos estéticos, de referendar valores, de caráter mais ou menos universal, que já circulavam na sociedade de modo geral. Histórias que traziam como tema principal anti-heróis, Lampião e outros valentes, personagens políticos, eventos "acontecidos", folhetos de "safadeza", de gracejo e narrativas de pelejas foram também referidos pelos entrevistados. Nas referências a esses poemas, os leitores destacam, em geral, como características das "boas histórias", a capacidade de provocar risos – de fazer divertir –, de falar sobre temas como a valentia e a persistência e de referendar, mais uma vez, valores universais, como a falsidade, a honra, a traição, a justiça. Percebe-se a ausência, entre os folhetos mais citados, de temas considerados "clássicos" nos estudos sobre literatura de cordel no Brasil. Histórias do Padre Cícero, por exemplo, foram citadas por apenas uma entrevistada. Talvez um dos fatores que explique essa ausência esteja na vivência urbana, em que a influência do padre não se tenha feito sentir com tanta força, marcante na trajetória da maior parte dos entrevistados.

*As situações de leitura/
audição de folhetos*

Em que situações os folhetos eram lidos? Como eram lidos? Em grupo ou individualmente? Em voz alta ou silenciosamente? Que papel tinha a memorização na leitura/audição de folhetos? As leituras realizadas eram extensivas ou intensivas? Essas são algumas das questões que busco responder neste capítulo, tomando como fonte para a análise, particularmente, as entrevistas realizadas e as memórias e os romances. Essas questões são norteadas pelo pressuposto de que as próprias situações de leitura determinam a produção de sentidos nos processos de usos e apropriações dos impressos[1].

A primeira instância de leitura/audição de folhetos era, geralmente, o momento em que as pessoas iam à feira e ouviam o vendedor: leitura competente, declamada ou cantada em voz alta, interrompida no momento do clímax do enredo.

Uma vez adquiridos ou tomados de empréstimo, os folhetos podiam ser lidos em grupo – o que parecia ser o mais comum – ou individualmente. As reuniões para a leitura e audição de folhetos geralmente aconteciam na casa de vizinhos e familiares e congregavam grande número de pessoas. Além da leitura desse tipo de impresso, nesses encontros, algumas histórias, originárias de folhetos ou não, eram declamadas pelos que as sabiam de memória. Também nessas reuniões, os contadores de histórias divertiam a plateia ao narrar, com habilidade, contos da tradição oral, em especial as "histórias de Trancoso".[2] Em muitos casos, no mesmo espaço, ocorriam as cantorias. Mas os folhetos também eram lidos ou declamados por grupos menores, nas calçadas – ao lado das conversas cotidianas – e mesmo nos locais de trabalho.

Leituras/audições de folhetos em situações de sociabilidade: leituras em voz alta

Os folhetos eram lidos coletivamente, principalmente, em duas instâncias: na casa de parentes ou vizinhos e nas calçadas, na rua. Em ambos os casos, eram lidos e ouvidos em encontros onde ocorriam também outras atividades.

Inicialmente, as reuniões ocorriam na própria casa dos entrevistados ou em casa de vizinhos. Aqueles que possuíam um maior número e uma maior diversidade de títulos de folhetos em casa, chamavam os parentes e amigos para, coletivamente, desfrutarem das leituras das histórias. Esse tipo de reunião parece ter existido até recentemente, pelo menos nas comunidades do interior. Na pequena comunidade rural em que Zefinha nasceu e morou durante a infância e a adolescência, nos anos 60 e início da década de 70, eram as pessoas da família – pai, mãe, avós, primos, tios – que se reuniam para a leitura coletiva de folhetos: "Aí chegava a noite, todo mundo ia, chegava lá sentava todo mundo no chão, lá não tinha mesa, nem sofá, não tinha nada não. Todo mundo sentava no chão, aquele monte de gente, e começava a escutar."

O espaço da rua, da calçada, também era utilizado para a realização dessas reuniões. O depoimento de Zeli é bastante semelhante aos demais; acrescenta, no entanto, esse espaço:

> A gente morava num interior chamado... Bem-Te-Vi.... [...] ali perto de... Catende, por ali pra dentro. Aí de noite acendia o candeeiro, não tinha nem luz lá no lugar onde a gente morava, interiorzinho pequeno, ele (seu pai adotivo) era delegado lá. Aí eu lia folheto, lia, lia, lia, lia a noite todinha (risos) até 10 horas, 11 horas da noite. [...] Depois, até quando eu me casei lá na Usina Guabiraba, eu saía de noite com o candeeiro, ia pra casa da vizinha assim, de noite, pra ler folheto. [...] Era sentado na calçada e lendo.

Também no Recife, as calçadas pareciam ser utilizadas, em algumas ocasiões, para a leitura e/ou audição de folhetos. Zezé afirma que, quando foi morar na Vila das Lavadeiras com sua mãe, no bairro também não havia luz elétrica nem água[3]. Era na calçada da rua que parentes, vizinhos e amigos se reuniam em torno dela que, com 9 ou 10 anos, lia as histórias.

As noites e os finais de semana, principalmente os domingos, pareciam ser os momentos preferidos para a leitura coletiva ou declamação das histórias. Depois que casou, Zé Mariano deu continuidade ao hábito, adquirido na infância, da realização de reuniões coletivas para a leitura de folhetos. Elas aconteciam, como no tempo de seu pai, também à noite e aos domingos e sua mulher, alfabetizada, era a encarregada de ler para os demais – parentes e vizinhos –, os poemas. Segundo o entrevistado, " ela passava quase a noite todinha lendo folheto pra gente ouvir..." Também Crispim e Ana Maria afirmam que as reuniões para a leitura coletiva de folhetos eram realizadas à noite e, de preferência, aos domingos e "dias santos", ou seja, nos dias em que não havia trabalho.

No engenho onde morava Zé Moreno os folhetos eram lidos coletivamente por alguns leitores sobretudo aos domingos e na "boca da noite". Zefinha afirma que, quando trabalhava "limpando mato na roça", durante o dia, já se anunciava que, naquela noite, haveria leitura coletiva de folhetos, para alegria daqueles que ainda estavam trabalhando. Na pequena comunidade rural em que morava, não havia energia elétrica. Por isso, as reuniões para a leitura coletiva de folhetos eram realizadas à noite, já que, durante o dia "todo mundo trabalhava", sob a luz de candeeiro, relembrando a atmosfera, descrita nos estudos e romances, dos serões[4].

Assim, o tempo da leitura coletiva dos folhetos parecia ser, em grande medida, o tempo dedicado ao lazer. Há depoimentos, no entanto, que indicam que, em algumas situações, a leitura ou a declamação de folhetos podiam ocorrer também durante o trabalho, principalmente quando ele estava baseado na agricultura familiar e de subsistência:

> Aí quando a gente tava com preguiça à noite de debulhar feijão, ela (a avó) falava: "meninas, vamos debulhar feijão que eu conto uma história de folheto". Aí ia todo mundo debulhar feijão, aí dava meia noite todo mundo escutando... Quando um terminava, o outro começava. Ia tia, ia tio, né? Todo mundo sabia de um, né? (Zefinha).

Além disso, aparece também, nos depoimentos, referência à leitura coletiva dos folhetos no momento propriamente dito do trabalho, ocorrido durante o dia. A mãe de Zezé, Delita, lavadeira, armava a mesa de passar roupas na calçada e, enquanto realizava a atividade, ouvia, atenta, a leitura em voz alta feita pela filha. Zefinha se recorda que, enquanto "limpava mato e capim", na pequena propriedade em que morou durante a infância, contava histórias de folhetos que sabia de memória para as primas, que trabalhavam com ela. Quando terminava um poema, uma outra pessoa começava a contar ou a declamar outra história, de modo que pudesse se "distrair" enquanto trabalhavam. Em outros casos, a leitura ou declamação dos folhetos se dava não diretamente no trabalho, mas em momentos a ele associados. Muitas vezes era no caminho de volta para casa, do campo, do trabalho, que

Crispim ouvia seu parente cantando os poemas que sabia de memória.

Os parentes e vizinhos constituíam a audiência privilegiada para ler/ouvir folhetos. Na maior parte dos casos, os membros mais alfabetizados e com competências de leitura consideradas satisfatórias pelo grupo, liam as histórias em voz alta para os demais⁵. A presença de vizinhos entre os ouvintes foi registrada por vários entrevistados. Os depoimentos revelam que os contextos de leitura e audição de folhetos eram bastante semelhantes, tanto na cidade quanto nas pequenas localidades do interior do Estado, com uma pequena diferença: enquanto nessas últimas a audiência era formada de pessoas de toda a comunidade, no Recife o grupo era composto, primordialmente, de pessoas da família.

Todos os entrevistados revelaram que era corrente a presença de pessoas analfabetas no grupo de ouvintes. Em muitos casos, mesmo sem saber ler, compravam os folhetos e pediam a outra pessoa que lesse em voz alta. Os analfabetos, assim, "acompanhavam" os enredos das histórias dos poemas.

Como já referi, em muitos casos, os membros mais alfabetizados da casa eram as crianças, em geral com um grau de escolarização maior do que os pais. Essa foi a experiência de Zé Mariano, de Crispim, de Ana Maria e de Delita com seus filhos; e de Zezé e Zeli, elas mesmas meninas leitoras de folhetos. O depoimento de Crispim é interessante para perceber o papel dos meninos e das meninas nos momentos coletivos de leitura de folhetos: pareciam funcionar como mediadores entre a cultura escrita, onde pouco a pouco se inseriam, e a cultura oral, onde estavam imersos seus pais – que, através deles, memorizavam a palavra impressa:

> Eu... eu sei que meu cunhado, olhe os filho dele aprenderam a ler lá no... no... numa escolinha que tinha lá perto de casa. E depois já tudo formado, rapaz e mocinha comprava... comprava folheto e lia em casa, né? Era os filho lendo e ele decorando. Quando a gente ia pra rua que voltava lá pra casa juntava uma porção de gente...

Alguns entrevistados destacaram a importância das competências de leitura daquele que, nas reuniões, lia em voz alta para os demais: saber manter o ritmo, destacar bem algumas frases e palavras foram características apontadas para uma maior fruição da leitura/audição. Assim, além de a história ser "bonita", seu leitor deveria ter habilidades específicas para que os demais desfrutassem de sua leitura da maneira mais prazerosa possível. Durante a entrevista de Zé Moreno, em que tive que ler para ele poemas de Zé da Luz, em diversos momentos, o entrevistado buscou me ensinar e sugerir melhores maneiras de ler: "É. Isso aqui tá bom, lê isso aqui. Bem calma, vê se você entende. Calma que eu digo é devagar, pontuando."

Para os entrevistados, à semelhança do que deveria ocorrer com o vendedor, era fundamental que o leitor tivesse fluência, tom de voz e entonação adequados para que a audiência pudesse fruir adequadamente da estética dos poemas:

> Tinha sujeito que tinha uma capacidade, fazia história feia ficar bonita... O camarada... o camarada.... o camarada comprava quando chegava em casa não tinha queda pra coisa. Aí... agudo... Mas o vendedor, não, ele lia bem versado e... cantando, né? Aí a pessoa achava bonito, comprava, chegava em casa não sabia ler e ia ler gaguejando, porque a leitura gaguejando aborrece até quem tá ouvindo... nhem nhem nem nem... (Zé Moreno).

No entanto, em alguns casos, o fato de o leitor não possuir todas as competências de leitura parecia não diminuir o prazer dos ouvintes, pelo menos dos analfabetos: "Minha mulher sabia muito ler, aí ela lia pra tudinho. [...] Era um divertimento. Ela lia assoletrando mesmo, faltando as letra" (Zé Mariano). Cena com elementos semelhantes é descrita por Edson: o membro mais alfabetizado, embora nem sempre um "bom" leitor, depois de um dia de trabalho na agricultura, no início da noite, sob a luz do candeeiro, lia poemas de folhetos, em voz alta, para os demais:

> Então era muito bom, aqueles agricultores que trabalhava na enxada o dia todinho, de tardezinha pegava o candeeiro, botava assim, aquele mais, aquele mais... desarnadozinho, né? Lia, gaguejando de todo jeito, o pessoal ria à vontade até dez, onze horas pra dormir. Dez horas, nove horas, o pessoal ia dormir.

A escolha de que folhetos deveriam ser lidos nesses serões coletivos dependia do leitor e, em grande parte, também da audiência, que já conhecia previamente muitas histórias. O tio de Zefinha, que possuía muitos folhetos em casa, assim procedia: "Chegava e perguntava: 'Qual é o que vocês quer que a gente leia?' Aí a pessoa dizia... Acho que era pessoa que conhecia mais, né? Dizia: 'Tal'. Aí todo mundo aceitava, aí ele dizia: 'Agora vou ler um por minha conta'. Aí lia."

No entanto, a realização de reuniões coletivas para a leitura em voz alta ou a declamação de poemas não era, no período, exclusividade do gênero folheto. Nas autobiografias e romances analisados, por exemplo, há registros também da leitura em voz alta de outros objetos de leitura entre as próprias camadas populares, como panfletos, manifestos de movimentos sociais, boletins operários e cartas pessoais. As reuniões para a leitura coletiva de objetos impressos era também comum, na época, entre as camadas médias e as elites da população: as reuniões e os serões literários eruditos, com a presença de poetas, oradores e conferencistas eram práticas correntes[6]. Nesses momentos, discutia-se arte e literatura, jogava-se pôquer, tocava-se piano e violão, cantava-se, dançava-se cavalo-marinho, declamavam-se poesias.

Nas salas de aula da maioria das escolas, naquele momento, também a leitura oral continuava central no processo de ensino aprendizagem[7]. A avaliação era feita, em muitos casos, a partir da leitura em voz alta feita pelos alunos, provocando medo, tensão e angústia.

Assim, a realização de reuniões para a leitura em voz alta de impressos (ou mesmo de não impressos) parecia comum tanto no caso de objetos de leitura considerados "populares", como é o caso dos folhetos, quanto para aqueles que circulavam entre as camadas médias da população: a presença dos saraus eruditos ainda se fazia sentir com muita força no período e sociedade estudados.

Leituras de folhetos, contadores de histórias e outros aspectos da cultura oral

Além da leitura de folhetos, nos encontros, algumas histórias, originárias de folhetos ou não, eram declamadas pelos que as sabiam de memória. Também nessas reuniões, os contadores de histórias divertiam a plateia ao narrar, com habilidade, contos da tradição oral, em especial as "histórias de Trancoso". Histórias de Antônio Silvino, Lampião e outros cangaceiros, além de histórias de "assombração" e de "safadeza", juntavam-se àquelas que já circulavam nos folhetos – muitas de valentes e espertalhões –, compondo um tecido formado de fatos e lendas que até hoje são extremamente fortes na memória popular, principalmente nos sertões. Histórias e lendas que pareciam circular, na época, também entre as camadas médias, urbanas ou não, como revela a análise das autobiografias e romances[8].

O cenário descrito pelos entrevistados para a audição de histórias é semelhante àquele caracterizado para ler e ouvir os poemas de folhetos. Zeli afirma que seus parentes e vizinhos sentavam-se na calçada, geralmente em noites de lua, já que não havia luz elétrica, e cada um contava "a sua história de Trancoso". Crispim se lembra de homens e mulheres que passavam toda a noite contando histórias "pra o povo ouvir", principalmente histórias de reis e de princesas: em sua memória, histórias muito bonitas. Para Ana Maria, os momentos em que eram narradas as histórias, à semelhança do que ocorria com a leitura e audição de folhetos, eram, sobretudo, de divertimento: momentos em que se "achava graça".

A maioria das pessoas que entrevistei lembra-se, assim, principalmente, das "histórias de Trancoso", denominação que, como se viu, abarca uma pluralidade de tipos e gêneros de histórias. Muitos entrevistados lembraram-se de alguns enredos, reproduzindo-os a meu pedido. A história de João e Maria, contada por Zeli, é muito semelhante à versão mais conhecida dos irmãos Grimm[9], com muitas supressões e a introdução ou substituição de alguns elementos adaptados ao contexto local[10]. Crispim lembra-se de *A donzela Teodora* que, como se sabe, foi também um "clássico" da literatura de folhetos e da literatura em prosa de "larga circulação" em Portugal e no Brasil[11]. No decorrer da entrevista, no entanto, principalmente quando começa a falar sobre a história, confunde o enredo da narrativa com o da *Gata Borralheira*, contado por ele e por sua mulher, Ana Maria. Em um dos momentos mais delicados e talvez mais bonitos das entrevistas realizadas, o casal reproduziu a história da *Gata Borralheira* ou, em suas palavras, de *Maria Burraieira*[12], introduzindo diversos elementos no enredo que o diferencia sensivelmente da versão tradicional, através de variações que adequam o conto ao contexto local. Em muitos momentos da entrevista, Crispim fez relações entre a história e pedaços ou episódios de sua vida, de sua identidade. A evocação de valores universais presentes na história, como a falsidade, torna-o frágil. Nesse processo, mágoas parecem emergir. Ana Maria, por sua vez, na maior parte do tempo coadjuvante na condução da entrevista, ao narrar essa história, demonstra uma desenvoltura não revelada em nenhum outro momento. A história de *A Gata Borralheira* parece, de fato, impregnar com força mais o imaginário das mulheres – urbanas ou rurais, jovens ou velhas – do que o dos homens. Durante a narrativa, Ana Maria emocionou-se, entusiasmou-se, identificou-se com a história.

No final da narrativa, após um momento de silêncio, Crispim referiu-se novamente à questão da falsidade, demonstrando o quanto a audição, a rememoração e a expressão oral da história (na medida em que eles passaram a ocupar o papel de narradores) exigiram uma atividade permanente, uma interação e o estabelecimento de relações entre o que se ouvia, o que se falava e a trajetória individual de cada um. Como vêm demonstrando estudos recentes, a leitura, e posso estender para a audição de histórias que remetem a outros tempos e a outros lugares, exige uma atividade permanente do leitor/ouvinte, que preenche os "brancos" da narrativa[13] e dá um sentido novo ao texto (no caso, oral ou escrito). Certamente, se estudasse a recepção desse mesmo conto em um outro grupo de ouvintes, em uma outra época, outros seriam os valores evocados.[14]

Histórias envolvendo personagens do cangaço também foram lembradas por entrevistados; em seus depoimentos, muitas vezes, misturam-se fatos ocorridos e fantasias, frutos da imaginação individual, mas, sobretudo, do contato e da incorporação de dados da memória coletiva.[15] Não se sabe ao certo, portanto, as fronteiras entre o verídico, o verossímil e o improvável. Histórias verdadeiras e lendas sobre o cangaço se misturam na memória popular. Como as histórias da *Gata Borralheira*, histórias de valentes e cangaceiros e seus protagonistas parecem ter influenciado profundamente o universo simbólico de gerações.

Um outro gênero de histórias, também comum ao universo dos folhetos, foi lembrado pelos entrevistados: o de "safadeza" ou de "putaria". Antônio afirma que não perdia a oportunidade de estar entre os auditores desse tipo de história. Enquanto achava, na maioria das vezes, as histórias tradicionais de Trancoso enfadonhas, o entrevistado agregava-se logo ao grupo se as histórias fossem "safadas": sentava-se, ouvia atentamente o narrador e decorava as histórias.

Histórias de personagens de folhetos que circulavam, provavelmente há várias gerações, na tradição oral também foram evocadas pelos entrevistados. Zefinha se recorda de que ouvia histórias de João Grilo decoradas e narradas por sua avó, que as havia aprendido com seu bisavô, fora do suporte do folheto. Para ela, João Grilo é um personagem associado sobretudo à tradição de narrar histórias: não conheceu, apesar da popularidade dos poemas, folhetos que narrassem suas proezas. A mesma entrevistada afirma que há muitas outras histórias que não sabe se eram originárias de folhetos ou se circulavam na tradição oral. Não sabe, por exemplo, a origem das histórias que sua avó contava – e poderia saber?[16] – já que, embora fosse analfabeta e, como tal, uma *ouvinte* e contadora de histórias, tinha pai alfabetizado e *leitor* de folhetos. Na memória de Zefinha, reteve sobretudo o fato de serem histórias rimadas ou não: seu depoimento ilustra a circularidade com que certos temas e enredos passam do oral ao escrito, do escrito ao oral, do popular ao erudito, do erudito ao popular, de linguagens não verbais a linguagens verbais, de linguagens verbais a linguagens não verbais. Nesse trecho da entrevista, revela sua percepção acerca dos processos de transmissão dessas histórias ao longo das gerações:

> Tinha história que não era rimada. Minha avó, por exemplo, nossa senhora, ela contava cada história, é porque que eu nunca decorei... Decorei algumas, mas, mas pra contar é muito... E...tinha história que eu nem sei nem se era de folheto. Eu sei que a vida desse pessoal é assim, né? Que eles... parece que eles... Vêm de geração em geração... Aí um conta uma história, o outro decora, aí vai passando de pai pra filho, pra neto, e pra bisneto, né? Aí pronto, era assim... Tinha muitas histórias que ela contava que ela dizia que era o meu bisavô, o pai dela que contava, né? Aí pronto... (risos) Porque ela aprendia com meu bisavô, que era o pai dela, e ele sabia ler, né? E ele tinha muito folheto... Aí cont..., lia todas as noites pros filhos, quando eram solteiros – tudinho em casa, né? – e aí cada um que decorava a história.

Nas memórias e romances analisados, também se observa a pregnância de certas histórias e de certos temas que circulavam na memória coletiva e se manifestavam em autos populares, em folhetos, em livros em prosa, em contos tradicionais, como, por exemplo, encontram-se referências às batalhas entre cristãos e mouros infiéis, à coragem dos doze Pares de França, às espertezas de Pedro Malasarte, como se sabe, "anti-herói" e personagens bastante populares na tradição oral e no universo da literatura de folhetos.

O hábito de contar histórias parecia corrente também nas camadas médias, como revela a análise das memórias e dos romances. Herdado de gerações anteriores, relacionado muitas vezes às escravas libertas que permaneciam nos engenhos e fazendas dos ex-proprietários – as pretas-velhas – ou mesmo aos colonizadores portugueses, que para aqui trouxeram as histórias de Trancoso, foi sendo transmitido continuamente através do tempo.

À semelhança do que ocorria com o leitor de folhetos, que deveria demonstrar competência para ler ou declamar os poemas, os entrevistados também se referiram à necessária habilidade do contador para narrar as histórias diante de uma audiência. Para Ana Maria, o narrador, para que as histórias se tornassem realmente "bonitas", tinha que dar "cadência" aos enredos. De maneira semelhante, Crispim enfatiza a importância da habilidade do narrador para uma maior fruição dos contos por aqueles que o ouviam: "pra quem sabia contar ela era muito bonita, tinha muita... tinha muita passagem bonita". Explica melhor o que denomina de "saber contar a história direito" ao dizer que as histórias deviam ser contadas "do começo até o fim", e não somente "trechozinhos", como afirmou que fez durante a entrevista. À semelhança do que ocorria com os leitores dos folhetos, os contadores de histórias também deveriam possuir certas características que o tornavam um "bom" contador. Jerusa Ferreira (1991) verifica, no caso dos contos nordestinos, uma grande unidade da tradição oral, no entanto, cada intérprete os reinterpreta criativamente; recriação que é consequência da performance individual, mas também da necessidade de adequá-los a certas soluções regionais/locais ou do contato que estabelece com outros contos do mesmo ciclo, como explicita José Lins do Rego ao se referir a uma das personagens que mais marcou sua infância:

> O que fazia a velha Totonha mais curiosa era a cor local que ela punha nos seus descritivos. Quando ela queria pintar um reino era como se estivesse falando num engenho fabuloso. Os rios e as florestas por onde andavam os seus personagens se pareciam muito com o Paraíba e o Mata do Rolo. O seu Barba-Azul era um senhor de engenho de Pernambuco. (REGO, 1992/1932, p. 51)

As habilidades de um bom contador de histórias também foram referida nas obras analisadas. Paulo Freire (1994, p. 149) lembra-se de um amigo que, através de sua "prosa viva e envolvente" – histórias pitorescas, casos de sua terra e de sua gente – e de sua entonação de voz "rica e variada" e "gesto adequado e sugestivo", era capaz de paralisar uma audiência.

Também de maneira semelhante ao que ocorria com a leitura de folhetos, as histórias narradas não precisavam ser inéditas para que os auditores sentissem prazer em ouvi-las: podiam ser as mesmas por dias seguidos. Caso alguém soubesse de outras, para variar o repertório, eram bem-vindas. Para a audiência, no entanto, como já foi demonstrado em diversos estudos, parecia ser mais importante a *performance* do narrador, a reiteração de valores universais rememorados a cada nova narração, do que propriamente o enredo ou o final da história. Pode-se falar, também aqui, em leituras/audições intensivas de um mesmo conto.

Aspectos da cultura oral pareciam impregnar o cotidiano das comunidades rurais e das cidades. Histórias eram narradas, muitas vezes, nas mesmas ocasiões em que eram lidos os folhetos. Ler e ouvir folhetos, contar e escutar histórias, conversar livremente e, no caso daqueles que moravam nas cidades do interior, participar de cantorias, parecia fazer parte de um mesmo universo.

Leituras de folhetos e cantorias

Na memória de muitos entrevistados, a leitura coletiva dos folhetos estava estritamente relacionada ao hábito milenar de contar histórias, como se viu, assim como a uma tradição também encontrada em diversos países, mas que assume uma face peculiar principalmente nos sertões brasileiros: as cantorias, que ocorrem no Nordeste desde meados do século XIX[17].

Para aqueles que viveram a maior parte da vida nas pequenas cidades do interior do Estado, as principais diversões de que desfrutavam eram, além da leitura e da audição de folhetos, os cantadores. As cantorias geralmente se davam nos engenhos ou fazendas e os repentistas eram contratados pelos proprietários das terras[18]. A ocasião parecia se constituir em uma grande festa:

> Oxente, eu andava uma légua de noite para ir assistir. [...] Naquelas casas de engenho, né? O senhor de engenho, por ali. A gente ia, mandavam avisar que à noite tinha umas cantoria lá. Quando é de noite ia a gente mais o inspetor, que era so... que aquele homem que ajudava a polícia chamava inspetor, né? [...] Ia o inspetor, o ajudante do inspetor, ia tudinho. [...] Chegava lá, a gente ia ver os cantador cantar, tinha cachaça pra beber, tinha café, tinha pão, bolacha... Até meia noite terminar, a gente vinha tudo pra casa. (Zeli)

Segundo Antônio, as fazendas em que ocorriam as cantorias geralmente ficavam "cheia de gente" e o dono da casa em geral "matava um boi", "assava um milho", "fazia uma canjica, uma pamonha".

Era comum a contratação de repentistas para comemorar festas de aniversário e para animar determinadas festas populares, componentes do calendário tradicional ou relacionadas a certas atividades pastoris ou agrícolas. Ovídio Duarte (1988) registra, por exemplo, a presença, na festa de São João de uma pequena cidade sertaneja, de cantadores que, de improviso, recitavam versos para as principais figuras do lugar. As cantorias ocorriam também nas feiras, onde violeiros, emboladores com pandeiros e tocadores de rabeca divertiam a audiência que em torno deles se aglutinava.

Embora não fosse o mais comum, também nas cidades maiores havia espaço para a ocorrência de cantorias. No Recife, Antônio se lembra de tê-las ouvido em um bar situado no Pátio do Terço, centro da cidade, e em outro, situado em Cavaleiro. Em ambos os casos, os cantadores também eram contratados pelas proprietárias dos bares.

Algumas cantorias, em especial, ainda hoje estão na memória dos entrevistados que as presenciaram quando eram crianças. Antônio lembra se particularmente de alguns desafios a que assistiu ou, em alguns casos, memorizou, como aquele ocorrido em Bezerros, sua terra natal, agreste do Estado, entre Pinto de Monteiro, "um dos grande poeta e repentista", e Ivanildo Vila Nova, "aquele menino, que hoje é o rei dos cantadores".

Em suas narrações, Antônio destaca as características valorizadas naqueles considerados bons cantadores, "verdadeiros artistas", segundo o entrevistado: a perspicácia, a capacidade de improvisação – de compor versos sobre aquilo que não sabe –, a percepção da fragilidade do outro, a persistência em manter o desafio até que o oponente se canse e desista, o humor e a capacidade de, através da ironia e da espertza, desafiar e superar o outro, característica de alguns cantadores, como Pinto de Monteiro. Compara, em seu depoimento, a produção dos folhetos que, por ser escrita, permite a constante reelaboração antes de ser posta em circulação, e a produção oral dos cantadores, controlados por uma audiência atenta, que faz as demandas, acompanha os resultados e os avalia:

> porque só em você saber que o repentista não canta o que ele sabe não. Ele canta o que você pede pra ele cantar. [...] Você lê uma história, vamos supor, "Os Doze Pares de França" [...] "Carlos Magno"... "O Reino de Alexandria", "Luiz de Borgonha"... Entendeu? Aí você diz assim: "Não, é a história de Ferrabrás." Não foi nem dos três, de Ferrabrás que era um guerreiro contra... Oliveiros. [...] Entendeu a história? [...] Se eu perguntar, "Ô...", naquela época: "Fulano, dá pra você se conter sobre 'Oliveiro e Ferrabrás'? Ele vai do começo até o fim (enfático). [...] "Oliveiro e Ferrabrás", mas ele sabe, ele leu aquilo tudo lá...

Em consequência do estreito controle exercido pelo outro cantador e pela audiência na produção dos desafios, era necessário que houvesse um minucioso processo de preparação para enfrentar a situação. Nesse processo, segundo Antônio, os cantadores liam sobretudo "livros históricos do passado". Em uma das cantorias a que assistiu, de acordo com o entrevistado, um dos cantadores passou três meses se preparando, porque a disputa era "peso pesado".

Para ser um bom cantador, assim, na memória dos entrevistados, não é suficiente saber fazer versos ou rimar algumas frases, mas é necessário um intenso trabalho de preparação, viabilizado, sobretudo, pelos livros disponíveis:

> é ler histórias passadas, como procedeu, como começou, como terminou, qual foi o autor daquilo ali. (pausado) Porque aí depende como foi, né? [...] Tem que saber do... da história do livro é... a... a... a... a... como se diz, a história do Brasil, tem muita coisa boa na história do Brasil. Muita coisa boa. (Antônio)

Na mesma direção, Antônio afirma que os cantadores eram, se se preparassem através de um livro de medicina, capazes de versar sobre qualquer parte da anatomia humana, "do seu dedinho do pé até a parte do crânio..."

Mesmo nas cantorias de contrato, em que os repentistas cantam aquilo que lhes foi pedido a partir do mote dado, é necessário, para serem considerados competentes e habilidosos aos olhos da audiência, que os cantadores "assistam o verso e o sentimento da história", para que os poemas, de fato, sejam considerados "bonitos" (Antônio). À semelhança do que ocorre em relação aos folhetos, os entrevistados enfatizam, desse modo, a importância da sensibilidade e da habilidade do cantador na elaboração de bons poemas orais, julgados dessa maneira principalmente em consequência da fruição que são capazes de provocar.

Além das cantorias, as toadas de vaquejada também compunham o universo de alguns entrevistados. Desde a primeira vez que conversei com Crispim, nos arredores da Igreja e do convento da Penha, onde estava sendo velado o corpo de Frei Damião, convidou-me para ir em sua casa ouvir alguns discos e fitas que, segundo ele, relacionavam-se com o tema proposto para nossa conversa – a leitura e/ou a audição de folhetos. Afirmou que, como não sabia, de memória, histórias veiculadas nesse tipo de impresso, poderia me mostrar – e ouviríamos em conjunto – o material que possuía. Quando fui em sua casa, no dia seguinte, passamos, a seu pedido, cerca de uma hora ouvindo uma fita com toadas de vaquejada. Compreendi também que, principalmente no universo simbólico dos leitores/ouvintes sertanejos, as toadas e os folhetos faziam parte de um mesmo conjunto. Crispim e Ana Maria foram os únicos entrevistados que se referiram às vaquejadas, demonstrando serem elas características de uma cultura própria, típica do Agreste e do Sertão. Nas vaquejadas, que ocorrem nessas regiões desde as décadas finais do século XIX[19], apresentam-se também cantores e repentistas.

Leituras intensivas

Os folhetos pareciam ser lidos sobretudo de uma maneira intensiva[20]. Os mesmos poemas eram retomados diversas vezes pelo mesmo leitor ou pela mesma audiência.

Essa parece ter sido a experiência da maioria dos leitores que entrevistei. Em muitos casos, os folhetos escolhidos para serem lidos nas reuniões eram escolhidos de um conjunto já previamente conhecido da maioria da audiência. As mesmas histórias podiam, desse modo, serem retomadas diversas vezes. Na experiência de alguns entrevistados, determinados folhetos ficaram particularmente marcados em suas memórias em consequência da intensidade de leituras que deles eram feitas. Zé Mariano, por exemplo, recorda-se de que ouvia a leitura dos mesmos poemas, feita por sua mulher, várias vezes, sobretudo daqueles que tinham João Grilo e Lampião como tema. *A história do pavão misterioso* era um de suas preferidas, não hesitando em pedir a sua mulher, quando queria ouvi-la, que fosse buscar o folheto e, mais uma vez, lesse a história:

> A mesma história, a mesma história, todinha, às vezes a mulher lia, aí eu dizia: "Vai buscar a história do 'Pavão Misterioso' pra gente ler uma coisinha aqui." Aí a gente lia, aquelas história era bonita... A do "Pavão Misterioso" era bonita...

O depoimento dos entrevistados parece revelar que o interesse na leitura e na audição dos folhetos residia não exatamente na expectativa de resolução dos conflitos apresentados pelo autor, no desvelamento do enredo história em si, ou, no caso dos folhetos de "acontecido", na notícia e em seu desfecho – certamente já acessível em outros meios de comunicação –, mas pela possibilidade de rememoração e contínua apropriação de conceitos, práticas, ideias gerais e universais, não referidos a um contexto imediato, presentes nas histórias. Os entrevistados voltam, assim, aos mesmos folhetos, mesmo quando eles são noticiosos. A atualidade da notícia parece não ser uma categoria importante: os poemas não são considerados descartáveis, na medida em que, de alguma forma, reiteram valores e atingem a sensibilidade do público leitor.

Além disso, a repetição da leitura das mesmas histórias parecia fundamental na concretização da possibilidade de memorização dos poemas. A memorização parecia se constituir, por sua vez, para os leitores, em uma verdadeira apropriação da leitura: os depoimentos revelam que, mesmo quando se lembram de partes do enredo das narrativas, os entrevistados só consideram que "sabem" as histórias quando as retêm na memória, em um processo semelhante ao que ocorre nas sociedades orais ou com fortes resíduos de oralidade. De modo semelhante a Eric Havelock (1988,1995) e Jack Goody (1977), para Walter Ong (1982), o fato de, em uma cultura oral, as palavras estarem restritas ao som não determina apenas os modos de expressá-las, mas também os processos de pensamento e de estocagem do conhecimento: "You know what you can recall" (p. 33).

Leituras de folhetos e memorização

Assim, o aspecto da memorização merece ser destacado pela importância que parecia assumir nos processos de leitura e/ou audição de folhetos. A leitura, a compreensão e a apropriação das histórias pareciam estar intrinsecamente relacionadas a essa prática.

A maioria dos entrevistados revelou que memorizava alguns poemas. Zeli, Zé Moreno, Antônio e Edson declamaram, no decorrer das entrevistas, trechos de diversos folhetos. Muitos deles revelaram que decoravam os folhetos sobretudo quando ainda eram crianças, quando tinham "cabeça" para essa habilidade. A capacidade de memorização parece remetida a um tempo passado, idealizado, a uma época em que as condições de vida ou, pelo menos, a consciência delas e sua expressão através da fala, eram muito menos duras: "Eu num trabalhava, quer dizer, num tinha preocupação muitos, gravava isso com a maior facilidade. [...] Depois de velho, ninguém guarda mais nada, ninguém segura mais nada. Infelizmente" (Zé Moreno).

Como já referi, os processos de memorização pareciam se dar sobretudo através da leitura intensiva de alguns poemas: "Eu lia tanto que sabia todo já decorado" (Zeli). A leitura da mesma história várias vezes possibilitava a sua memorização: "Lia uma vez, duas, três, na quarta já ia, corrigia" (Zé Moreno).

A própria estrutura formal dos poemas também facilitava a sua memorização. Antônio afirma que decorava de quatro a seis versos de cada vez. Parece, assim, que o agrupamento de estrofes, em geral compostas em um mesmo padrão métrico, facilitava a memorização dos poemas por parte de seus leitores e ouvintes. O mesmo entrevistado acrescenta outro dado interessante, que permite melhor compreender como, de fato, os padrões e as fórmulas características da literatura de folhetos auxilia no processo de memorização dos poemas, independentemente do enredo e da temática das histórias: segundo o entrevistado, "lendo quatro, cinco livros você grava". Assim, parece que a introjeção das fórmulas básicas, típicas da composição dos cordéis, auxiliava na memorização de qualquer poema: os leitores e os ouvintes habituados ao universo dos livretos apresentavam poucas dificuldades para, ao entrar em contato com uma "nova" história, reproduzi-la de memória. Francisco Coutinho Filho (1972/1943) afirma que, quando criança, impressionava-se com a capacidade que apresentavam os trabalhadores – analfabetos – em memorizar trechos inteiros de desafios famosos cantados por violeiros. Essa constatação do folclorista paraibano e mesmo das pessoas que entrevistei tem sido objeto de investigação de vários trabalhos sobre oralidade: os processos de fixação e memorização dos versos na poesia oral têm provocado a emergência de pesquisas há várias décadas. As narrativas orais obedecem, assim, a certos padrões de composição que auxiliam na performance dos poetas, na memorização e na incorporação de temas e valores por parte do público. O esquema narrativo é, na maior parte das vezes, mais importante do que os detalhes do conteúdo das histórias.

Um outro fator citado que facilita (ou dificulta) citado para a memorização dos folhetos refere-se ao tamanho dos poemas. Zé Moreno revela que gostava muito dos romances – "história de princesa, de príncipe" –, mas que folhetos acima de 24 páginas "já fica mais pesado pra gente decorar". Os mais curtos, ou seja, os folhetos propriamente ditos, de 8 e 16 páginas, eram muitas vezes escolhidos pela facilidade que apresentavam de memorização.

As próprias situações de leitura, audição ou recitação de folhetos também auxiliavam nos processos de memorização das histórias. Zé Moreno afirma que a declamação de poemas de folhetos era comum em rodas de amigos, às vezes reunidas em bares: cada um recitava o que soubesse de cor, em uma verdadeira competição para se ver quem tinha melhor memória. As situações públicas de declamação, sobretudo de poemas e de versos que as pessoas retinham na memória, pareciam comuns no universo cotidiano da época, em relação a outras camadas sociais.

Os entrevistados revelaram, ainda, que, em muitos casos, as pessoas, quando iam comprar alguns folhetos, já sabiam as histórias de memória. A compra do livreto parecia se constituir na possibilidade de apropriação definitiva, concreta, através da posse de um objeto material, da história, já previamente apropriada através da memorização.

No grupo de sujeitos que entrevistei, foram os alfabetizados e com maior grau de intimidade com o mundo *letrado* que revelaram possuir maior capacidade de memorização. Talvez o fato de o folheto ser uma forma de poesia, necessariamente e antes de tudo, escrita e impressa, mesmo possuindo muitas características da oralidade, ajude a explicar esse dado. Zé Mariano, analfabeto e revelando-se incapaz de memorizar qualquer história, atribui a capacidade de memorização a habilidades individuais de cada sujeito:

> Acho que decorava de cor porque às vezes tinha gente que tinha bom entendimento na cabeça, tinha aquele entendimento bom, aquele senso bom na cabeça, aí pegava aquelas... aquelas palavras e lia, dizia de cor.

Crispim, também analfabeto, um pouco constrangido no início da entrevista, afirmou que poderia me dar o nome de alguns poetas/ "cantores" de que se lembrasse; no entanto reiterava sua incapacidade de decorar os versos. Em seu depoimento, é interessante observar como simboliza e representa um mundo para ele desconhecido – o da palavra escrita:

> Agora o que eu só posso dar pra senhora o nome dos... dos cantor, os que eu me lembrar... mas aqueles que eu não me lembrar eu não posso lhe dar eles. E nos segmentos da letra eu não posso dar, porque eu não decorei nada (enfático).

Em outro momento, relaciona mais diretamente sua incapacidade de memorização à sua incapacidade de aprender a ler e a escrever: "Nunca tive boa cabeça pra juntar e também num interessa não. Escuto, escuto, escuto, quando passa tudo, eu ouvi, eu ouvi... pronto, foi s'imbora". Embora tenha sido capaz de, durante a entrevista, "contar" o enredo de diversas histórias – de folhetos e também da tradição oral – e mesmo de declamar alguns versos de cor, classificou seu desempenho como "desamarrado" e "desencontrado", na medida em que não conseguia dizer uma sequência, por muito tempo, de uma mesma história.

No entanto, analfabetos e semialfabetizados também eram capazes de memorizar e declamar as histórias, como já demonstraram diversos estudos que se detêm sobre as relações entre oralidade e *letramento*. Zefinha, por exemplo, mostrava-se impressionada com a capacidade de sua avó de, mesmo analfabeta, memorizar poemas que duravam cerca de "meia hora"[21].

Como mostrarei no próximo capítulo, a memorização também cumpria um papel importante na alfabetização. Comparando os textos de alguns folhetos à declamação feita de memória por alguns entrevistados, constatei que as alterações observadas entre os dois registros são relativamente pequenas, principalmente quando se considera as dimensões dos poemas: embora não sejam considerados grandes no universo dos folhetos, são relativamente extensos principalmente para quem não está imerso em culturas com fortes marcas da oralidade, nem tem o hábito de memorizar[22]. O esquecimento de algumas estrofes, consideradas secundárias no conjunto dos poemas, pode ser explicado, inicialmente, como os próprios entrevistados afirmaram, pela distância temporal que separa os contextos originais de declamação – quando praticavam com frequência esse exercício – e a situação provocada pela entrevista. Além disso, a declamação realizada por ocasião da entrevista pode ser considerada artificial, fora do contexto real em que a prática se dava, e a audiência, que assume um papel fundamental na *performance* do declamador, restringia-se a uma única pessoa, pesquisadora interessada em um objeto em "extinção". Como afirma Julie Cavignac (1997), o público do locutor, composto geralmente de membros da família, de vizinhos e de conhecidos, é parte integrante da enunciação da história. Desse modo, os comentários, as discussões em torno da narração, a sequência dos assuntos abordados, o lugar, a idade, o estatuto social da pessoa que fala, a presença do pesquisador, entre outros fatores, devem ser considerados na análise.

Finalmente, o que se pode observar, a partir da análise comparativa realizada entre os textos dos folhetos e os poemas recitados e mesmo a partir do que registram memórias e romances sobre questões semelhantes[23], é que, como já demonstraram diversos estudos e como já foi referido, cada *performance* na poesia oral – ou, nesse caso, oralizada – ocorre entre a repetição e a criação. Julie Cavignac (1997) constata, depois de comparar os textos dos folhetos às *performances* de seus entrevistados, que, mesmo que a poesia formalize a narrativa e auxilie a memória, o narrador recorre a suas fontes pessoais, a sua imaginação e ao seu talento, a fim de recriar a história. O texto escrito não se opõe, nesse sentido, ao texto oral, mas aparece sobretudo como seu complemento e/ou prolongamento. Entre a fala e o gesto, o que o poeta viu e ouviu e a rememoração e o improviso, se realiza a performance oral (MACHADO, 1995).

Desse modo, ao mesmo tempo que está inextricavelmente fundida à tradição, a literatura oral revela-se única, irrepetível. Albert Lord (1960), em estudo já citado, ao analisar a performance de cantores, verificou que aquilo que era considerado tradicionalmente como o mesmo poema nunca se repetia da mesma forma. Cada apresentação se constituía em uma nova composição, em um processo dinâmico de criação e, ao mesmo tempo, de conservação. Nos processos de produção da literatura oral a recepção assume, pois, um papel fundamental. O poeta, ao apresentar-se para uma audiência variada, pode controlar sua produção em função dos interlocutores. A palavra oral torna-se inseparável do contexto existencial: "a performance poética serve-se da tradição mas se reproduz enquanto palavra momentânea" (MACHADO, 1995, p. 215).

Leituras solitárias

A leitura solitária e silenciosa, embora não fosse a mais frequente, também foi referida pelos entrevistados em relação aos folhetos. Antônio afirma que costumava realizar esse tipo de leitura em casa: "Lia sozinho, sentado, deitado num canto, quando num tava fazendo alguma coisa, quando dava sono virava pra lá, mas nesse tempo lia tudo." Cenas como essa, típicas da leitura solitária e silenciosa, são abundantemente retratadas em vários romances e autobiografias analisados: de um lado, a espreguiçadeira, a rede, a cama do dormitório, olhares pensativos e vigilantes, gestos de concentração, leitores e leitoras; de outro, o jornal, o livro, a revista[24].

O bonde, que também era local de leitura de outros objetos, como jornais e livros[25], foi referido como um dos locais mais frequentes para a leitura silenciosa e solitária de folhetos. Segundo Edson, ao contrário de hoje, quando se ridicularizaria quem lesse folhetos em público – "hoje se a pessoa for no ônibus lendo folheto, o cara diz logo que o cara é analfabeto" – na época de apogeu dos folhetos, era "divertido" ler os folhetos, mesmo no bonde, sozinho.

A casa e o bonde, localizados sobretudo nas cidades maiores, pareciam ser o cenário mais comum para a leitura silenciosa de folhetos. Zé Moreno associa os dois tipos de leitura – coletiva e solitária – aos contextos, urbano ou rural, em que elas se davam. Afirma que, enquanto no engenho em que morava, caracterizado pela presença de altos índices de analfabetismo, a leitura em voz alta e em grupo era a mais comum, no Recife, onde as taxas de alfabetização eram significativamente maiores e o tempo dedicado ao lazer parecia pequeno em relação às exigências do trabalho, a leitura solitária parecia ser também marcante:

> Era a única diversão, nas bocas de noite aquele que sabia ler pr'aquela matutada que não sabia, ia tudo pra lá... Ele ia ler e mentir, né? E aquela matutada de boca aberta, escutando... Ninguém sabia ler, só ele que sabia, e ele era o campeão. Já aqui não, aqui todo mundo sabe, cada um lê pra si e acabou a história. [...] Lá era a coletividade e aqui é cada um pra si. Ninguém interessa. Tá lendo aqui, o outro tá fazendo uma toada ali... [...] O camarada sem concentração, assim é melhor [...] pegar os seus livrinho, levar pra sua casa, ficar em casa e ler à vontade. Quer dizer, bem individualista, lá era coletividade, né? Lá um lia pra todos e aqui cada um lia pra si. A diferença era só essa. (Zé Moreno)

Outros entrevistados relacionaram a leitura silenciosa de folhetos à época em que, já adultos, não mais participavam das reuniões, com parentes e vizinhos, onde costumavam ocorrer práticas de leitura coletivas e em voz alta. Zeli afirma, por exemplo, que, depois de adulta, até meados da década de 80, continuou a ler com frequência os poemas que guardava em casa. Nesse momento, no entanto, ao contrário do que ocorria quando era criança, realizava uma leitura solitária e silenciosa. Zefinha também afirma que, depois de adulta, quando não mais ocorriam as reuniões para a leitura coletiva de folhetos, passou a ler os poemas sozinha. A entrevistada acrescenta que seus primos, migrantes no Rio de Janeiro, também liam os folhetos "só com eles mesmo".

Leituras proibidas

Nem todos os folhetos podiam ser adquiridos e lidos livremente. Os depoimentos e os estudos sobre o tema revelam que muitos poemas foram censurados, apreendidos e queimados, principalmente no período do Estado Novo e no pós-64. As razões para a censura eram, sobretudo, de ordem moral e política.

De modo geral, os entrevistados associam a censura a folhetos considerados de "safadeza" ou que davam margem a interpretações, de ordem moral, dúbias. Zé Moreno exemplifica a ação da censura, lembrando-se de um folheto que foi apreendido:

> Se tinha uma tal de censura que era nó cego. Censurava... esses tempos de hoje as mulher tudo com aquelas roupas bem debochada e tal, num passava. Infelizmente em 40 foi que saiu uma figura mais debochada, foi em 40 no eclipse total, naquele eclipse total. O pessoal [...] escrevia de mulher sentada no banheiro, sair pra correr pra ver o eclipse, saía do jeito que tava no banheiro, essas coisas toda, isso, mas foi logo, a censura foi logo em cima. Não podia, não tinha jeito, não tinha como. [...] Recolhia, rasgava, proibia, fervia, dava o diabo, era nó cego mesmo a censura. Hoje é que eu fico olhando assim: "Meu Deus do céu, cadê a censura daquele tempo?" Também deixa o tempo, o tempo tá evoluindo, deixa ele ir.

Para vender títulos que denominou de "livros impróprios", Edson se lembra de que precisava escondê-los, sob o risco de ser preso. Do mesmo modo, Zé Mariano se lembra de que, para comprar os folhetos de "safadeza", era necessário pedir, clandestinamente, os títulos àqueles que os comercializavam. O vendedor lembrou-se de alguns títulos desse gênero, como *O donzelo e a donzela*, *Balaio de Maxixe*, *O matuto delegado*:

> tudo que era folheto vendia e tinha folheto que era imoral mesmo, tinha folheto que era... era mesmo esculhambado, em linguagem de matuto, sabe como é? Em linguagem de matuto, mas não podia vender porque era... [...] Tinha que esconder bem escondido. A gente vendia escondido, vendia né?

Leituras clandestinas, também relacionadas à censura sobretudo de ordem moral, eram comuns também entre outras camadas sociais e em relação a outros objetos de leitura.

Considerações finais

Os folhetos eram lidos e ouvidos, assim, na maior parte dos casos, em voz alta e coletivamente, em reuniões que congregavam parentes e vizinhos. Nelas, os membros mais alfabetizados e mais habilidosos do grupo – com melhor voz e com capacidade de dar o ritmo e a entonação adequados ao poema –, liam em voz alta, para os demais, os livretos escolhidos. Também nessas reuniões, os contadores de histórias divertiam a plateia ao narrar, com habilidade, contos da tradição oral, em especial as "histórias de Trancoso". Em muitos casos, no mesmo espaço, ocorriam as cantorias. A prática de realizar saraus para ler ou declamar poemas, contar histórias, ouvir música, não era exclusiva, no entanto, das camadas populares ou daqueles que liam e ouviam as histórias dos folhetos: ocorriam também, com frequência, em relação a outros objetos de leitura e em meios considerados eruditos. Além disso, a leitura solitária, silenciosa, embora não fosse a mais frequente, também era corrente no caso dos folhetos.

As leituras de folhetos eram, sobretudo, realizadas de maneira intensiva: um mesmo poema era retomado sucessivamente, parecendo importar menos o conteúdo propriamente dito das histórias e mais o que elas eram capazes de suscitar no imaginário de cada leitor/ouvinte. Nesse processo, a memorização, facilitada pela própria estrutura narrativa e formal dos poemas, constituía um fator fundamental no processo de apropriação das histórias. Os poemas declamados pelos leitores/ouvintes de folhetos se aproximavam dos textos escritos e impressos: as variações introduzidas constituem parte da própria *performance* característica das narrativas orais, onde, a cada vez e a um só tempo, repete-se e recria-se a tradição.

Papéis atribuídos à leitura/
audição de folhetos

O prazer, o lazer e o divertimento aparecem, nas entrevistas, como as principais motivações para a leitura de folhetos. A dimensão estética das histórias e as habilidades do leitor aparecem como pontos importantes para a maior fruição do objeto de leitura. Muitas vezes, a leitura e a audição de folhetos aparecem associadas a outras formas de lazer. De maneira mais direta, são associadas às cantorias e aos contadores de histórias. De modo menos direto, às festas, principalmente ao São João, ao carnaval, às festas de igreja e a outros tipos de "manifestações populares", intrinsecamente relacionadas a essas, como os maracatus, os caboclinhos, os pastoris e, nas áreas mais distantes do litoral, às vaquejadas e às toadas. Os leitores/ouvintes dos folhetos também associam o lazer desfrutado pela leitura às fitas de cinema, aos bailes e danças, às serestas, às músicas, ao rádio e ainda, embora em menor escala, ao teatro. Os folhetos aparecem também como importantes meios de sociabilidade. Ao lado do rádio e do jornal, porém de maneira diferente – sobretudo mais prazerosa – contribuíam para que as notícias fossem divulgadas entre alguns segmentos da população. Finalmente, o folheto desempenhava um papel, embora secundário, na instrução e educação das pessoas, contribuindo para sua alfabetização e para a sua formação como leitores.

Folhetos: a "distração da época"

Assim, inicialmente, a leitura ou audição dos folhetos está relacionada, na maior parte dos casos, ao lazer. No relato dos entrevistados é, de fato, a diversão que sobressai.

Os entrevistados atribuem o sucesso que tinha a leitura de folhetos em determinada época à falta de opções de divertimento nos lugares onde viviam. Aos poucos e, entremeados a esse tipo de argumentação, sobressaíram, nas entrevistas, aspectos mais diretamente relacionados às próprias características dos folhetos de cordel e de suas leituras. Mas, na maior parte dos depoimentos, expressões como: "era a distração da época" (Zezé), "não tinha outra coisa para fazer", "era o programa que tinha" (Ana Maria) foram exaustivamente repetidas.

Muitos entrevistados atribuíram à ausência da televisão e aos altos custos do rádio na época o sucesso dos folhetos:

> Televisão ninguém tinha, não tinha uma televisão, não tinha um rádio, às vezes não tinha rádio, ninguém tinha rádio... Era difícil um pobre naquele... naquele mundo ter um rádio, um rádio pra escutar, né? [...] Era muito difícil, tinha um pobrezinho que tinha um rádio, às vezes nem tinha um rádio. Aí o pobre faz um folheto pra num... pra se distrair em casa. Às vezes os vizinho ia pra lá, aí juntava um bocado de gente assim, sentava um bocado de gente: "Ô D. Maria, vamos ler um folheto hoje? Seu marido..." [...] "Seu Galdino vamo ler um folheto hoje pra gente ouvir?" Os folheto, meu pai tinha aquele bocado de folheto... Aí ele chegava, dizia... Aí chegava gente, juntava tudo, ficava na... na... na sala, muita gente, sala grande, aí papai lia o folheto... Lia [...] Era bonito... O divertimento que existia naquele tempo era isso, né? (Zé Mariano)

Também Edson deu seu depoimento em direção semelhante:

> Todas pessoa aqui da praça, todo mundo da cidade comprava, sabe por quê? Não existia, existia poucas televisões, ninguém tinha radinho portátil pra tá com ele, quando tinha era caro, era dez mil réis – ninguém tinha lá dez mil réis pra dar num rádio portátil... Não tinha... tinha um radiozinho em casa, todo mundo sempre tinha um rádio, tinha um baixo-falante em casa, tinha um rádio, uma coisa, mas o cordel era uma coisa, juntava aquela roda, aquele bocado de gente, a pessoa lia pra divertir várias pessoas e no interior era principalmente que comprava, um comprava aí lia, né? Aí no outro sábado aquele que viu ler aí comprava, tudo comprava, cada qual comprava um, a gente ia pra feira, vendia.

Suportes de sociabilidade cultural além dos folhetos

No entanto, à medida que iam conversando sobre os folhetos, os entrevistados foram, aos poucos, relacionando-os, em algumas ocasiões de forma mais direta, em outras mais indireta, a outras formas de lazer que faziam parte de suas vidas cotidianas no período.

Inicialmente, o espaço da leitura coletiva de folhetos era, em muitos lugares, o mesmo dos contadores de histórias, conforme descrito. As "histórias de Trancoso" foram referidas em quase todos os depoimentos. Alguns entrevistados reproduziram, no momento das entrevistas, enredos de narrativas que haviam memorizado, mas não sabiam exatamente se eram originários da leitura/audição de folhetos ou de histórias contadas nos encontros de que participavam. No Agreste e no Sertão do Estado, além dos contadores, os desafios entre repentistas também faziam parte do mesmo universo da leitura de folhetos. A análise de algumas entrevistas – e a de Antônio é exemplar nesse caso – permite visualizar que, para alguns entrevistados, ler e ouvir folhetos era quase a mesma coisa que ouvir os cantadores, em geral contratados pelos proprietários de terras. Antônio destaca a cantoria, além da leitura de folhetos na feira, como as principais formas de lazer da cidade na época em que era criança.

As festas populares também foram destacadas como fortes componentes de uma rede de lazer na época. Em algumas delas, destacava-se a presença de elementos comuns ao universo dos folhetos, como os repentistas e cantadores. O São João é destacado como uma grande festa, tanto nas entrevistas quanto nas memórias e romances: o coco, as emboladas, as danças ao som da sanfona, as quadrilhas, os desafios entre cantadores, o bacamarte, as adivinhações, as fogueiras, as bombas, as comidas típicas foram entusiasticamente referidos.

Ao contrário do Carnaval, o São João aparece como uma festa extremamente significativa nas diversas regiões do Estado, com algumas diferenças nos modos de festejá-lo: a dança e as fogueiras, por exemplo, pareciam comuns entre as diversas regiões e os desafios entre cantadores e os bacamartes se concentravam nas regiões mais distantes do litoral.

O Carnaval foi referido pelos entrevistados que tiveram suas experiências na zona da Mata ou no litoral, e também nas memórias e romances, como uma festa que, de fato, movimentava o cotidiano: os papangus, o coco, os blocos de frevo, o bumba meu boi, o maracatu e o corso foram lembrados.

Também nas memórias e romances que se ambientam no Recife ou na zona da Mata, o carnaval é destacado como uma grande festa, mobilizando por muito tempo a rotina das pessoas, seja através dos ensaios de grupos, seja através dos próprios dias em que a "folia" acontecia. Entre as camadas médias, destaca-se, nas narrativas, as experiências do carnaval em clubes[1]; entre as camadas populares, as agremiações de rua[2].

Vários tipos de autos ou manifestações "populares"[3], que se concentravam em torno principalmente de algumas festas mais importantes, também foram referidas pelos entrevistados como parte de suas formas de lazer. No litoral e na zona da Mata, e mesmo no Agreste, os entrevistados situaram, ao lado da leitura de folhetos, o mamulengo, o bumba meu boi, o caboclinho, o maracatu, o reisado, o pastoril e o cavalo marinho, como as principais diversões dos engenhos, fazendas, vilas ou cidades em que moraram[4]: "Lá vai, pegava o banco, botava debaixo do braço e ia pra Mustardinha, ia pra Mangueira, eu, ela e meu padrasto. Lá sentava, é, sentava pra ver o mamulengo, o bumba-meu-boi" (Zezé). Segundo a entrevistada, essas manifestações ocorriam em qualquer época do ano: em festas populares, no Natal, no Ano Novo. Zé Moreno lembra-se sobretudo dos maracatus e dos cavalos-marinhos. O maracatu de Nazaré, cidade a que pertence o engenho onde nasceu e passou a infância, bastante conhecido em Pernambuco, ficou marcado em suas memórias:

> eu gosto, eu sou negro de maracatu, já dei muito pinote naquilo. [...] Quando largava ia, tava enfadado, ia tomar banho, dormir pra no outro dia começar o tranco de novo. Agora no sábado ia, um ia pro cavalo marinho, o outro ia/dizia: "Vou pro maracatu, tem maracatu em tal lugar", outro: "Tem cavalo marinho em tal lugar", outro: "Tem pastoril em tal lugar". Isso longe, longe, longe, léguas e léguas, não era... acontecia na porta de casa não. Noite assim, no sábado, quando chegava lá era dez horas, onze horas aí começava, saía quatro horas da manhã, cinco, seis horas, chegava em casa já oito horas do dia, ia tomar banho e dormir pra segunda feira ir pra luta. Pronto, era a vida.

Por outro lado, Crispim e Ana Maria, moradores do sertão do Estado, não conheceram esses tipos de manifestações. O que a análise das diferentes fontes – entrevistas, memórias e romances, sobretudo – parece demonstrar é que, no sertão, as festas populares giravam em torno da Igreja: festas de padroeira, festas de santos etc. O pastoril de caráter religioso foi, de fato, a única manifestação referida pelos entrevistados sertanejos. Foram também os sertanejos – e as memórias e romances analisados parecem corroborar isso – que se lembraram da vaquejada como outra forma de diversão.

Uma outra forma de lazer bastante referida pelos entrevistados foi o cinema. Muitos entrevistados lembraram-se da implantação do cinema nas pequenas cidades em que moravam[5] – em muitos casos, o cinema mudo – e de alguns filmes ou personagens. Zé Mariano relaciona a presença do cinema à vida na cidade. A primeira vez que o frequentou tinha 16 anos. Lembra-se particularmente dos filmes de *O Gordo e o Magro* e dos Três Patetas. Entusiasmado, assim se referiu aos filmes: "era muito bonito. Era um divertimento da molesta que a gente tinha. *O Gordo e o Magro* era bom que era medonho." Para um dos entrevistados –

Zé Moreno –, como já tive oportunidade de analisar – o cinema, situado no contexto urbano, assumiu um papel "educativo" fundamental em sua formação. Zé Moreno citou ainda o parque de diversões e o circo como outras opções de diversão, mas o destaque maior era do cinema: "Mas o forte mesmo era o cinema. O camarada trabalhava o dia todo e de noite um cineminha pra desopilar. Não tinha outro..." O cinema também foi referido pelo vendedor de folhetos como a principal diversão das pessoas na época e, com muita força, pelos memorialistas e romancistas, jovens de classe média na época estudada, que frequentavam tanto as salas do centro da cidade quanto as de bairro[6]. O cinema parecia também fazer parte do universo de lazer dos poetas. João Martins de Athayde, por exemplo, declarou que não perdia filmes de aventuras (TERRA, 1983). No entanto, como já referido, a frequência ao cinema, assim como a inserção em outras esferas da vida urbana, não se dava da mesma maneira para homens e mulheres, como mostra o depoimento de Zezé, que, mesmo morando no Recife, só conheceu cinema na adolescência, levada pelo namorado.

Embora as memórias e os romances revelem uma grande movimentação na cena teatral de Recife na época, principalmente entre as décadas de 20 e 40[7], com apresentações regulares de companhias italianas, espanholas e portuguesas de operetas, além das companhias teatrais brasileiras, em sua maioria cariocas, da criação de grupos de teatro local, adulto e infantil, e da realização de campanhas (equivalendo o ingresso ao preço de cinema), somente uma das entrevistadas – Zezé – revelou que conhecia teatro. Na verdade, ela trabalhava no teatro localizado no Centro Administrativo do seu bairro (Areias), representando o pastoril, um folguedo, como se viu, muito popular na época. Depois que casou, aos 18 anos, seu marido não deixou que continuasse participando das apresentações. Os demais entrevistados disseram que não existia teatro na época.

Os entrevistados foram unânimes em afirmar que, na época, o rádio era um objeto raro. Poucas pessoas pertencentes às camadas populares possuíam um aparelho em casa. Em alguns casos, as pessoas conseguiam ter acesso às ondas sonoras através de um aparelho construído por elas mesmas, chamado baixo-falante[8]. Mesmo assim, alguns entrevistados, como Antônio e Zeli, lembraram-se de algumas novelas veiculadas pelo rádio. A referência ao rádio nas autobiografias e romances, por outro lado, parece levar a crer que esse era um veículo bastante difundido entre as camadas médias da população. Programas de música, de auditório, noticiários, transmissão de jogos de futebol e novelas foram referidos.

Além desses tipos de diversão, os entrevistados também citaram o circo, os parques de diversão, os bailes, os bares, as músicas e as rodas de violão como componentes de uma rede de lazer na época. Zé Moreno lembra-se, particularmente, de algumas casas que promoviam bailes no bairro em que morava, Casa Amarela. Para Zé Mariano, as danças nos clubes eram algo típico do mundo urbano, da capital. Também relacionado à vida urbana e, sobretudo às camadas médias, o *footing*[9] foi citado nas memórias e romances como um outro tipo de diversão comum na época.

As modinhas e as rodas de violão, assim como outros tipos de manifestações musicais foram referidos por vários entrevistados. Crispim afirmou que nas décadas de 40 e 50 costumava ouvir músicas de vaquejada em discos, além de cantores mais divulgados em todo o Brasil, como Luiz Gonzaga. De modo geral, Recife também parecia, na época, herdeira de uma tradição musical. Referências a concertos de música clássica e popular são feitas nas memórias e romances, além do registro do hábito cotidiano de ouvir música nas eletrolas.

Recepção da leitura/audição de folhetos: estética e ética[10]

Além de apontarem como explicação para o "sucesso" da leitura de folhetos na época de seu apogeu a falta de opções de divertimento, o que só em parte é verdade, como se viu, os entrevistados apontaram alguns elementos intrínsecos ao próprio cordel que podem fazer melhor compreender a atração que exercia sobre aquelas pessoas. A dimensão estética das histórias aparece como o ponto principal para a maior fruição do objeto de leitura. O aspecto coletivo da leitura dos folhetos também foi destacado pelos entrevistados: o folheto parecia se constituir em um pretexto para reunir os vizinhos, contar histórias, divertirem-se conjuntamente.

Mas, como se concretiza, na palavra dos leitores/ouvintes de folhetos, essa dimensão estética dos folhetos? Inicialmente, pela caracterização das histórias consideradas "boas", através de adjetivos como "bonita", "sentimental", "agradável", "engraçada". Esses eram os principais critérios que determinavam a escolha dos folhetos na hora da compra, ainda na feira.

O aspecto "engraçado" do folheto é realmente forte na memória dos entrevistados. A leitura e a audição de folhetos parecia se constituir, sobretudo, em um espaço de "brincadeira": "Era muito divertido, sabe [...] Porque só tinha coisa engraçada [...] Todo mundo comprava [...] porque era negócio de graça, era pra rir, pra achar graça" (Edson). O verbo "interessar" e o adjetivo "interessante" serviam para caracterizar as histórias de cordel não apenas por seus leitores/ouvintes empíricos, mas também pelos próprios poetas. Em *A história do pescador*[11], por exemplo, folheto de 80 páginas, o poeta inscreve, logo abaixo do título, um aviso ao leitor de que contará uma história interessante e que ele ficará ansioso para ver o final do livro[12]. Em outro folheto, *O namoro do cego com uma melindrosa da atualidade*[13], o poeta convida os leitores a ler uma "história interessante", "pra quem gosta de sorrir".

Ao falar sobre João Martins de Athayde, Antônio, caracterizando-o como um "grande escritor", refere-se à capacidade do autor na criação do folheto como fundamental para torná-lo uma história atraente. Para ele, como leitor, o tema da história tornava-se secundário se o autor tivesse habilidade para torná-lo uma "boa história".

> João Martins de Athayde, que era um grande... escritor, fazia o verso, fazia o folheto, até de... boi, amizade de um boi e uma vaquinha, aquela amizade ali. Ele começava e ia até o fim da história, quando morria [...]. Entendeu? E... um animal muito útil ao outro, muito amigo e um morreu, essa história do Cachorro dos Mortos, você vê, é uma história sentimental e bonita.

Diretamente relacionada a essa questão, também Antônio explicita uma outra dimensão, fundamental no processo de produção da poesia oral: o ritmo. Para ele, mesmo que os versos não estivessem "bem enquadrados", uma condição para a história ser considerada "boa" e "bonita" era que "tudo desse certo", que o autor tivesse "ritmo". E assim se refere a João Martins de Athayde: "Tinha um jeito de... tão grande, num tinha... muito bem enquadrado não, mas dava tudo certo, mas dava tudo de... ritmo, ritmava bem." De uma outra maneira, Edson, o vendedor entrevistado, também destaca a importância da forma – a rima, o ritmo – para explicar o sucesso dos folhetos. Afirma que as histórias tradicionais publicadas em forma de livro, em português ou mesmo em espanhol, deixaram, gradativamente, de ser lidas, na medida em que os folhetos rimados se foram popularizando: "o livro [...] desapareceu logo, depois que apareceu o rimado, o livro, os espanhóis, os portugueses deixaram de vender porque ninguém queria. Só queriam os livros rimados porque era mais engraçado, era um livro mais... que entendiam melhor, né?" E compara o livro em prosa ao livro didático, justificando a preferência popular pelos folhetos versados: "Livro em prosa é mesmo que tá lendo um livro de leitura, um livro de..., um livro didático, né? É, porque em prosa é mesmo que um livro didático [...] Um livro rimado termina no gracejo." Edson esclarece, ainda, que os folhetos eram mais fáceis de serem entendidos e memorizados, o que não acontecia com os livros em prosa de modo geral, alguns dos quais – livros de bolso populares – ainda hoje vende em sua barraca:

> É mais difícil entender o que tem escrito no romance, no romance de bolso, livrinho de bolso. E o folheto não, a pessoa lia, achava graça [...], até decorava.

No entanto, não foi somente através da análise daquilo que os entrevistados disseram que pude constatar a relação de prazer que alguns deles estabeleciam com a leitura de folhetos. Durante a realização das próprias entrevistas, a maioria se entusiasmava ao lembrar de algumas histórias. Quase todos – exceção feita a Zé Mariano – sabiam trechos de cor de pelo menos uma história.

O fato de os folhetos serem lidos, em muitos casos, em reuniões coletivas, parecia se constituir em um atrativo a mais para a fruição e o deleite das histórias:

> todo mundo sempre tinha um rádio, tinha um baixo-falante em casa [...] mas o cordel era uma coisa, juntava aquela roda, aquele bocado de gente, a pessoa lia pra divertir várias pessoas e no interior era principalmente que comprava, um comprava aí lia, né?

Nessa mesma direção, situa-se o depoimento de Zé Mariano. Nele, não sabemos se a beleza descrita refere-se somente às histórias ou também, e talvez principalmente, ao ambiente a partir do encontro provocado pela leitura coletiva:

> Às vezes os vizinho ia pra lá, aí juntava um bocado de gente assim, sentava um bocado de gente. [...] Os folheto, meu pai tinha aquele bocado de folheto... [...] Aí chegava gente, juntava tudo, ficava na... na... na sala, muita gente, sala grande, aí papai lia o folheto... [...] Era um divertimento [...] Era bonito isso, era bonito, era muito bonito.

Crispim também deu um depoimento que permite confirmar que, em certos casos, o ambiente em que se dava a leitura ou recitação dos folhetos definia seu caráter de divertimento. Ele afirma que um parente seu cantava as histórias que tinha na memória no caminho que faziam do campo, do trabalho, para casa. E que isso era uma diversão: "ele cantava os folheto que os filho lia em casa do começo ao fim (enfático), todinho, e eu não sei nenhum que ele cantava. [...] Divertindo na estrada." Lembrando-se das reuniões coletivas para a leitura dos folhetos e das competências de leitura e declamação de alguns leitores, como seu primo, Zefinha se entusiasma com a rememoração daquele momento: "Nossa, o pessoal vibrava! (risos) Era muito bom, sabe? Eu sinto muita saudade."

Alguns entrevistados, como se viu no capítulo anterior, destacaram a importância das competências de leitura daquele que, nas reuniões, lia em voz alta para os demais: saber manter o ritmo, destacar bem algumas frases e palavras foram características apontadas para uma maior fruição da leitura/audição. Assim, além de a história ser "bonita", seu leitor deveria ter habilidades específicas para que os demais desfrutassem de sua leitura da maneira mais prazerosa possível.

Embora se saiba que muitos folhetos tematizassem os problemas do cotidiano, essa dimensão de tomar maior consciência da vida em que estavam inseridos não foi citada por nenhum entrevistado. Pelo contrário, o papel da leitura e audição dos folhetos parecia se situar, principalmente, no desejo de esquecer a rotina e de mergulhar em uma outra dimensão diferente da que viviam, embora associações entre personagens ou outros aspectos dos textos e elementos da vida cotidiana tenham sido feitas por vários entrevistados[14]. Zé Moreno afirma que lia os folhetos para se "distrair", para "desabafar." Depois, acrescenta: "Dava mais graça à vida, né? Matava os temor da vida. Pessoa tava acabrunhada, lia uma historinha dessa e ia até... desafiava os outros."

A dimensão do "desafio", da competição, seja entre os leitores – entre aqueles, por exemplo, que sabiam mais histórias de memória e os que não sabiam –, seja entre os poetas, através das pelejas, cantadas ou impressas, também foi lembrada por Antônio, para quem cantar era como uma forma de esporte.

Nem só de histórias divertidas compunha-se o universo dos folhetos. Como já foi referido, na verdade, as histórias preferidas pelo público eram sobretudo os romances, feitos de tramas e intrigas de amor, de desafios, de ódio, de vingança. Zefinha, de uma outra geração, compara a leitura de folhetos à telenovela brasileira contemporânea que, em sua base, trabalha sobre os mesmos elementos:

> Pra mim era a mesma coisa de eu assistir uma novela (risos). [...] Eu gostava era muito, às vezes eu até chorava que só... [...] Era, é mesma coisa que você tá assistindo uma novela e ser emocionante a história, né?

A ideia da leitura como fruição, como o ato de se devorar algo freneticamente, como esquecimento das frustrações cotidianas, presente entre os leitores dos folhetos, é também representada nas memórias e romances, em relação a outros objetos de leitura.

Finalmente, gostaria de destacar que os leitores/ouvintes entrevistados identificam, em seus relatos, o espaço da leitura de folhetos com o espaço ocupado pelo lazer em suas rotinas. Antônio, por exemplo, atribui o "sucesso" dos folhetos como objeto de leitura entre um público amplo da população à maior disponibilidade de tempo dedicado ao lazer, na época: "naquele tempo existia gente mais... mais desocupado [...] ...não tinha gente trabalhando mesmo. Hoje a vida é muito dura. [...] Tinha mais tempo." Sabe-se, recorrendo-se a outras fontes, que as condições de trabalho em Pernambuco, na época, eram extremamente difíceis: extensas jornadas, baixos salários etc. Se a afirmação não corresponde a uma suposta "verdade histórica", parece colocar a leitura de folhetos no lugar do tempo livre, do lazer. Zé Moreno atribui, ao lado da sua idade, das mudanças ocorridas nas próprias histórias de cordel, também ao pouco tempo livre de que dispõe o fato de ter parado de lê-las:

> Agora não que a idade já começou me estragando algumas coisas, mas eu tenho ainda decorado algumas coisas, me lembra bem o negócio de folhetos. E ainda gosto, é porque eu não tenho mais tempo suficiente e as histórias ultimamente não são mais aquelas antigas. Com aqueles enredos, com aquelas coisas, com aqueles... Então eu parei mais, mas... gosto de ler folheto.

Crispim, na mesma direção, explica a decadência do cordel também pela diminuição do espaço de lazer na vida cotidiana das pessoas. A leitura e audição de folhetos parecia ocupar o tempo livre, o tempo da "ociosidade", o tempo da não razão. Tempo transportado para uma época que não existe mais:

> Agora depois foram pegando o ruge[15] de razão mesmo, pegaram a parte de serviço e foram abandonando, até os folheto levou fim, deram fim a tudo [...]. Acabou-se tudo, aquele negócio todo. [...] Depois que pegaram mesmo de razão, foi tudo fazendo pros serviços, aí vai... E abandonaram...

Essa parece ter sido a experiência pessoal de Zé Mariano que, ao migrar para o Recife e subempregar-se em ocupações "pesadas", como a de pedreiro, não teve mais tempo para ouvir a leitura de folhetos: "Eu peguei trabalho feito um cão, não tive mais tempo pra isso não. [...] Vivia na construção trabalhando, não tive mais tempo pra isso não. É por isso que eu tô lhe dizendo, perdi tudinho." A leitura de folhetos aparece, mais uma vez, relacionada ao tempo livre, de lazer.

Folhetos: fontes de informação?

Os entrevistados também destacam os folhetos como fonte de informação. A análise dos próprios cordéis também indica que o poeta, muitas vezes, colocava-se na posição de porta-voz das novidades. Muitas histórias, como se viu, foram escritas a partir de notícias de jornais, que o poeta, habilmente, transformava em narrativa em versos. Vários estudos também apontam a função informativa como uma das mais importantes desempenhadas pela literatura de cordel.

Por que os leitores/ouvintes preferiam saber sobre os diversos acontecimentos através do folheto? Inicialmente, como se viu, eram escassos (principalmente nas regiões mais distantes do litoral), pouco acessíveis e pouco familiares os principais meios de comunicação existentes na época.

O depoimento do poeta Rodolfo Cavalcanti (apud Marlyse Meyer, 1980) acrescenta um outro elemento às explicações sobre a importância do papel informativo do folheto: a credibilidade desse objeto impresso. Afirma que, mesmo onde havia rádio, a literatura de cordel tinha um papel importante na divulgação de informações: "O sertanejo sabe pelo rádio ou por ouvir dizer os acontecimentos importantes. Mas só acredita quando sai no folheto... Se o folheto confirma, aconteceu..." (p. 89).

Essa também é a opinião de Joseph Luyten (1992), que afirma que o "homem do povo" desconfia naturalmente das fontes oficiais de informação" (p. 105).

Zé Moreno acrescenta outros dois aspectos importantes para explicar o porquê da preferência das pessoas em se informar da notícia através do folheto do que através de outros meios de comunicação, ambos relacionados à questão da compreensão. Inicialmente, seu depoimento parece indicar que a familiaridade com o veículo era definidora de uma melhor compreensão da notícia. Indica também que o fato de o folheto ser um objeto escrito e impresso permitia sucessivas retomadas por parte do leitor até que atingisse a compreensão:

> Porque o pessoal queria...de qualquer maneira era uma informação, né? Era um esclarecimento pro povo e o povo queria saber detalhes e mais detalhes. Às vezes o rádio dizia e a pessoa não compreendia. Comprando o folheto lia, relia, relia, relia de novo, até fixar na coisa. Saber o quê, o tipo de informação. Qualquer troço de leitura é um pouco de informação, eu acho. Quer dizer, a gente lendo qualquer coisa a gente fica informado da atualidade naquilo que leu.

A menos que... De qualquer jeito fica mais informalizado. Por dentro das coisas.

Essa também parece ser a opinião de alguns poetas, que enfatizam o papel da estrutura formal dos folhetos, especialmente a rima, para a melhor compreensão, por parte do público, de seu conteúdo. José Soares, que se autodenomina "o poeta repórter", afirma que, ao "botar no "verso" as notícias que escuta em diferentes fontes (rádio, televisão ou jornal), sabe que "a gente da rua quer ouvir a rima porque assim guarda melhor o acontecido." (apud LUYTEN, 1992, p. 111). Em entrevista concedida na década de 70 ao pesquisador Mauro Almeida (1979), o poeta Manoel de Almeida Filho também se refere à composição metrificada e à leitura oralizada dos folhetos de cordel como necessárias à sua compreensão pelos leitores/ouvintes, imersos em uma cultura da oralidade:

> a grande maioria dos nossos fregueses lêem o livro cantando. Como a gente lê, eles aprendem as músicas dos violeiros e eles cantam aquilo. [...] E, em casa reúnem uma família, três, quatro e cantam aquilo, como violeiro mesmo [...] Então o livro em prosa mesmo ele não gosta [...] e nem gosta de jornal, a notícia do jornal. Ele não entende. [...] Porque está acostumado a ler rimado, a ler versado. [...] Aquela notícia não é boa para ele, o folheto sim, porque o folheto ele lê cantando. (apud ALMEIDA, 1979)

Nesse sentido, a obediência a certas fórmulas características da poesia de cordel, como já analisado, parece contribuir para a compreensão dos folhetos por parte dos leitores/ouvintes:

> Manoel de Almeida distingue o texto em prosa, do folheto em verso, mostrando a maior eficácia deste último. A forma é fundamental: não importa que o jornal e o folheto divulguem a mesma notícia, ela só será acessível se for "rimada e versada", ou seja, se for veiculada de acordo com o código aceito e compreendido pela comunidade. (MÁRCIA ABREU, 1994, p. 445)

Entretanto, o que parece se sobressair, pelo menos na memória dos leitores/ouvintes de folhetos, é a possibilidade de também ter prazer no momento de se informar. O folheto era, sobretudo, uma fonte de informação capaz de divertir. Nesse aspecto, destaca-se a habilidade do poeta em transformar a notícia em história, em narrativa, em fábula, como tentei mostrar anteriormente, através da análise do folheto *O barbaro crime das mattas da Varzea* e de sua recepção por um grupo de leitoras. Do mesmo modo, a narração da morte de um político, por exemplo, como foi o caso de Vargas e Agamenon, extrapolava o fato em si e transformava-se em uma história:

> Porque o pessoal gostava de... de ver o gracejo que tinha no folheto, rimado sempre foi bom. O pessoal gostava de violeiro, né? E esses folheto que eles gosta era rimado e aquilo era rimado o pessoal gostava. [...] Getúlio era muito querido, Agamenon era muito querido, então o pessoal queria ver o começo dele, como foi a vida dele, em relação aos dois. Agamenon morreu parece que foi uma da manhã, quando foi dez horas do dia tinha folheto na rua. [...] Getúlio Vargas morreu parece que foi à tarde, não foi? No outro dia já tinha folheto na rua. (Edson)

O depoimento de Ariano Suassuna, concedido para esta pesquisa, parece confirmar a opinião de Edson. O escritor destaca que, na sua opinião, a dimensão propriamente literária e estética dos folhetos é, de fato, a mais importante. Para justificar sua opinião, o escritor lembra que o folheto *A lamentável morte do Presidente Getúlio Vargas*, de Firmino de Paula, vendeu 70.000 exemplares em 48 horas:

> essas 70 mil pessoas que compraram o folheto não compraram por causa do aspecto de comunicação que ele tem porque... porque se fosse pela comunicação já tinha saído no rádio e nos jornais que eram inclusive mais baratos que os folhetos e que saíram antes, porque ele vendeu o folheto a partir do... da manhã do dia seguinte. Então se 70 mil pessoas compraram o folheto é porque eles tinham o interesse em ver aquele acontecimento que tinha causado uma impressão tão grande a eles, eles queriam ver tratados nos termos da literatura que é a deles. [...] Pronto, é isso que eu chamo atenção, então para mim aquilo é uma obra antes de mais nada literária.

Essa dimensão dos folhetos explica, em grande parte, porque, mesmo no caso dos folhetos noticiosos, são realizadas leituras intensivas do mesmo poema: o que menos parece importar é a notícia veiculada ou a atualidade do fato, como busquei demonstrar através da análise de *O barbaro crime das mattas da Varzea*. O que parece sobressair, no depoimento das entrevistadas, é a possibilidade de reafirmação de certos valores considerados universais, relacionados principalmente a aspectos morais: a falsidade, a honra, a vingança, o perdão, a justiça. Detalhes específicos sobre o crime, como o nome da vítima ou o local onde ocorreu, parecem, com o tempo, irem-se apagando da memória.

Papel "educativo" dos folhetos

Muitos estudos realizados sobre literatura de cordel no Brasil apontam o papel dos folhetos na alfabetização de um significativo número de pessoas, principalmente na época de seu apogeu (ver, por exemplo, FRANKLIN MAXADO, 1984, e MARLYSE MEYER, 1980). Entre as pessoas que entrevistei, a maioria conhecia alguém ou tinha ouvido falar sobre a aprendizagem inicial da leitura através dos folhetos. No entanto, o aspecto que sobressaiu nas entrevistas foi o do papel desempenhado pelos folhetos como meio auxiliar para o desenvolvimento das competências de leitura.

Os depoimentos parecem indicar que era de uma maneira autodidata que as pessoas aprendiam a ler através dos folhetos:

> Mesmo quem não sabia ler comprava e aprendia a ler lendo cordel, decorava. E terminava aprendendo a ler (risos) por causa do cordel, né? Porque decorava aquela leitura do cordel [...] Ouvia e decorava e depois ia pra feira e daqui a pouco tava lendo folheto... [...] Acabava aprendendo, porque ele via o pessoal sempre com inveja, aqueles... lê aquilo ali, eles decorava, né? Então dali ia juntando as letra, daqui a pouco sabia ler. [...] Acompanhando. O cordel é uma coisa da antiguidade que... trouxe a muita gente aprender a ler que comprava o folheto, porque queria ler também e terminava lendo. [...] Eu conheço, aqui não, no interior, né? Muita gente que aprendeu a ler por causa do cordel. (Edson)

Na mesma direção, Zeli associa a aprendizagem da leitura à audição – e também memorização – dos folhetos: "Via, ouvia, gostava e pegava e ia ler, soletrando e aprendia [...] muita gente aprendeu a ler com o folheto". No entanto, associa esse papel da leitura dos folhetos diretamente ao que parecia ser sua função ou sua consequência primeira: o lazer, o divertimento, a inserção em um mundo mágico. O interesse despertado pelas histórias – e novamente é destacada a dimensão estética das obras – é que determinava essa função de cunho mais pragmático da leitura:

> Era, ia aprendendo, era. Com o folheto ia aprendendo a ler. Se interessava pela história, né? E ia aprendendo a ler, ia assoletrando, né? [...] Era umas histórias bonitas de rei e rainha, das fadas que transformava o povo em... nera? Tinha... era umas histórias... cada história bonita...

O papel do folheto como instrumento de aprendizagem inicial da leitura e da escrita parece ter se estendido, pelo menos em alguns locais, até épocas mais recentes, a julgar pelo depoimento de Zefinha, que se recorda particularmente de um primo que viveu essa experiência:

> ele aprendeu ler através... sem ninguém ensinar, só... porque ele trabalhava numa fazenda, aí quando entrava nas horas vagas dele, ele começava a olhar o folheto e assim ele aprendeu...ler. E lê bem mesmo. E é esse que canta... que lê cantando... Foi... ele aprendeu ler assim...

Os depoimentos parecem indicar, assim, que a alfabetização por meio do cordel dava-se de maneira autodidata: através da memorização dos poemas, lidos ou recitados por outras pessoas, o "alfabetizando", em um processo solitário de reconhecimento das palavras e versos, procedia, ele mesmo, à aprendizagem inicial da escrita[16]. Aos poucos, esse processo se ia estendendo a outros objetos de leitura.

Em outros casos, o folheto aparece como o principal motivador para que os meios formais de aprendizado da leitura e da escrita fossem procurados. De maneira semelhante a Antônio, que afirma ter se esforçado na escola para aprender a ler movido pelo desejo de poder ler folhetos sozinho, para Zé Moreno, uma das principais motivações que teve para aprender a ler quando criança era a possibilidade de, ele mesmo, ler esse tipo de impresso. A prática da leitura já era corrente em sua família:

> Na minha época de menino, de primário, de escola eu era doido pra ler folheto porque na minha casa eu tinha um tio meio curioso que não sabia ler, mas arranhava. Ele lia aquilo e eu ficava invejoso. E eu não sabia, me botaram na escola e eu aprendi algumas linhas e me fixei naqueles versos, naquelas coisas e sei alguma coisa...

A maioria dos entrevistados, no entanto, destacou a leitura de folhetos como fundamental para desenvolver as competências de leitura. Diante da minha questão sobre pessoas que aprenderam a ler através dos folhetos, Zé Moreno não hesitou em colocar-se como um caso exemplar, embora, no conjunto de seu discurso, tenha atribuído sobretudo ao cinema o desenvolvimento de suas capacidades de leitura. No trecho abaixo da entrevista, o entrevistado destaca novamente a dimensão estética – destacando a rima – como fundamental na leitura de folhetos, mesmo quando ela servia, principalmente, para desenvolver as competências de leitura. Nesse momento, compara o prazer desfrutado na leitura de folhetos ao enfado provocado pelas lições escolares, conhecidas em sua curta experiência de escolarização:

> Ah... Matuto não passa muito tempo na escola. Passa mais na porta da escola. Aprendi pouco. Eu vi só a carta de ABC e talvez nem toda. [...] minha história é bem parecida com essa. Eu... foi quem me desenvolveu. Porque eu aprendi na escola... a carta de ABC num versa, versa? É só aqueles dizerzinhos, (como se estivesse recitando:) "é meu

pai, eu vou ler [...] vou ler mais", (voltando a falar normalmente) essas coisinhas, né? Dali aprendi, aprendi a juntar as duas sílabas, as duas letras pra fazer a sílaba, depois nome, pronome, não sei o quê, não sei o quê, não sei o quê, e fui juntando e o cinema me imprensou mais, me ajudava a desenvolver. [...] E foi isso minha vida. Eu aprendi ler quase no folheto. O folheto foi meu professor. [...] Na escola só fazia aprender bobagem.

Zé Mariano, que nunca aprendeu a ler, ouvia as leituras de folhetos quando era menino principalmente através do pai alfabetizado e, depois de adulto, continuou a ouvir folhetos, desta vez com o auxílio da mulher e do filho, também alfabetizados. Em seu depoimento, destaca o papel dos folhetos para desenvolver as capacidades de leitura:

> Ele gostava de ler (seu pai) por causa de... ele [...] gostava de ler, ele decorava o folheto pra... pra... pra miorar a leitura. [...] Pra miorar a leitura, sabe? Aí meu pai, meu pai gostava de usar muito folheto. Dava aos meninos e dava pra dar a gente, né? Quem sabesse ler, pra decorar a leitura, pra desarnar[17] a leitura, sabe? [...] Ele sabendo ler o folheto ele... ele pode... pode dizer de cor, pode dizer as coisa de cor.

Zé Mariano, embora nunca tenha aprendido a ler, repete o procedimento que seu pai fazia com ele próprio, em relação a seu filho:

> De lá pra cá eu comprei pro meu menino, meu menino tava acanhado, num sabia soletrar uma letra, aí eu comprei pra ele os folheto, pra ele... pra ele saber, pra instruir, pra ele aprender, desarnar as letra e tudo. [...] Aí eu... eu entreguei a ele, comprei o folheto pra ele, aí ele pegou, de... de... desarnou a letra. Isso aí melhorou mais a leitura dele. [...] Isso tudo é bom pra o menino que tá aprendendo ler, quando num sabe ler. Pra ver o menino [...], num sabe soletrar a letra, num sabe juntar uma letra, aí... o folheto explica, né? Ele lê aquele folheto, o folheto explica. Aí sai, sai, sai, aí vai... alguém vai desarnando.

Mesmo quando se refere a esse aspecto propriamente "instrutivo" dos folhetos, Zé Mariano o relaciona com sua dimensão estética: "Ler, lia desarnado mesmo. É bonita as palavras."[18]

Além de ocorrerem com os leitores/ouvintes, processos de aprendizagem inicial e de desenvolvimento das competências de leitura, realizados de maneira autodidata com o auxílio dos folhetos, pareciam ocorrer também com os poetas, movidos, principalmente, pelo desejo de começar a escrever versos. Candance Slater (1984) registra, por exemplo, que José de Souza Campos, nascido em Timbaúba, Pernambuco, em 1920, desde muito jovem queria ser poeta. Segundo a autora, José "aprendeu mais através do cordel do que na escola improvisada onde estudou vários meses" (p. 100). Quando começou a escrever versos, decidiu morar no Recife, onde permaneceu durante três anos, aprendendo com outros poetas e se inserindo no mundo da cultura urbana e *letrada*. Rodolfo Coelho Cavalcante, um dos mais importantes poetas de cordel, tem uma história semelhante.

Nascido em Rio Largo, litoral de Alagoas em 1919, começou a trabalhar desde cedo com o pai, pintor, e não frequentou a escola: aprendeu a ler sozinho: "Os irmãos riam dele quando economizava para comprar folhetos, mas em breve aprendera neles o suficiente para escrever cartas de amor em versos." (CANDANCE SLATER, 1984, p. 158). O caso do poeta Apolônio Alves dos Santos é semelhante aos de tantos leitores/ouvintes de folhetos: estudou menos de um ano em uma escola rural, conseguindo "aprender por si mesmo a ler e escrever." (CANDANCE SLATER, 1984, p. 129).

Muitos entrevistados, analfabetos ou semi-alfabetizados, atribuíram a si próprios o fracasso em seus processos de escolarização. Zé Mariano, em toda a entrevista, principalmente em seu início, dizia que não tinha condições de me conceder o depoimento porque não sabia ler e, consequentemente, não sabia "explicar".

> É bom pra quem gostava e gosta e sabe ler, né? Sabe explicar... [...] Mas eu num sei. [...] Eu num sei explicar! [...] Isso é bom pra quem sabe explicar, patroa, quem sabe ler... [...] Aí tá certo, mas eu não sei ler. Não sei explicar.

Em outro momento da entrevista, justifica-se dizendo que "Minha natureza parece que não deu pra saber ler, não", autodenominando-se "burro": "Eu hoje... eu tenho educação porque Deus me dá educação, mas saber ler eu não sei não." Edson também atribui a si mesmo o fracasso que teve na escola:

> Não, eu não estudei não. Eu sempre tive uns problemas de cabeça, eu nunca fiz um exame nada em escola. Eu tive problema de, doença de criança, não sei que lá, eu ia pra escola e pai dizia assim: olhe, não force ele estudar, o que ele quiser aprender tá certo. Eu ia, a professora também, não abusava com ela, ela me tinha na conta do pior aluno, era o pior que tinha, mas ela... Ela morou aqui em Casa Amarela, essa professora minha, D. Clotilde. [...] Eu nunca fiz exame nenhum, mas as letra eu sabia juntar, né? Mas nunca fiz um exame em escola, primeiro ano, segundo ano, nada disso. Meus irmãos tudo estudaram, foi pra Marinha, estudaram, tenho irmão que trabalhou como capitão da Marinha, Washington é tenente da polícia, outro é mecânico, outro é barbeiro, tem alfaiate, todos têm sua profissão, agora eu me dediquei a isso aqui e...

Crispim, que na infância nunca foi a escola porque precisava cuidar da criação de animais, teve aulas, já adulto, durante apenas três noites com um professor particular. Afirmou, no entanto, que a atitude do professor, que foi ríspido e grosseiro com ele, o fez abandonar qualquer tentativa de estudar. Em seu depoimento, as marcas da humilhação a que foi submetido em sua curta e traumática experiência de escolarização:

> Eu tava trabalhando numa rodagem em 35. Inventaram não sei da onde um serviço de rodagem [...] aí eu sei que os meninos lá me chamaram e eu

fui. Chegamos lá numa fazenda, fizemos uma barragezinha, aí tinha lá um rapaz que interessou. Chamou a gente que não sabia ler pra... pra [...] Eu ainda fui três vezes, todas três noites o caba deu-me um grito que o sangue ferveu. Eu fiquei doidinho da cabeça. [...] Fiquei doidinho da cabeça. Eu me enrasquei lá numa letra, duas vezes perguntei a ele. Quando foi nas três que eu fui... Mai menino, eu na minha casa! "Ô seu fulano, essa letra... Ô meu amigo.." Mas ele deu-me um grito que doeu nos ouvidos, mas também estiquei-me de lá, saí na porta, só não rasguei a cartilha... No outro dia veio lá na barraca: "Num vou não, eu tava pagando ao senhor, o senhor não tava me ensinando de graça, não." Eu digo: "Eu ia pagar ao senhor o que o senhor tava cobrando." Aí eu digo: "Num vou mais lá na sua escola não e o senhor não é meu pai pra gritar do jeito como o senhor gritou não."

Delita, por sua vez, frequentou uma escola para adultos no seu bairro, em um momento em que a interventoria do Estado Novo em Pernambuco incentivou a ação dos Centros Educativos Operários, que ofereciam cursos de alfabetização de adultos e profissionalizantes[19].

Zé Mariano, como a maioria dos entrevistados, não tem uma boa recordação de sua experiência escolar:

> Eu fui na escola, passei dois dias na escola, levei uma pisa medonha de papai, num fui mais... (risos) Porque... eu fui, cheguei lá e voltei do caminho, não fui pra escola. Aí papai deu uma pisa em n'eu, aí eu num fui mais não. [...] Papai sabia ler. Sabia mas não tinha tempo pra ensinar a gente, né? Um homem que trabalhava [...] no interior, ninguém podia... aí não tinha tempo de ensinar a ninguém... [...] Plantava, coitadinho, plantava, a vida dele era na enxada, plantando. E ele podia lá ensinar a ninguém? Podia não. E a gente tinha que ir na escola, na escola mesmo. Papai botava a gente pra escola: meu irmão foi pra escola, minhas irmã foi pra escola... Eu... porque eu... eu... minha natureza não deu pra aprender não...

Em sua memória, o mais importante na época era saber a carta do ABC. Com ela, poder-se-ia até ser professor:

> E a carta de ABC antigamente o menino que sabia essa carta de ABC. Sabesse ela, sabesse decorar, ler ela todinha e decorar era professor. [...] Era professor. Hoje não, tem que ir pra ginásio, pra isso e aquilo outro, pra poder ser... ser o professor, né?

Na verdade, a experiência nula ou restrita de escolarização dos entrevistados só pode ser compreendida no quadro da situação educacional de Pernambuco na época. Já se viu que os índices de alfabetização eram muito baixos no período e era pequena a oferta de educação pública. No período, entre as camadas mais abastadas, ainda era comum alfabetizar-se em casa, com irmãos, com a mãe ou com preceptores(as). Segundo Roberto Levine (1980), no final da década de 30, o ensino público estava em situação deplorável e, embora durante a década o Estado tenha construído diversas escolas, principalmente nas principais cidades do interior: escolas pequenas, com professores leigos, multisseriadas, sobretudo nas cidades menores e nos bairros mais populares.

Considerações finais

Creio que alguns pontos merecem ser destacados na tentativa de melhor compreender os papéis atribuídos e desempenhados pela leitura e audição de folhetos na vida cotidiana daqueles que experienciavam essas práticas.

A leitura e/ou audição de folhetos se insere em uma rede de práticas de lazer existentes na época que incluía também os contadores de histórias, as cantorias, as festas, os autos populares, o cinema, o rádio, entre outras. Os leitores/ouvintes entrevistados, que associam a leitura de folhetos ao tempo do lazer, referem-se sobretudo ao papel estético, literário, desempenhado por ela: os bons poemas são referidos como dotados de beleza — beleza que se traduz em rimas bem estruturadas, no ritmo cadenciado dos versos e em uma história, ou seja, em uma narrativa com começo, meio e fim convincentes, que provoca a evocação de valores e de sentimentos e que seja capaz de transportá-los para outros espaços e tempos, mesmo quando se referem à descrição de notícias, de acontecimentos reais. Beleza que extrapola a estrutura interna dos próprios poemas, estendendo-se à possibilidade de partilhar a leitura, através da realização de encontros coletivos que congregavam um grande número de pessoas e onde a habilidade e a competência para oralizar o poema, lido ou recitado em voz alta, desempenhavam um papel fundamental. As maneiras de ler parecem, assim, fundamentais nos processos de produção de sentidos. Em outros casos, destaca-se a disposição ética na leitura dos poemas: buscam-se funções utilitárias para essa prática, expressas no papel informativo e educativo a elas conferidos, assim como na realização de associações diretas entre os textos e o mundo cotidiano do leitor.

A leitura e a audição de folhetos também cumpriam, assim, um papel "educativo", em uma sociedade caracterizada pelas altas taxas de analfabetismo, pela pequena oferta de escolarização — sobretudo pública — e pela precariedade no funcionamento das escolas existentes. Em muitos casos, através da memorização dos poemas e em um processo solitário de decodificação, pessoas analfabetas aprendiam a ler ou desenvolviam suas competências de leitura.

Um possível leitor/ouvinte de folhetos

Depois de realizado o trabalho de reconstrução do público leitor/auditor, em muitos estudos classificado de "popular", "rural" e "nordestino", e das maneiras de ler/ouvir folhetos de cordel em Pernambuco, nos anos 30 e 40 do século XX, algumas reconsiderações podem ser feitas.

Inicialmente, é preciso destacar que o público a que os folhetos se destinavam não foi, em princípio, "popular". A análise dos impressos – que revelou um progressivo empobrecimento dos folhetos do ponto de vista editorial e um processo de desaparecimento de indicadores que permitiam a inserção dessa produção nos padrões do mundo editorial, comuns a outros objetos na época – mostra que, dirigida inicialmente, sobretudo, às camadas médias, aos poucos, principalmente a partir dos anos 30, a literatura de folhetos tornou-se um impresso de larga circulação, adequado a um público pouco exigente e pouco habituado ao universo *letrado*, formado, supõe-se, em sua maioria, pelas camadas populares urbanas, por pessoas analfabetas ou com um grau restrito de escolarização. A análise dos textos dos folhetos, por sua vez, revelou que eles estão impregnados de marcas de oralidade e que os caminhos narrativos escolhidos pelo poeta para narrar as histórias podem ser considerados bastante previsíveis, exigindo poucos esforços do suposto leitor para proceder à sua compreensão. Aliando elementos do cotidiano a aspectos aparentemente estranhos ao universo daquele que lia, o poeta recorre a uma enciclopédia que, ao mesmo tempo, enraíza o leitor em sua vida diária e o transporta para outros espaços e tempos. De modo geral, os textos pressupõem um leitor pouco interessado em conhecer os detalhes ou o desfecho de uma ou outra narrativa, e ávido sobretudo de, através da experiência literária, reforçar determinados valores, de caráter universal, que compõem o seu mundo.

Nas cidades, o público, ainda que composto em sua maioria de pessoas analfabetas ou semialfabetizadas, ao conviver com outros aspectos da cultura escrita, revela, em menor ou maior grau, um contato com uma diversidade de tipos de impressos, em muitos casos também compartilhados por outros grupos sociais. Constata-se, assim, na sociedade estudada, a circulação de diferentes objetos de leitura entre as diversas camadas sociais. Embora desde o início da trajetória da literatura de folhetos brasileira muitos poetas e editores tivessem origem sertaneja, é também a partir dos anos 30 que o público parece se ruralizar: para os leitores/ouvintes das pequenas comunidades e cidades do Estado, os folhetos constituíam a principal, senão a única, mediação entre eles e o mundo da leitura, da escrita e do impresso. As diferenças constatadas entre o público leitor/ouvinte de folhetos marcado pela experiência urbana ou pela inserção no mundo rural podem ser estendidas também quando se consideram outras categorias: os significados das leituras e das funções desempenhadas pelos leitores em suas práticas eram variados para homens e mulheres, para meninos e meninas, para negros e brancos, para protestantes e católicos e para pessoas com níveis diversos de *letramento*.

Comprados ou tomados de empréstimo, os folhetos eram lidos pelo vendedor ainda nas feiras e, posteriormente, em reuniões coletivas – embora também se tenha constatado a existência de leituras solitárias e silenciosas –, onde ocorriam, em muitos casos, as narrações de contos e as cantorias. Os folhetos eram lidos, principalmente, de maneira intensiva e a memorização, facilitada pela própria estrutura narrativa e formal dos poemas, era considerada, pelos leitores/ouvintes, como fundamental nos processos de apropriação das leituras. A leitura em voz alta e a memorização, sobretudo de poemas, pareciam, no entanto, comuns na sociedade da época, em relação a outros objetos de leitura e às camadas médias.

De modo geral, a pesquisa mostrou que as formas de leitura supostas pelos impressos e/ou pelos textos dos poemas não coincidiam, necessariamente, com os usos e as apropriações que os leitores/ouvintes empíricos deles faziam. À semelhança de outros estudos realizados no campo da História da Leitura, o trabalho mostrou que as marcas deixadas pelos poetas e pelos editores nos impressos não são suficientes para provocar no leitor as reações previstas pelos poemas ou pelo próprio suporte material. Constata-se, mais uma vez, que não se pode associar um gênero de texto a um certo perfil de leitor ou, mais amplamente, a uma camada social e a uma cultura determinadas. Os textos dos folhetos parecem, a um só tempo, incorporados e rejeitados por seus leitores – cada um deles imerso em uma experiência individual e social diferente –: de um lado, as reações demonstradas em relação ao preconceito contra os negros, por exemplo; de outro, a identificação com valores, ideias, conceitos extremamente presentes nas histórias (e certamente também em outras experiências de inserção dos sujeitos), sobretudo nos romances, o subgênero preferido pelos entrevistados: a falsidade, o destino, a verdade, a justiça, a persistência, a valentia. O tom e a forma das histórias também pareciam impregnados nos modos de falar sobre a leitura: a graça, o riso, a emoção, de um lado; a narrativa, a rima, a palavra, o ritmo, de outro.

Os papéis atribuídos à leitura/audição de folhetos, de maneira diferente do que muitos estudos têm afirmado a respeito da leitura entre as camadas populares, não pareciam restritos às disposições éticas ou pragmáticas dessa prática. A dimensão estética parecia fundamental no processo de fruição do objeto lido/ouvido, mesmo quando os entrevistados atribuíam à leitura uma função mais diretamente relacionada a aspectos práticos de suas experiências, como a obtenção de informações, a aprendizagem ou o desenvolvimento das competências de leitura, realizados através dos folhetos. Os papéis atribuídos pelos leitores/ouvintes às leituras desses impressos pareciam estar, ainda, diretamente relacionados às situações em que elas ocorriam: muitas vezes, a beleza a que se referem os leitores das histórias associava-se ao caráter coletivo e à *performance* do leitor ou declamador que caracterizavam, em grande parte, essas práticas.

Considero também importante realizar outras reflexões, que podem ser situadas mais do ponto de vista da compreensão da realidade atual e menos do ponto de vista das pesquisas acadêmicas. O tipo de pesquisa no qual este livro se insere contribui, creio, ao buscar apreender as trajetórias de vida e de leitura dos sujeitos, para tornar mais complexas as visões correntes na sociedade a respeito do analfabeto ou semianalfabeto. Vítima, digno de piedade, incapaz de elaborar articuladamente o pensamento e a fala, atrasado (já que associado às sociedades tradicionais e orais), imbecil[1]: o analfabeto ou semialfabetizado é, via de regra, visto como alguém que precisa, por diferentes motivos, da "ajuda" do alfabetizado (do intelectual, em particular), capaz de retirá-lo da situação em que se encontra[2]. Esses pressupostos, consubstanciados, em grande medida, em projetos de grandes dimensões promovidos por diferentes esferas do governo, vêm, de certa forma, norteando, ao longo da história, as políticas de combate ao analfabetismo, muitas das quais baseadas em campanhas. Por mais que seja criticado na literatura especializada, o mito do alfabetismo parece basear essas ações: o papel dos agentes alfabetizadores parece ser o de "salvadores" das populações que vivem nas "trevas do analfabetismo". Acredito também que estudos como o que foi realizado podem contribuir para se pensar na questão dos grandes instrumentos de medida do *letramento* que, muitas vezes baseados em uma lógica escolar supostamente universal, acabam ignorando as especificidades de cada uma das culturas (nacionais, regionais, locais) em que serão utilizados.³

Finalmente, creio que outras questões, principalmente de caráter teórico-metodológico, como a que se refere à realização de trabalhos em um campo já muito pesquisado, merecem também ser destacadas. A princípio, tudo parece claro: um texto repete o outro, um outro retoma ideias já repetidas e assim por diante. Aos poucos, o trabalho de investigação vai demonstrando que há muito mais nuances do que faz crer a produção já consolidada sobre o tema, principalmente quando ela foi escrita, em grande parte, em uma mesma época (no caso da literatura de folhetos, os anos 70): naquele momento, configura-se um discurso, que se relaciona com outros discursos preexistentes e coexistentes, sobre o cordel.⁴ As análises são realizadas, então, a partir de certos parâmetros já estabelecidos, excluindo-se o que não se apresenta como regular e uniforme.

Acredito que vale a pena ressaltar também a importância da realização de pesquisas, no campo da história da educação, que se debrucem sobre processos educativos que, com muita força, de maneira independente da escola, das políticas públicas e dos movimentos sociais organizados, contribuíram para a inserção de homens e mulheres em determinados mundos culturais.

Entretanto, mesmo depois de todo o trabalho de pesquisa realizado e de todas as considerações destacadas, muitas questões permanecem sem repostas e muitos pontos necessitam, ainda, de aprofundamento: o leitor e a leitura continuam, em certa medida, misteriosos. Existiria, por exemplo, como têm afirmado alguns estudos, um modo de ler "popular"? O que caracterizaria esse modo? A partir de que critérios um gênero pode ser classificado de "popular"? Os depoimentos dos leitores/ouvintes podem ser realmente considerados como uma aproximação às práticas de leitura que se quis investigar? Por mais que se tente – apostando no rigor metodológico, no trabalho cotidiano e minucioso com as fontes, em uma análise que faça o estabelecimento constante de relações, na escrita de um relato verossímil e coerente – permanecem sempre fluidos e fugidios os pedaços de História que se quer reconstruir. Questões que permeiam e, ao mesmo tempo, norteiam todo o trabalho de pesquisa: de um lado, a possibilidade de apreensão do passado; de outro, a incertezas que acompanham essa tarefa.

Histórias através de imagens

Capa e miolo do folheto O imposto e a fome, *publicado em 1909, no Recife.*

O imposto e a fome

O imposto disse a fome:
—Collega, vamos andar,
Vamos ver pobre gemer
E o rico se queixar?
A tarde está succulenta,
O governo nos sustenta
Nós podemos passeiar.

Disse a fome—eu estou tão triste
Que nem sei o que lhe diga
Este novo presidente,
Vôtes, credo, eu dou-lhe figa,
Este Hermes da Fonseca
Jurou acabar a secca
Vae tudo encher a barriga.

Disse o imposto—collega,
O governo é uma braza,
O imposto onde chegar
Até o fogo se arrasa,
Não fica eixo com cunha,
Não fica gato com unha,
Não fica um pinto com aza.

Capa do folheto A verdade nua e crua, *publicado em 1913, pela tipografia do Jornal do Recife.*

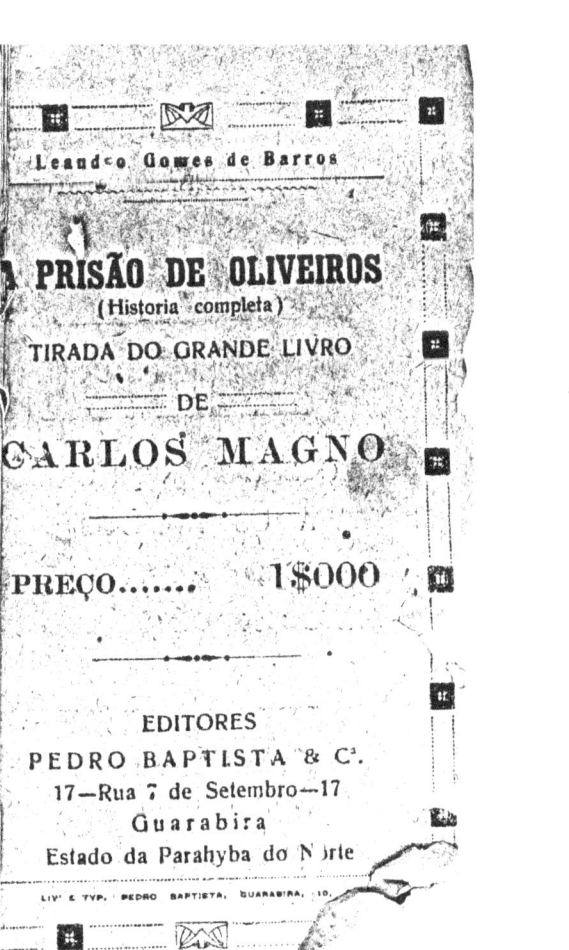

Capa e miolo do folheto Prisão de Oliveiros, *publicado em 1918, pelos Editores Pedro Baptista & Cª.*

Capa do folheto A chegada de Lampião no inferno, *publicado provavelmente nos anos 70 do século XX.*

Capa do folheto A chegada de lampião no inferno, *publicado em 1975, pela tipografia de José Bernardo da Silva.*

A Chegada de Lampião no Inferno continua: A Sorte da Meretriz

Um cabra de Lampião
por nome Pilão Deitado
que morreu numa trincheira
um certo tempo passado
agora pelo sertão
anda correndo visão
fazendo malassombrado

E foi quem trouxe a notícia
que viu Lampião chegar
o inferno nesse dia
faltou pouco pra virar
incendiou-se o mercado
morreu tanto cão queimado
que faz pena até contar

Morreu a mãe de canguinha
o pai de forrobodó
cem netos de parafuso
um cão chamado cotó
escapuliu bôca ensôça
e uma moleca moça
quase queimava o totó

Morreram cem negros velhos
que não trabalhavam mais
um cão chamado traz cá
vira-volta e capataz
tromba suja e bigodeira
um cão chamado goteira
cunhado de satanás

Literatura de Cordel
José Bernardo da Silva Ltda.

Grande variedade de folhetos e orações.
R. Sta. Luzia, 263 — Juazeiro do Norte-Ce

AGENTES:

EDSON PINTO DA SILVA
Mercado S. José — Compartimento N. 7
Recife — Pernambuco

BENEDITO ANTONIO DE MATOS
Café São Miguel, dentro do Mercado
Central — Fortaleza — Ceará

ANTONIO ALVES DA SILVA
Rua Clodoaldo de Freitas, 707
Terezina — Piauí

JOÃO SEVERO DA SILVA
Travessa Dr. Carvalho, 70 — Bayeux
R. Silva Jardim, 836 — João Pessoa-Pb
E Rua Sátiro Dias, 1457
Alecrim — Natal — R N.

MARIA JOSÉ SILVA ARRUDA
QE 24 — Conjunto D — Casa 9
Guará 2 — Brasilia — DF

RAIMUNDO OLIVEIRA
Mercado de Ferro Aparador, 26
Belem — Pará

Primeira e quarta capa do folheto
A chegada de Lampião no inferno,
publicado em 1975, pela tipografia

Capa do folheto Proezas de João Grilo, *publicado em 1975, pela tipografia de José Bernardo da Silva.*

Capa do folheto As proezas de João Grilo, *publicado em 1976, pela tipografia de José Bernardo da Silva.*

Capa do folheto História do Pavão Misterioso, publicado em 1990, pela Universidade do Cariri-CE.

Capa do folheto Romance do Pavão Misterioso, publicado provavelmente nos anos 70 do século XX, pela tipografia de José Bernardo da Silva.

João Melquíades Ferreira

Proprietárias Filhas de José Bernardo da Silva

O Principe Roldão No Leão de Ouro

LEITORES, matai o tempo
que é boa distração
saber como uma princesa
estava numa prisão
e Roldão pôde roubá-la
escondido num leão

Após que o rei Carlos Magno
venceu a grande campanha
fez a Igreja de Santiago
padroeiro da Espanha
e a de Nossa Senhora
em Aquisgran, na Alemanha

Tomou 16 cidades
da guerra saiu feliz
deu muitas graças a Deus
por conquistar um país
foi visitar a Alemanha
daí tornou a Paris

Acompanhado dos pares
Reinaldo de Montalvão
Gui, duque de Borgonha
Oliveiros e Roldão
Guarim duque de Lorenda
e o conde Galalão

Capa e miolo do folheto Roldão no Leão de Ouro, *publicado em 1975, pela tipografia de José Bernardo da Silva.*

Capa do folheto História da Princesa da Pedra Fina, *publicado pela Editora Luzeiro, provavelmente em meados dos anos 80 do século XX.*

Capa do folheto A Batalha de Oliveiros com Ferrabras, *publicado pela Editora Luzeiro, provavelmente em meados da década de 80 do século XX.*

Capa e miolo do folheto A prisão de Oliveiros, *publicado em 1975, pela tipografia de José Bernardo da Silva.*

João Martins de Athayde
Proprietarias Filhas de José Bernardo da Silva

A Prisão de Oliveiros e seus Companheiros

Quem leu a batalha horrenda
de Oliveiros e Ferrabraz
não deve ignorar mais
o que é uma contenda
vê uma luta tremenda
como se ganha vitória
pode guardar na memória
o combate mais horrivel
parece até incrivel
o passado desta história

Ferrabraz era um gigante
de corpo descomunal
como nunca teve igual
no reino do almirante
ele só, era bastante
para cinco mil guerreiros
oito, dez mil cavalheiros
morreram pelas mãos dele
e só tirou sangue nele
a espada de Oliveiros

MARCOS SAMPAIO
Proprietárias Filhas de José Bernardo da Silva

A Morte dos 12 Pares de França

Amigos, caros leitores
dê-me um pouco de atenção
leiam esta minha história
com calma e meditação
verão que não é mentira
nem lenda de ilusão

Os leitores devem saber
das proezas de Roldão
e de Oliveiros seu amigo
sabem os feitos então
e também a falsidade
que lhes fez o Galalão

Foram todos cavalheiros
de muito alto louvor
Roldão, Ricarte, Oliveiros
eram os três de mais valor
Roldão sendo o mais querido
do seu tio imperador

Capa e miolo do folheto A morte dos 12 pares de França, *publicado em 1975, pela tipografia de José Bernardo da Silva.*

Capa do folheto O cachorro dos mortos, *publicado pela Editora Luzeiro, provavelmente em meados dos anos 80 do século XX.*

Capa do folheto Historia do cachorro dos mortos, *publicado em 1976, pela tipografia de José Bernardo da Silva.*

QUADROS

QUADRO 1

POPULAÇÃO DE FATO, POR COR, SEGUNDO ALGUNS MUNICÍPIOS PERNAMBUCANOS

1940

Município	Total	Brancos		Pretos		Amarelos		Pardos		Cor não declarada	
	N	N	%	N	%	N	%	N	%	N	%
Estado	2.688.240	1.463.617	54,45	417.047	15,51	380	0,01	802.649	29,86	4.547	0,17
Alagoa de Baixo	19.063	15.383	80,70	3.581	18,79	-	0,00	98	0,51	1	0,00
Bezerros	67.081	50.591	75,42	3.929	5,86	-	0,00	12.545	18,70	16	0,02
Bom Jardim	48.325	25.429	52,62	3.332	6,89	-	0,00	19.538	40,43	26	0,05
Jaboatão	35.847	12.285	34,27	7.068	19,72	2	0,01	16.378	45,69	114	0,32
Limoeiro	57.054	39.862	69,87	6.615	11,59	5	0,01	10.443	18,30	129	0,23
Nazaré	40.208	8.091	20,12	9.697	24,18	-	0,00	22.391	55,69	29	0,07
Recife	348.424	175.880	50,48	53.221	15,27	164	0,05	118.771	34,09	388	0,11

Fonte: INSTITUTO BRASILEIRO DE GEOGRAFIA E ESTATÍSTICA. Recenseamento Geral do Brasil (1o. de setembro de 1940). Série Regional. Parte IX - Pernambuco. Tomo 1. Censo Demográfico. **População e habitação. Quadros de totais referentes a Estado e de distribuição segundo os municípios. Quadros sinóticos por município**. Rio de Janeiro: Serviço Brasileiro de Geografia e Estatística, 1950. (Quadro baseado na tabela 49, p.52).

QUADRO 2

ESTADO DE PERNAMBUCO - PESSOAS DE 5 ANOS E MAIS, SEGUNDO A INSTRUÇÃO E COR[1]

1940

Cor	Total	Pessoas de 5 anos e mais por instrução					
		Sabem ler e escrever		Não sabem ler nem escrever		Pessoas de instrução não declarada	
	N	N	%	N	%	N	%
Brancos	1.230.807	380.310	30,90	846.004	68,74	4.493	0,36
Pretos	360.189	47.552	13,20	310.203	86,12	2.434	0,68
Amarelos	333	103	30,93	224	67,27	6	1,80
Pardos e cor não declarada	682.046	142.076	20,83	533.991	78,29	5.979	0,88

Fonte: INSTITUTO BRASILEIRO DE GEOGRAFIA E ESTATÍSTICA. Recenseamento Geral do Brasil (1o. de setembro de 1940). Série Regional. Parte IX - Pernambuco. Tomo 1. Censo Demográfico. **População e habitação.** Quadros de totais referentes a Estado e de distribuição segundo os municípios. Quadros sinóticos por município. Rio de Janeiro: Serviço Brasileiro de Geografia e Estatística, 1950. (Quadro baseado na tabela 17, p.16).

[1] Apesar de não concordar com ela, mantive a denominação "cor" utilizada nos registros do Recenseamento Geral de 1940.

QUADRO 3

POPULAÇÃO DE FATO, POR RELIGIÃO, SEGUNDO ALGUNS MUNICÍPIOS PERNAMBUCANOS

1940

Município	Total	Pessoas de condição religiosa declarada								Pessoas de condição religiosa não declarada	
		Católicos Romanos		Protestantes		Outras religiões[1]		Sem religião			
	N	N	%	N	%	N	%	N	%	N	%
Estado	2.688.240	2.634.544	98,00	36.555	1,36	9.491	0,35	4.417	0,17	3.233	0,12
Alagoa de Baixo	19.063	18.848	98,87	170	0,89	15	0,08	29	0,15	1	0,01
Bezerros	67.081	66.852	99,66	182	0,27	13	0,02	28	0,04	6	0,01
Bom Jardim	48.325	48.217	99,78	70	0,14	2	0,01	30	0,06	6	0,01
Jaboatão	35.847	34.249	95,54	1.353	3,78	199	0,56	30	0,08	16	0,04
Limoeiro	57.054	56.347	98,76	418	0,73	267	0,47	7	0,01	15	0,03
Nazaré	40.208	39.641	98,59	444	1,10	87	0,22	30	0,07	6	0,02
Recife	348.424	323.118	92,74	14.438	4,14	6.838	1,96	2.601	0,75	1.429	0,41

Fonte: INSTITUTO BRASILEIRO DE GEOGRAFIA E ESTATÍSTICA. Recenseamento Geral do Brasil (1o. de setembro de 1940). Série Regional. Parte IX - Pernambuco. Tomo 1. Censo Demográfico. **População e habitação.** Quadros de totais referentes a Estado e de distribuição segundo os municípios. Quadros sinóticos por município. Rio de Janeiro: Serviço Brasileiro de Geografia e Estatística, 1950. (Quadro baseado na tabela 53, p.60-63).

[1] Ortodoxos, israelitas, maometanos, budistas, xintoístas, espíritas, positivistas e outras religiões.

QUADRO 4

POPULAÇÃO DE 5 ANOS OU MAIS, POR SEXO E INSTRUÇÃO, SEGUNDO ALGUNS MUNICÍPIOS PERNAMBUCANOS

1940

Município	População			Pessoas de 5 anos e mais de instrução declarada								Pessoas de instrução não declarada			
				Sabem ler e escrever				Não sabem ler nem escrever							
	Total	Homens	Mulheres	Homens		Mulheres		Homens		Mulheres		Homens		Mulheres	
				N	%	N	%	N	%	N	%	N	%	N	%
Estado	2.273.375	1.099.574	1.173.801	294.639	26,80	275.402	23,46	798.549	72,62	891.873	75,98	6.386	0,58	6.526	0,56
Alagoa de Baixo	15.927	8.048	7.879	2.441	30,33	1.895	24,05	5.590	69,46	5.967	75,73	17	0,21	17	0,22
Bezerros	55.962	26.474	29.488	3.255	12,30	2.447	8,30	23.204	87,65	27.016	91,62	15	0,05	25	0,08
Bom Jardim	40.418	19.173	21.245	2.380	12,41	1.771	8,34	16.757	87,40	19.434	91,47	36	0,19	40	0,19
Jaboatão	30.848	15.543	15.305	6.369	40,98	5.321	34,79	9.151	58,87	9.950	65,01	23	0,15	31	0,20
Limoeiro	47.945	22.764	25.181	4.393	19,30	3.922	15,58	18.363	80,67	21.253	84,40	8	0,03	6	0,02
Nazaré	34.199	16.584	17.615	2.281	13,75	2.230	12,66	14.299	81,12	15.371	87,26	4	0,02	14	0,08
Recife	308.208	140.537	167.671	93.748	66,71	102.181	60,94	46.559	33,13	65.241	38,91	230	0,16	249	0,15

Fonte: INSTITUTO BRASILEIRO DE GEOGRAFIA E ESTATÍSTICA. Recenseamento Geral do Brasil (1º de setembro de 1940). Série Regional. Parte IX – Pernambuco. Tomo 1. Censo Demográfico. **População e habitação**. Quadros de totais referentes a Estado e de distribuição segundo os municípios. Quadros sinóticos por município. Rio de Janeiro: Serviço Brasileiro de Geografia e Estatística, 1950. (Quadro baseado na tabela 52, p.58).

QUADRO 5

IMPRENSA PERIÓDICA EM PERNAMBUCO, 1918 E 1930

Região	Número de periódicos/Ano	
	1918	1930
Zona da Mata		
Recife	28	45
Outras áreas	11	26
Subtotal	39	71
Agreste	8	30
Sertão	1	4
Total	48	105

Fonte: Estatística de imprensa periódica no Brasil (Rio, 1931), p.VII. Mário Melo, A Imprensa pernambucana em 1918, pp.5-20. Anuário estatístico de Pernambuco, 1934, pp. 104-5. (**Apud Levine,1980, p.105**).

NOTAS

Introdução

[1] Nascido na capital da Paraíba em 1927, o escritor utilizou a literatura de cordel na elaboração de parte significativa de sua obra. Na década de 70, fundou o Movimento Armorial que, congregando diversos artistas, buscou resgatar a utilização da cultura popular em diferentes domínios.

[2] Ver Ana Maria Galvão (1994 e 1998).

[3] As aspas utilizadas na palavra história pretendem chamar a atenção para a ideia de que a metodologia da "história" oral (que envolve uma dimensão técnica e uma dimensão teórica), por si só, não constitui "História". A metodologia, como qualquer outra, torna-se instrumento da História desde que também submetida aos procedimentos típicos da pesquisa historiográfica. Ver, entre outros, Marieta Ferreira e Janaína Amado (1996).

[4] O acervo da Fundação Casa de Rui Barbosa, localizado no Rio de Janeiro, é composto de cerca de 8000 folhetos, reunidos a partir de doações de pesquisadores; nele podem ser encontrados folhetos do início do século à década de 70. Segundo o seu Guia do Arquivo, o acervo de folhetos de cordel do Instituto de Estudos Brasileiros, da Universidade de São Paulo, possui 2.820 folhetos, "dos mais expressivos autores de literatura de cordel do Norte e Nordeste", compreendendo o período de 1865 a 1983. As seis grandes coleções que compõem o acervo foram reunidas a partir de doação de pesquisadores ou de seus parentes e, em outros casos, de doações avulsas. O Fundo Raymond Cantel, em Poitiers, França, em fase de organização, reúne cerca de 5000 folhetos, coletados pelo estudioso francês que dá nome ao acervo, em suas pesquisas no Brasil. A organização de todos os acervos citados é bastante variada: em alguns casos, os folhetos estão classificados por ordem alfabética de autores, em outros por títulos, em outros por temas.

[5] Esses acervos reúnem folhetos publicados mais recentemente, principalmente a partir das décadas de 60 e 70.

[6] Há alguns que moravam no Recife, na época das entrevistas, há cerca de 80 anos, como Delita, que com cinco anos foi trazida pela mãe para a cidade, e outros que moravam na cidade há apenas três anos, como Crispim e Ana Maria.

[7] Excetuando-se Zefinha que, como já afirmei, nascida em 1965, não compõe o *corpus* principal da pesquisa.

[8] Zé Mariano, Crispim e Ana Maria.

[9] Zé Moreno, Edson e Delita.

[10] Antônio, Zeli e Zezé.

[11] Cada vez mais os historiadores têm enfatizado que o uso das modernas tecnologias que caracteriza, hoje, parte dos arquivos não substitui o trabalho aparentemente mecânico da cópia. Para Arlete Farge, a utilização de meios diferentes para a coleta de documentos muda a sua própria interpretação e, embora pareça perda de tempo, a cópia é considerada, pela autora, fundamental: "*Le goût de l'archive passe par ce geste artisan, lent et peu rentable, où l'on recopie les textes, morceaux après morceaux, sans en transformer ni la forme, ni l'orthographe, ni même la ponctuation. Sans trop même y penser. En y pensant continûment. Comme si la main, ce faisant, permettait à l'esprit d'être simultanément complice et étranger au temps et à ces femmes et hommes en train de ce dire*" (1989, p. 25).

[12] "*La tension s'organise – souvent conflictuellement – entre la passion de la recueillir tout entière, de la donner à lire toute, de jouer avec son côté spetaculaire et son contenu illimité, et la raison, qui exige qu'elle soit finement questionnée pour prendre sens.*"

[13] Cf. Michel de Certeau, 1982.

[14] Creio não ser desnecessário lembrar que a escrita da história constitui uma narrativa. A aparente coerência que a caracteriza não é resultante de uma suposta verdade histórica intrínseca ao objeto estudado ou aos documentos trabalhados: além de ser produto de um trabalho rigoroso de pesquisa, é também fruto da elaboração de um discurso verossímil. Para uma discussão sobre esse tipo de questão, ver, entre outros, Hans-Robert Jauss (1987), Hayden White (1992 e 1994), José Américo Pessanha (1992), Luís da Costa Lima (1988), Paul Veyne (1982), Peter Gay (1990) e a própria Arlette Farge (1989). Para uma síntese da discussão, ver o capítulo introdutório de minha dissertação de mestrado ou artigo publicado sobre o tema (GALVÃO, 1994, 1996 e 1998).

[15] Para um aprofundamento sobre a *littérature de colportage* francesa, ver, entre outros, Roger Chartier e Hans-Jürgen Lüsebrink (1996), Roger Chartier (1982), Robert Mandrou (1985/1964), Geneviève Bollème (1971), Laurence Fontaine (1993), além de Charles Nisard (1854), o primeiro a realizar um estudo, em forma de inquérito, sobre o tema. Para o caso espanhol, ver Jean-François Botrel (1993). Para os *chapbooks* ingleses, ver John Ashton (s.d./1882) e Victor Neuburg (s.d./1968).

[16] Sílvio Romero (1977/1888) traz alguns exemplos de romances, contos e versos que circulavam no Brasil oitocentista que identifica como de origem ora portuguesa, ora africana, ora indígena.

[17] Márcia Abreu (1993 e 1999) analisou, através da consulta ao "Catálogo para Exame dos Livros para Saírem do Reino com Destino ao Brasil", no Arquivo Nacional da Torre do Tombo, em Lisboa, os pedidos de autorização para o envio de material impresso para o Brasil, destinados à Real Mesa Censória, a quem competia conceder ou não a referida licença de acordo com a natureza dos livros. Esses pedidos poderiam ser feitos ou por um indivíduo isoladamente ou por uma livraria ou editora. Dos 2600 pedidos analisados pela autora, no período de 1769 a 1886, 250 traziam títulos do cordel português. Pernambuco estava entre os principais Estados para onde os livros eram enviados: 45 livros. Para o Rio de Janeiro, a autora encontrou 71 títulos, para a Bahia, 55, para o Maranhão, 40 e para o Pará, 22 títulos. Os títulos dos cordéis mais presentes nas relações eram: *Carlos Magno*, com 96 pedidos; *Bertoldo, Bertoldinho e Cacasseno*, com 60; *Entremezes e Comédias*, com 55; *Belizário*, com 27; *Magalona*, com 17; *D. Pedro*, com 16; *Imperatriz Porcina*, com 14; *Donzela Teodora*, também com 14; *Roberto do Diabo*, ainda com o mesmo número; *Paixão de Cristo*, com 8 pedidos; *D. Ignez de Castro*, também com 8; *Divertimento para um quarto de hora*, com 7; *João de Calais*, com 6; *O Diabo Coxo*, com 6 também; *Santa Bárbara*, com 5; *Reinaldos de Montalvão*, também com 5 (ABREU, 1993, p. 64-65).

[18] A primeira edição brasileira de *A Donzela Teodora* data de 1815, impressa pela Imprensa Régia (HALLEWELL, 1985).

[19] Candace Slater (1984) também afirma que a Livraria Garnier, no Rio de Janeiro, começou a importar obras da literatura de cordel portuguesa em meados do século XIX, tornando mais acessíveis aos leitores brasileiros histórias que

provavelmente já circulavam no país muito antes, em versões orais e escritas, como as de *Carlos Magno*, da *Princesa Magalona* e *do Soldado Jogador*. Para a autora, a produção de folhetos se serve muito dessas importações e das versões brasileiras dessas obras.

[20] As relações entre as duas tradições foram objeto específico da tese de Doutorado de Márcia Abreu (1993 e 1999), que, depois de realizar uma pesquisa no Arquivo Nacional da Torre do Tombo, em Lisboa, relativa ao envio de títulos do cordel português ao Brasil, concluiu que não há uma filiação direta entre as duas produções, na medida em que há entre elas distinções fundamentais quanto à forma, à temática e ao modo de produção e circulação dos textos.

[21] Câmara Cascudo (1988), por sua vez, afirma que o mais antigo folheto que localizou datava de 1870.

[22] Até 1920, João Martins de Athayde tinha publicado, segundo Ruth Terra (1983), apenas 53 folhetos.

[23] No universo dos folhetos que analisei, compreendendo as primeiras décadas do século XX, essa tendência pode ser, em grandes linhas, visualizada. No período de 1900 a 1919, o padrão mais comum de composição do poema eram as estrofes de seis versos (64,9% dos poemas analisados foram escritos nesse formato), seguidas das de 10 versos (18,9%). Nas duas décadas posteriores, permanece a mesma tendência observada no momento anterior, mas os poemas compostos com estrofes de sete versos crescem significativamente. No período, 42,4% dos poemas são sextilhas, 28,8% são poemas de versos de sete sílabas, 20,3% são décimas. Entre 1940 e 1959, as décimas diminuem ainda mais de importância: apenas 5,6% dos poemas analisados são compostos nessa forma. As sextilhas continuam sendo o padrão mais utilizado, caracterizando 55,6% dos poemas, assim como as setilhas, presentes em 36,1% dos folhetos da amostra. O que se observa, assim, é que, os poemas compostos com estrofes de seis versos eram os mais comuns desde os tempos iniciais da literatura de cordel. Na sextilha, os versos rimam na forma ABCBDB. As décimas foram, ao longo do tempo, sendo abandonadas e as setilhas utilizadas com mais frequência. Para uma melhor compreensão de aspectos da poética característica das cantorias e dos folhetos, ver, entre outros, Sebastião Nunes Batista (1982) e Leonardo Mota (1987/1921).

[24] Entre as pessoas com quem conversei estava Paulo Ferreira, um teatrólogo do Recife. Encontrei-o comprando folhetos, bastante interessado em algumas histórias. Disse-me que não havia sido um leitor de cordéis na infância. Começou a ler os folhetos para subsidiar o seu trabalho de pesquisa como produtor de peças – principalmente quando os espetáculos tinham a intenção de mesclar o clássico e o popular –, como participante do Balé Popular do Recife e como apresentador de um programa de rádio: "Quando eu quero saber a história de Lampião, eu venho aqui e compro, quando eu quero saber de Romeu e Julieta, vejo aqui." Constitui, portanto, um caso típico de leitor "letrado" que, principalmente a partir da década de 70, interessou-se pela literatura de cordel, como um objeto cultural, de certa forma, folclórico – na medida em que representa o "popular" em sua produção artística.

[25] Como ilustração, reproduzo manchetes de reportagens publicadas em diferentes jornais nos últimos anos: "Literatura de cordel: últimos sopros de vida" (*Diário de Pernambuco*, 10/04/1995) e "Para sobreviver, literatura de cordel ganha fundação no NE" (*Folha de São Paulo*, 16/10/1999).

[26] Para uma discussão sobre a questão do "popular" e dos estudos sobre o "povo", ver também Pierre Bourdieu (1983a), Nathalie Davis (1990/1975), Geneviève Bollème (1988/1986) e Christopher Hill (1990/1985).

O leitor/ouvinte nas páginas dos folhetos: um estudo do impresso

[1] As dificuldades de captar o leitor e a própria atividade de leitura têm sido apontadas por diversos historiadores culturais. Robert Darnton (1990), por exemplo, aponta três dessas dificuldades: os documentos mostram o resultado da leitura mas não o processo de construção das significações; os documentos são textos, que exigem interpretação – realiza-se, portanto, a interpretação da interpretação do outro; os documentos são poucos, raros.

[2] Muitos folhetos (mais de 40% do total) não trazem data de publicação. No entanto, na grande parte dos casos, suas características externas permitem, senão uma localização precisa das datas em que foram editados, uma aproximação a elas.

[3] Ver, entre outros, Roger Chartier (1982, 1998 e s.d), Roger Chartier (org.) (1987) e Jean Hébrard (1983 e 1996c). Para uma abordagem do ponto de vista da sociologia dos textos, ver Don F. Mckenzie (1986), autor que tem baseado, em grande medida, os estudos da história cultural. Baseei-me também, para a elaboração deste texto, em Emanuel Araújo (1986), Philip Gaskell (1972) e Úrsula Katzenstein (1986).

[4] Roger Chartier, 1998, p. 270.

[5] Considero, aqui, para efeito da análise que realizo nesse capítulo, o autor do folheto aquele cujo nome está impresso no poema, embora saiba que nem sempre corresponda àquele que, efetivamente, compôs os versos.

[6] Mais uma vez, emprego o verbo "parecer" para realizar a afirmação, na medida em que em significativa parte dos casos (25 em 34), não é explicitado o nome de Athayde como editor, embora os indícios (forma do impresso, indicação do autor, do local de venda etc.) deixem poucas dúvidas quanto ao responsável pela edição.

[7] Segundo notícia publicada em 1956 em *O Semanário* (apud SOUZA, 1981, p. 27), após a substituição da "ronceira *Minerva* por máquinas de cilindro", Athayde passou a abastecer, sozinho, seus leitores.

[8] Para uma análise da obra de Rodolfo Coelho Cavalcante, ver Mark Curran (1987).

[9] Em 1955, Rodolfo promoveu o I Congresso Nacional de Trovadores e Violeiros.

[10] Na década de 60, principalmente, Recife volta a ocupar um importante papel na produção de folhetos, principalmente por causa da atividade editorial do poeta João José da Silva e de sua editora Luzeiro do Norte. É reconhecida, principalmente nas décadas de 50 e 60, a importância da atividade editorial do poeta Manuel Camilo dos Santos, em Campina Grande, Paraíba, com a editora "A Estrela da Poesia". Fora do Nordeste, desde a década de 1910, a editora Guajarina, do Pará, desempenha um importante papel na produção e distribuição de folhetos e, a partir de 1952, a Prelúdio (transformada em 1973 em Luzeiro) de São Paulo, passa a se especializar na produção de impressos "populares", entre os quais os folhetos de cordel, dirigidos primordialmente a um público leitor constituído de migrantes. Hoje, a Luzeiro é a principal editora de folhetos. Para um estudo sobre o repente e o cordel na região Norte, ver Vicente Salles (1985) e sobre a Prelúdio e a Luzeiro, ver Arlindo Pinto de Souza (1995) e Jerusa Pires Ferreira (1997).

[11] Essa expressão tem sido utilizada em vários estudos realizados no âmbito da História Cultural, em lugar da expressão "popular". Ver, entre outros, Roger Chartier e Hans-Jürgen Lüsebrink (org.), 1996.

[12] Em Pernambuco, banca onde se comercializam cigarros, revistas e pequenas mercadorias.

[13] A análise das modificações introduzidas principalmente pelos editores na disposição do texto na página (*la mise en page*, na expressão francesa) na tarefa de identificação do público leitor tem sido considerada fundamental nos estudos de história da leitura (ver, por exemplo, ROGER CHARTIER, s.d.).

[14] Esse processo é descrito por Emanuel Araújo (1986).

O leitor/ouvinte nas páginas dos folhetos: um estudo do texto

[1] Não se trata, entretanto, de uma análise do texto do ponto de vista da Linguística ou, especificamente, da Análise do Discurso, por exemplo. Trata-se, sobretudo, de um levantamento qualitativo de indícios que permita uma aproximação do público leitor/ouvinte visado principalmente pelo autor de folhetos.

[2] Optei por centrar a análise nos folhetos editados no período do auge de sua produção por pressupor que os textos das histórias apresentam mais permanências do que transformações ao longo do tempo, ao contrário do que acontece com os impressos.

[3] A expressão é de Umberto Eco (1986).

[4] Utilizo o verbo "assinar", pois, como já demonstraram diversos estudos, o estabelecimento da autoria no caso, principalmente, de alguns cordéis, é impreciso.

[5] Essa é a data do folheto mais antigo localizado com o título por Jerusa Ferreira (1979) e por mim mesma.

[6] Alguns autores, como se viu, chegam a identificar, nas classificações que realizam, um ciclo específico no conjunto dos cordéis, sobre Getúlio Vargas. Para um estudo específico sobre Getúlio Vargas na literatura de cordel, ver Orígenes Lessa (1973).

[7] Cf. Átila Almeida e José Sobrinho (1978).

[8] As associações entre o "mal" (em muitos casos representado pelo diabo) e os negros e índios ou seus descendentes (como o caboclo) é comum no universo do cordel. Essa questão já foi tema de estudos específicos (ver, por exemplo, Jeová Franklin, 1970, Orígenes Lessa, 1982 e Olga Santos e Marilena Vianna, 1989).

[9] Segundo Joseph Luyten (1992), obras como *O cachorro dos mortos* e *O boi misterioso* já venderam mais de um milhão de exemplares e continuam sendo vendidas até hoje, sendo algumas das preferidas do público.

[10] Para compreender alguns aspectos da penetração da figura de Carlos Magno no Brasil em suas diversas versões, ver Marlyse Meyer (1993 e 1995). Para um estudo sobre o tema de Carlos Magno nos folhetos de cordel, ver especialmente Jerusa Ferreira (1979).

[11] Por "índice de oralidade", Paul Zumthor (1993, p. 35) compreende "tudo o que, no interior de um texto, informa-nos sobre a intervenção da voz humana em sua *publicação* – quer dizer, na mutação pela qual o texto passou, uma ou mais vezes, de um estado virtual à atualidade e existiu na atenção e na memória de certo número de indivíduos."

[12] Roger Chartier, 1998, p. 275-276.

[13] Ao mesmo tempo em que qualifica o personagem como mulato, o poeta, através da referência a um "rosto largo" e a "cabelos vermelhos", faz supor que o carrasco é um caboclo. Nos dois casos, está presente a associação entre o "mal" e os descendentes de negros e índios que, como já me referi, é comum no universo dos folhetos.

[14] O tom predominantemente emocional também caracterizaria o pensamento oral, na avaliação de Ong (1982). A memória oral trabalha, através das narrativas míticas, com personagens fortes, cujas mortes em geral são monumentais, memoráveis e comumente públicas. O herói e o anti-herói servem a uma função específica na organização do conhecimento no mundo oral. O estilo hiperbólico é característico, por exemplo, das *chansons de geste* francesas. Ver, entre outros, François Suard (1993) e Paul Zumthor (1993).

[15] O mito na poesia popular foi tema dos estudos de Luiz Tavares Júnior (1980) e de Lêda Ribeiro (1987).

[16] Ver, entre outros, Albert Lord (1960), Eric Havelock (1963) e Ong (1982).

[17] Candance Slater (1984) realizou um estudo de teor semelhante. A autora comparou o folheto *O monstruoso seqüestro de Serginho*, de Apolônio Alves dos Santos, com as notícias sobre o assunto veiculadas pelo jornal *O Dia*, publicado no Rio de Janeiro, em junho de 1977.

[18] Constatação semelhante foi feita por Candance Slater (1984) em seu estudo: "Devido à cobertura jornalística do seqüestro de Serginho ter sido uma verdadeira novela com muitos capítulos, ela difere do folheto, um esforço único escrito após dispor-se de todos os fatos. [...] Como o repórter não tem todos os fatos à sua disposição senão muito tarde, as primeiras versões da estória em particular não são fáceis de enquadrar-se em um dado molde." (p. 134-135).

[19] Candance Slater (1984) constatou algo semelhante no folheto analisado em seu estudo. Nele, as descrições das pessoas são bem genéricas e se referem mais a papéis do que a traços característicos, ou seja, as personagens alegóricas e não pessoas de carne e osso": "Retirando-se os adjetivos 'bom' e 'mau', e seus sinônimos, restam poucos termos descritivos, ressaltando o interesse do cordel mais na moral do que nas realidades físicas" (SLATER, 1984, p. 139).

[20] "No final do folheto, o poeta muitas vezes recapitula a moral, insistindo com sua plateia para não esquecer o exemplo que acaba de fornecer e, ao mesmo tempo, exortando-a a ajudá-lo ou a demonstrar seu apoio à postura moral que ele adotou adquirindo um livreto para levar para casa" (SLATER, 1984, p. 113).

O leitor/ouvinte de "carne e osso"

[1] Em Nazaré, onde o entrevistado nasceu e passou a infância, em 1940, o analfabetismo entre as mulheres chegava a 87,26%. Entre os homens era de 81,12%. No Recife, no mesmo ano, 38,9% das mulheres não sabiam ler nem escrever. Esse índice descia para 33,13% quando se tratava dos homens (ver Quadro 4).

[2] Rosilene Alvim (1997), em seu estudo sobre a Companhia de Tecidos Paulista, localizada em Pernambuco, nas décadas de 30 e 40, indica que, embora a mão de obra feminina compusesse um contingente significativo da empresa, ocupava funções específicas (que excluíam as atividades no exterior da fábrica) e tinha um espaço delimitado dentro da fábrica. Além disso, o trabalho fabril se inseria em uma concepção mais geral sobre o trabalho feminino: era visto como temporário e anterior ao casamento.

[3] Embora a definição de branco, no Brasil, seja vaga e subjetiva, como exprime Roberto Levine, esses dados são, assim mesmo, significativos. Segundo o autor, essa ausência de objetividade na classificação racial da população pode explicar a variação extrema de percentagens raciais em municípios adjacentes de Pernambuco, como, por exemplo, Moxotó e Águas Belas, que tinham, em 1940, 92% e 25% de "brancos", respectivamente. Essa explicação pode ajudar a compreender também porque, entre 1872 e 1940, a percentagem de pernambucanos classificados como brancos tenha aumentado consideravelmente, embora a percentagem de negros tenha permanecido relativamente constante no período. Segundo o autor, não houve um processo de "branqueamento" no Estado nesse intervalo, mas certamente um deslocamento na definição social de mulato ou pardo (1980, p. 41).

[4] Número significativo, quando comparado com os índices de 12% para São Paulo e 11% para o Rio Grande do Sul (LEVINE, 1980).

[5] Em Bezerros, em 1940, 75,42% da população é classificada como branca. Apenas 5,86% é considerada negra, conforme dados do Quadro 1.

[6] Apud Leôncio Soares (1995).

[7] Como já foi referido, a ideia, presente em muitas pesquisas, de que um objeto de leitura pode ser associado diretamente a uma determinada camada social, expressando suas maneiras de ver o mundo, vem sendo refutada em vários estudos realizados no campo da história cultural e da leitura (ver, por exemplo, CHARTIER, s.d. e CHARTIER, 1996a).

[8] "O Mocambo tem as paredes de taipa, madeira usada, zinco, flandres, capim ou palha. O seu piso é de terra e a sua coberta de palha ou de folhas de lata. Tem uma sala e um quarto. Quarto sem luz direta e de 4 a 5 metros, quando a área mínima devia ser de 8 metros quadrados. Neste espaço sem luz, sem piso, vivem uma média de 4 a 5 pessoas. O despejos do mocambo são feitos nos braços das marés, em buracos abertos diariamente para este fim, ou à flor da terra". (Descrição dos Mocambos, feita pela Comissão Censitária e publicada na Folha da Manhã de 23 de junho de 1939) (apud PANDOLFI, 1984, p. 59).

[9] Em 1940, cerca de 22% dos óbitos por doenças registrados no Recife tiveram como causas a diarreia e a enterite e 14% a tuberculose (BARROSO FILHO, 1985).

[10] A associação entre o "popular" e o "rural" é característica de vários estudos sobre cultura popular. Michel de Certeau et al. (1995/1974) hipotetizam que essa ênfase no "retorno ao povo" revela o temor, pelas elites, das camadas populares urbanas. A cidade é vista como "perigosa e corruptora porque as hierarquias tradicionais aí se dissolvem. De onde esse retorno a uma pureza original dos campos, símbolo das virtudes preservadas desde os tempos mais antigos." (p. 1995, p. 58). À semelhança dessas pesquisas realizadas na Europa, também em muitos estudos sobre cordel o povo aparece como depositário de uma pureza, ingenuidade e primitivismo originais e o rural é considerado como o lugar próprio de manifestação dessa pureza. E o Nordeste – que viveria "congelado" e não "contaminado" pelos males urbanos há quase quinhentos anos, assemelhando-se à Europa medieval – é a região em que esse caráter original mais aparece.

[11] Márcia Abreu, por exemplo, repete a afirmação da autora de maneira semelhante: "A temática dos folhetos interessava ao público rural e urbano, mesmo porque, no início do século,

as distinções entre campo e cidade não eram tão marcadas no Nordeste. Apesar de o público pertencer, predominantemente, às classes populares, setores das classes dominantes interessavam-se pelos folhetos, pois, apesar das diferenças econômicas, estavam também imersos numa cultura oral e tinham como uma das principais fontes de lazer as histórias narradas nos folhetos." (ABREU,1993, p. 173, grifos meus).

[12] Ver, por exemplo, Moema d'Andrea (1992) e Neroaldo Azevedo (1984).

[13] Em relação a esse aspecto, é interessante observar que conversei também com seis pessoas com idade entre 20 e 35 anos, residentes no Recife, duas nascidas na cidade e quatro migrantes de cidades do interior do Estado. As quatro migrantes não somente conheciam, como haviam tido experiências de leitura/audição de folhetos em suas cidades de origem. Das duas nascidas no Recife, uma, pertencente às camadas populares, nunca havia ouvido falar em "folheto" ou "cordel". A outra, de instrução superior e pertencente à classe média, pensava que a "literatura de cordel" havia sido, sempre, um produto para turistas. Na verdade, não se pode afirmar inteiramente que hoje o cordel não faz parte da cultura urbana por causa do grande contingente de migrantes "nordestinos" que habitam no Rio de Janeiro e em São Paulo, cidades em que os cordéis são mais consumidos, na atualidade.

A "cultura escrita" do leitor/ouvinte

[1] Para Magda Soares, a partir desse ponto de vista, um sujeito, mesmo sendo analfabeto, pode, em alguns casos, ser considerado, de certa forma, *letrado*, na medida em que o mais importante, no conceito, são os usos da escrita feitos pelos sujeitos. No entanto, a autora reconhece que o fenômeno de *letramento* é difícil de ser definido e avaliado, na medida em que "cobre uma vasta gama de conhecimentos, habilidades, capacidades, valores, usos e funções sociais", envolvendo, portanto, "...sutilezas e complexidades difíceis de serem contempladas em uma única definição." (1998, p. 65-66). A respeito dos conceitos de *letramento* e *alfabetismo* e de suas utilizações em pesquisas no Brasil, ver, além da obra citada, Magda Soares (1995), Vera Ribeiro (1999) e coletânea organizada Ângela Kleiman (1995).

[2] Crispim, casado com Ana Maria, nasceu em Sertânia, sertão de Pernambuco, em 1910. Trabalhou, durante a maior parte da vida, como pequeno agricultor. Em 1997, quando o entrevistei, morava há dois anos no Recife.

[3] Ana Maria, dona de casa, casada com Crispim, nasceu também em Sertânia. Entrevistada em 1997.

[4] Zé Mariano, entrevistado em 1996 e 1997, nasceu em Umbuzeiro, Paraíba, em 1922. Trabalhou, inicialmente, como pequeno agricultor e, depois que migrou para o Recife, como pedreiro e em outras ocupações, principalmente na construção civil. Analfabeto, nunca frequentou a escola.

[5] Delita, mãe de Zezé e de Zeli, nasceu em Pilar, Paraíba, em 1911. Desde os 16 anos mora em uma cidade da região metropolitana do Recife. Trabalhou a maior parte da vida como lavadeira. Entrevistada em 1997.

[6] Zé Moreno nasceu em Nazaré da Mata, zona da mata de Pernambuco, em 1924. Migrou para o Recife aos dezesseis anos. Durante a maior parte de sua vida, trabalhou como motorista de caminhão e de táxi. Estudou somente "uma parte da carta do ABC". Entrevistado, em duas ocasiões, em 1997.

[7] Edson nasceu em Limoeiro, agreste de Pernambuco, em 1921. Vende folhetos de cordel desde 1938. Entrevistado para esta pesquisa em 1996 e 1997.

[8] Antônio nasceu em Bezerros, agreste de Pernambuco, em 1925. Militar durante a maior parte de sua vida, há vários anos trabalha como ambulante no centro do Recife. Estudou até o "terceiro livro de leitura." Entrevistado em 1997.

[9] Zezé, filha de Delita e irmã de Zeli, nasceu em Jaboatão, na região metropolitana do Recife, em 1932. Dona de casa, cursou os quatro primeiros anos da escola primária. Entrevistada em 1997.

[10] Zeli, filha de Delita e irmã de Zezé, nasceu em Jaboatão, na região metropolitana do Recife, em 1930. Dona de casa, estudou até o "terceiro livro de leitura." Entrevistada em 1997.

[11] Ver, para a discussão dessa questão em processos contemporâneos, o estudo de Vera Ribeiro (1999).

[12] Essa questão já foi constatada em outros estudos, como, por exemplo, por Justino Magalhães (1999), no caso português.

[13] Exceção a Zeli, que demonstrou grande intimidade com a literatura de folhetos.

[14] Rosilene Alvim (1997), em seu estudo sobre a Companhia de Tecidos Paulista, localizada em Pernambuco, nas décadas de 30 e 40, indica que, embora a mão de obra feminina compusesse um contingente significativo da empresa, ocupava funções específicas (que excluíam as atividades no exterior da fábrica) e tinha um espaço delimitado dentro da fábrica. Além disso, o trabalho fabril se inseria em uma concepção mais geral sobre o trabalho feminino: era visto como temporário e anterior ao casamento.

[15] Constatação também feita por Justino Magalhães (1999), para o caso português.

[16] Ver, a esse respeito, em processos contemporâneos, Ângela Kleiman (1995) e Ivani Ratto (1995).

[17] No Brasil, na área de educação e, particularmente, no campo da história da educação, são quase inexistentes os trabalhos que tematizam a questão do autodidatismo, embora se saiba que somente a partir da década de 50 do século XX, a escola comece a ocupar um papel significativo, pelo menos numericamente, na inserção das pessoas no mundo da leitura e da escrita. Em outros países, como a França, por outro lado, esse tema foi objeto de alguns trabalhos. Ver, entre outros, Jean Hébrard (1996a, 1996b e s.d.) e o número especial da revista *Histoire de l'Éducation* sobre autodidaxias (FRIJHOFF, 1996).

[18] Embora já criticadas no final do século XIX, as cartas do ABC ou abecedários foram amplamente utilizados no Brasil até meados do nosso século. Samuel Pfromm Neto et al. (1974) afirmam que, até o início da década de 30, a editora Globo, de Porto Alegre, anunciava suas "Cartas de ABC", folheto vendido por 200 réis, que parece, segundo os autores, ter tido sucessivas edições.

[19] Paulo Freire, nascido em uma época em que as cartas do ABC eram quase obrigatórias no aprendizado da leitura e da escrita, considera sua experiência particular uma exceção: "Em lugar de uma enfadonha cartilha ou, o que seria pior, de uma 'Carta do ABC', em que as crianças tinham de decorar as letras do alfabeto, como se aprendessem a falar dizendo letras, tive o quintal mesmo de minha casa – o meu primeiro mundo – como minha primeira escola." (FREIRE, 1994, p. 49). Segundo o autor, uma das maiores dificuldades que enfrentou quando foi trabalhar no final da década de 1940 no SESI do Recife, foi tentar convencer os trabalhadores de que poderia haver outros caminhos, além da *Carta do ABC*, para a aprendizagem da leitura e da escrita. Para eles, o método havia funcionado com seus avós, pais e com eles mesmos, não havendo necessidade de mudanças.

[20] Era comum se aprender a ler com a *Carta do ABC* em casa, antes do ingresso na escola formal.

[21] E também informais, na medida em que muitos só iam para a escola após o término do Primeiro Livro de Leitura. Uma das personagens do romance *Tempestade no Porão* (Alves da Mota, 1987), a menina Claudina, por exemplo, só ingressa na escola após o término do primeiro livro de Felisberto de Carvalho. Assim também ocorreu com Carlinhos, personagem alter-ego de José Lins do Rego (1977/1933), em *Doidinho*, no início do século na Paraíba.

[22] Os livros desse autor eram largamente utilizados nas escolas da época, em todo o país. Publicados nas últimas décadas do século XIX, foram considerados inovadores naquele momento. Ver Samuel Pfromm Neto et al. (1974).

[23] Cf. Brasil, 1950. Em 1940, o índice brasileiro de analfabetismo para a população de mais de 15 anos era de 56,17% (OTAIZA ROMANELLI, 1978). Em 1950, 28% dos moradores das áreas urbanas e suburbanas com mais de 20 anos eram analfabetos, porcentagem que passava para 67,8% nas áreas rurais. (DIAS, 1993).

[24] Segundo Rosângela Dias (1993), em que pese a grande produção de chanchadas brasileiras nas décadas de 40 e 50, a maior parte dos filmes exibidos no país eram estrangeiros, em grande parte, de origem americana. Em 1950, entraram no Brasil 1.798 filmes produzidos nos Estados Unidos, seguidos de longe pelos 168 filmes ingleses. Em 1953, foram 34 os filmes produzidos no Brasil.

[25] Para muitos autores, os anos 30 e 40 podem ser considerados a "época de ouro" dos quadrinhos, em todo o mundo.

Segundo Rostand Paraíso (1996), que compartilha dessa afirmação, algumas das histórias mais difundidas mundialmente começaram a ser publicadas no Brasil em 1934, em um suplemento infantil do jornal "A Nação", um dos principais jornais do Rio de Janeiro na época.

A posse e o empréstimo: o acesso dos leitores/ouvintes aos folhetos

[1] O livro adquirido tem um valor simbólico, muitas vezes associado a um poder mágico, a um saber encoberto, somente acessível, pelo menos em parte, a quem o possui. Ver, entre outros, Geneviève Bollème (1969) e Daniel Fabre (1985).

[2] Refere-se ao livro *Brasil Caboclo*, de Zé da Luz.

[3] Pesquisando nos acervos da Biblioteca Pública de Pernambuco e na biblioteca da Fundação Joaquim Nabuco, pude constatar que quase todos os folhetos disponíveis para consulta (na Biblioteca Pública eles estão em um acervo especial destinado aos pesquisadores) foram produzidos a partir dos anos 70.

[4] O trabalho de Gilda Verri (1996) investiga a implantação de bibliotecas em bairros de grande concentração populacional do Recife – Encruzilhada, Casa Amarela, Afogados e Santo Amaro –, a partir dos anos 40, como parte de um projeto mais amplo de popularização da cultura, promovido pela prefeitura, que incluía também a criação de uma discoteca (com auditório, cabines individuais, coleção de livros sobre música, sala de leitura), um posto de empréstimos no centro da cidade e um ônibus-biblioteca. A Biblioteca Pública de Casa Amarela, por exemplo, criada em 1949, dispunha de oito mil volumes, de salas de leitura para adultos e crianças, além de auditório. O ônibus-biblioteca, criado em 1954, tinha capacidade para 1.300 livros e percorria, em horários diurnos e noturnos, quase todos os bairros populares e de classe média do Recife.

[5] Ver, entre outros, Lucilo Varejão (1992a), Gilberto Freyre (1975), José Lins do Rego (1993).

[6] A Praça Dom Vital ou, simplesmente, a Praça do Mercado.

[7] O Mercado de São José sofreu um incêndio na segunda metade dos anos 80, tendo sido restaurado e reinaugurado em 1994.

[8] O autor refere-se ao cinema Glória: dos filmes que projetava devem ter saído, provavelmente, muitas histórias de folhetos e, dos cartazes que os anunciavam, muitas ilustrações de suas capas (Souza, 1977).

[9] Cf. José Lins do Rego (1993), João Porciúncula (1990).

[10] João Porciúncula (1990, p. 399).

[11] Segundo Liêdo Souza (1977), Edson foi o primeiro vendedor a se estabelecer na praça, em 1938. Depois dele, muitos se fixaram e, quando o entrevistei em 1997, a única barraca que ainda vendia folhetos, no Mercado de São José e arredores, era a sua.

[12] Ver, entre outros, Itamar Vasconcelos (1980), João Porciúncula (1980), Paulo Cavalcanti (1978), Hilton Sette (1995), Paulo Freire (1994), Rostand Paraíso (1996).

[13] Como já demonstraram várias pesquisas (ver, por exemplo, Harvey Graff, 1987; Brian Street, 1995; Elizabeth Eisenstein, 1985; Roger Chartier, 1994), embora se considere que as relações entre oralidade e escrita são muito mais complexas do que alguns estudos podem fazer supor, resultados de investigações que buscam apontar as características e os principais efeitos da escrita, podem contribuir para compreender melhor algumas situações aqui descritas. Segundo Walter Ong (1982), a escrita distancia a palavra do som: a evanescência da oralidade dá lugar ao espaço visual da escrita. A escrita também provoca o distanciamento, no tempo e no espaço, entre a fonte da comunicação – o escritor – e o recipiente – o leitor. Na comunicação oral, por outro lado, fonte – o falante – e recipiente – o ouvinte – estão necessariamente um com o outro. A escrita distancia também a palavra do contexto existencial. Na enunciação oral, o contexto sempre inclui mais do que palavras: a maior precisão das enunciações dá-se através de elementos não verbais, o que torna os significados situacionais. A escrita se constituiria, então, em um discurso autônomo, fruto do pensamento analítico: a comunicação, por esse meio, está menos embebida das pressões sociais do momento imediato.

[14] O leitor refere-se ao folheto *João de Calais*.

[15] O nome do personagem é, de fato, Guy de Borgonha.

[16] Cf. depoimentos especialmente de Antônio e Zeli, leitores que mais se lembraram de títulos de romances. Além desses títulos, um exemplar da história da *Garça encantada* – editado em 1950 – foi-me doado por esta última entrevistada.

[17] *A vida de Cancão de Fogo e o seu Testamento*, de autoria de Leandro Gomes de Barros, é composto de duas histórias com o mesmo personagem. A primeira conta algumas das proezas feitas por Cancão de Fogo, um esperto e desonesto menino, em vários lugares do Brasil. A segunda história trata da última espertezа de Cancão: no momento de sua morte, em seu testamento, deixa bens para o juiz e para o escrivão; bens que descobrem, posteriormente, não estavam em nome de Cancão.

[18] Cf. depoimentos de Zé Mariano, Antônio, Crispim e Ana Maria. Como referido, o folheto *As proezas de João Grilo* é considerado um "clássico" entre os livros cômicos de cordel.

[19] Camões é também um anti-herói popular. Seu nome advém provavelmente da popularidade do escritor português. Cf. Renato C. de Campos (1977) e Manuel Diégues Júnior (1986).

[20] Cf. depoimento de Zeli. Segundo Renato C. de Campos (1977/1959), poetas populares e trabalhadores rurais utilizam "Malasarte" e não "Malasartes".

[21] Jeca Tatu foi objeto de polêmica entre os folcloristas na época. Leonardo Mota (1987/1921), por exemplo, denomina o personagem de Monteiro Lobato uma criação dos "literatos de beira-mar" (p. 313).

[22] Na Espanha, o personagem, de quem há referências desde o século XVI tem o nome de Pedro Urdemales. Anti-heróis semelhantes também foram encontrados na França. Cf. Renato Carneiro de Campos (1977/1959).

[23] *Seringueiro do Norte*.

As situações de leitura/ audição de folhetos

[1] Segundo Roger Chartier (1998), uma das condições necessárias para evitar qualquer anacronismo na compreensão das obras é *"repérer les effets propres aux différents modes de représentation, de transmission et de réception des textes"* (p. 274). Um mesmo texto, lido em voz alta ou silenciosamente, de maneira intensiva ou extensiva, produz significados diferentes para seus leitores. A relação contemporânea com obras e gêneros não pode ser considerada nem como invariante nem como universal.

[2] Gonçalo Fernandes Trancoso publicou, em 1585, a primeira coletânea portuguesa de contos colhidos da tradição oral: *Contos e histórias de proveito e exemplo*. Segundo Câmara Cascudo (1988/1954), os contos de Trancoso se espalharam rapidamente: em 1618, na obra *Diálogos das grandezas do Brasil*, já há registros sobre eles na capitania da Paraíba. De modo geral, a denominação "contos" ou "histórias de Trancoso" passou a designar, em alguns Estados do Nordeste, todo o gênero de contos populares.

[3] A construção de vilas populares, incluindo a das Lavadeiras, onde moraram Delita e Zezé, foi uma das prioridades da interventoria de Agamenon Magalhães na época do Estado Novo, como uma das formas de combate à proliferação dos mocambos (situação que, efetivamente, não foi evitada). No entanto, nem sempre a construção dos novos conjuntos habitacionais era acompanhada de uma necessária infraestrutura de serviços, que incluísse, por exemplo, energia elétrica ou saneamento básico. Ver Dulce Pandolfi (1984).

[4] Ver, entre outros, Roger Chartier (1991).

[5] Essa constatação já foi realizada em alguns estudos sobre o tema. Franklin Maxado (1984, p. 22), por exemplo, indica que, em casa, o folheto era lido, em voz alta para os demais, pelo membro "mais alfabetizado e de melhor voz". Antônio Arantes, por sua vez, assim descreve a leitura realizada em casa, pelo comprador: "Na leitura dos folhetos em casa, as pessoas em geral reproduzem o modo de leitura do folheteiro [...]. Nas reuniões de vizinhos ou amigos, em horas de folga, quem sabe mais canta ou declama os folhetos, segurando o livrinho e repassando o texto, embora muitas vezes já o conheçam de cor, totalmente ou em parte, exatamente como acontece com o folheteiro na feira. Os ouvintes (homens, mulheres e crianças) respondem ao

leitor de acordo com o que acontece no enredo, rindo e manifestando aprovação a valores expressos nos poemas, através de frases estereotipadas como: 'Êta cabra valente da gota! É valente demais, homem', etc." (1980, p. 36).

[6] Ver, especialmente, Manoel Heleno (1994), Valdemar de Oliveira (1985), Gilberto Freyre (1975) e Paulo Cavalcanti (1978).

[7] Apesar das prescrições do movimento escolanovista em torno da necessidade da leitura silenciosa substituir progressivamente a leitura em voz alta no cotidiano escolar (ver, por exemplo, Diana Vidal, 1995), a grande maioria das escolas continuava mergulhada em práticas baseadas na oralização, na repetição e na memorização. Para um estudo do cotidiano escolar no início do século, ver minha dissertação de mestrado: Galvão (1994 e 1998).

[8] Ver, entre outros, João Porciúncula (1990), Paulo Cavalcanti (1978), Itamar Vasconcelos (1980).

[9] O conto Joãozinho e Maria corresponde ao episódio de Hansel e Gretel, colhido, em diversos países europeus, em diferentes versões, pelos irmãos Grimm. Variantes portuguesas foram coletadas por Teófilo Braga, Leite de Vasconcelos e Consiglieri Pedroso (Câmara Cascudo, 1986).

[10] A versão de Zeli é bastante semelhante à recolhida por Câmara Cascudo (1986) em Natal.

[11] Ver *Os cinco livros do povo*, de Câmara Cascudo (1994/1953).

[12] A versão tradicional de Perrault foi recolhida no século XVII e, redifundida, no século XVIII, pelos irmãos Grimm.

[13] Ver Umberto Eco (1986), assim como estudos da teoria da Estética da Recepção: Hans-Robert Jauss et al. (1979), Wolfgang Iser (1996/1976), Regina Zilberman (1989).

[14] Por muito tempo se acreditou que a leitura (e aqui estendo também à audição) seria "um fenômeno invariável e sempre igual a si mesmo. Estudar as leituras de um determinado grupo se identificaria, por isso, a investigar não a leitura mesma – que, não admitindo variação, constituiria um mesmo conjunto de competências compartilhadas, em maior ou menor grau, pelos indivíduos alfabetizados – mas a *distribuição* ou a *difusão* de seu hábito no grupo ou nas populações consideradas. Vale dizer: uma vez que a leitura seria um conjunto de processos uniformes e invariáveis ao longo do tempo e dos espaços sociais, a única tarefa que se poderia atribuir a estudos sobre as leituras de um determinado grupo se resumiria à apreensão da freqüência e da intensidade com que nesse grupo a leitura ocorreria e dos fatores que contribuiriam para o maior ou menor grau de sua ocorrência." (BATISTA E GALVÃO, 1999). Para uma análise de contos na perspectiva da história cultural, ver Robert Darnton (1986).

[15] Ver o estudo clássico de Maurice Halbwachs (1956).

[16] As pessoas entrevistadas por Julie Cavignac (1997), em pesquisa realizada no sertão do Rio Grande do Norte, também confundiam as histórias de Trancoso, os contos e os romances de cordel. Mais uma vez, percebe-se que a questão das origens é extremamente problemática, principalmente em um país onde a circularidade entre culturas encontra-se presente desde os momentos iniciais da colonização.

[17] Ver Câmara Cascudo (1984/1937).

[18] Cf. depoimentos de Zeli e Antônio. Segundo Ruth Terra (1983), os poetas de cordel gozavam de uma certa independência financeira em relação aos cantadores, na medida em que esses últimos viviam geralmente sob tutela dos fazendeiros, que os contratavam para as apresentações.

[19] Câmara Cascudo (1988/1954) afirma que o primeiro registro que localizou no Brasil a respeito dessa prática de derrubar bois data de 1870.

[20] Utilizo, aqui, as expressões "intensiva" e "extensiva" nos sentidos que lhes são atribuídos por Rolf Engelsing, em artigo datado de 1970, e retomado sucessivamente por historiadores da leitura. Ver, por exemplo, Roger Chartier e Guglielmo Cavallo (1997). Segundo a tese de Engelsing, na segunda metade do século XVIII, a leitura "intensiva" teria sido substituída por uma leitura qualificada de "extensiva": gradativamente, a leitura de um *corpus* limitado e fechado de textos (principalmente de cunho religioso), lidos e relidos, memorizados e recitados, transmitidos de geração em geração, passou a ser substituída pela leitura, rápida e ávida, de um grande número de impressos, diversos e efêmeros. Essa tese tem sido continuamente questionada, principalmente

porque estudos mais recentes têm observado que numerosos eram os leitores "extensivos" na época considerada de leitura "intensiva". No entanto, mantêm-se os conceitos gerais dos dois tipos de leitura que, muitas vezes, ocorrem ao mesmo tempo e no mesmo espaço.

[21] Observe-se que a referência utilizada era o tempo de declamação e audição do folheto, já que a "leitora" era analfabeta, não recorrendo ao impresso, mas somente à sua memória.

[22] Tipos semelhantes de alterações foram contatados por Julie Cavignac (1997), ao comparar os textos dos folhetos com as *performances* orais dos narradores. A memória das pessoas entrevistadas pela autora permanece, em muitos casos, fiel ao texto escrito, mas, às vezes, dele também se distancia, quando recria certas estrofes, não obedece à métrica e ou utiliza um vocabulário próprio.

[23] Em um dos romances analisados, por exemplo, um dos personagens, que sabia muitas histórias de memória, afirma que as recolhia principalmente no bairro onde morava e guardava-as no "quengo". Em outros casos, "ajeitava", ou seja, adaptava as histórias ouvidas ao contexto em que iria recontá-las e à audiência que iria ouvi-las (PORCIÚNCULA, 1990).

[24] Cf. Hilton Sette (1995), Homero Freire (1986), Itamar Vasconcelos (1980), Ovídio Duarte (1988).

[25] Cf. Rostand Paraíso (1996), Valdemar de Oliveira (1995) e José Lins do Rego (1993).

Papéis atribuídos à leitura/ audição de folhetos

[1] Ver, por exemplo, Valdemar de Oliveira, 1985.

[2] Ver, por exemplo, José Lins do Rego, 1993/1935.

[3] Para uma descrição das "danças dramáticas" brasileiras, comuns nas décadas iniciais do século, ver Mário de Andrade (1982a, 1982b e 1982c). Para um estudo sobre os folguedos celebrados em Pernambuco, ver Roberto Benjamin (1989). Sobre o bumba meu boi ver Maria Carvalho (1995) e sobre o pastoril profano de Pernambuco, ver Luiz Gonzaga de Mello e Alba Pereira (1990).

[4] Cf. depoimentos de Zezé, Zé Mariano, Zé Moreno.

[5] Zeli e Antônio lembram-se da implantação de cinemas – mudos – em João Alfredo e em Bezerros, cidades em que moravam no interior do Estado.

[6] O *Indicador da Cidade* (1932) traz uma relação de 11 cinemas "sonoros" e de 11 cinemas "silenciosos", em funcionamento nos bairros e centro do Recife em 1932. Para os autores das autobiografias e romances, cinemas da cidade, como Espinheirense, Pathé, Royal, Vitória, Politeama, Encruzilhada, Politeama, Boa Vista, Rivoli, Albatroz, Glória, Ideal, Torre, Rian, onde assistiam a filmes e seriados (e, às vezes, até mesmo palestras e conferências promovidas por movimentos sociais organizados) de companhias como Vitagraph, Ambrósio, Itala, Fox e Aurora ficaram em suas memórias. Cf. Rostand Paraíso (1994 e 1996), Valdemar de Oliveira (1985), João Porciúncula (1990), Itamar Vasconcelos (1980).

[7] Ver, especialmente, Valdemar de Oliveira (1985).

[8] "Baixo-falante era uma caixinha, como uma espécie d'uma caixinha de música. Era feito de carvão vegetal com sal, até urina eles punha numa panela, botava um monte de cobre, sal, carvão, cobre e enfiava no chão. Ali dentro daquela panela empurrava um fio, aquele fio, aquilo dentro, aqueles troços que eles botavam gerava energia. Energiazinha fraca, mas que dava pra mover um alto-falante. O alto-falante tinha uma pecinha, uma espécie de 'u', mas bem fechado, não era um 'u' assim aberto, era um 'u' bem fechado, quase como um 'v', e de ímã. Dentro da caixinha, com alguns ingredientes que eles inventavam, ali uma antena num pé de pau, lá, outra antena cá e o fio de lá pra cá. No meio daquele fio vinha um ponto que descia pr'aquela panela e aí captava o som da Rádio Clube, que só era a Rádio Clube que tinha aqui. [...] Então captava. Enquanto o rádio falava como a gente, nós tamos falando aqui, agora, nítido assim, ele falava bem pá-pá-pá, fanhoso. E bem baixinho" (Zé Moreno).

[9] "Às tardes de sábado, o comércio abria e senhoras e moças da melhor sociedade recifense desfilavam nas ruas Nova e da Imperatriz, bem vestidas, perfumadas, alegres e saltitantes, fazendo compras, indo aos cinemas, sorveterias e casas

de lanches. Os rapazes ficavam em certas esquinas estratégicas para olhar as moças, cumprimentá-las, conversar. O *footing* fez época. Mereceu crônicas e reportagens." (VASCONCELOS, 1980, p. 151).

[10] A oposição entre as disposições estéticas e ético-práticas pode ser considerada clássica nos estudos de sociologia da leitura, especialmente nos estudos sobre os modos populares de apropriação dos textos ou de outros objetos culturais (ver, por exemplo, BOURDIEU, 1983b). De um lado, uma produção e consumo culturais – característicos dos leitores "diplomados" – que privilegiam a forma artística em detrimento de seu conteúdo ou de sua função; de outro, a disposição ético-prática – característica dos leitores populares – que recusa a dissociação entre forma e função, forma e conteúdo, modo de representação e conteúdo representado. Essa oposição, no entanto, tem sido questionada, na medida em que pesquisas empíricas têm constatado que também os "leitores diplomados" fazem como os leitores das camadas populares: "*ils plongent dans les situations, s'identifient aux personnages, les aiment ou les détestent, anticipent sur ce qui va se passer ou imaginent ce qu'ils feraient eux-mêmes, apprécient ou désapprouvent la morale de l'histoire, ressentent des frissons, rient ou pleurent en lisant des romans...*" (LAHIRE, 1998, p. 109). Bernard Lahire prefere, então, realizar uma oposição entre os leitores "profanos", de um lado, e os leitores "profissionais" – que realizariam, então, uma leitura estilística –, de outro. Ver Lahire (1998), especialmente p. 107-118.

[11] Folheto de autoria atribuída a João Martins de Athayde. A edição que analisei, não datada, provavelmente foi publicada entre os anos 20 e 30.

[12] "A mais interessante historia ate hoje conhecida quem lê a primeira pagina ficará ancioso para vê o fim do livro" (*A história de um pescador*, p. 1).

[13] Folheto de autoria atribuída a João Martins de Athayde. A edição que analisei, não datada, provavelmente foi publicada entre os anos 20 e 30. Depois das quatro primeiras estrofes, em que apresenta o cego, o poeta assim dirige ao leitor: "Por isso é que vou contar/uma história interessante/pra quem gosta de sorrir/vá lendo até muito adiante/sorrirá muito, não nego/ vendo a vida desse cego/ feio, nojento e pedante" (*O namoro de um cego com uma melindrosa da atualidade*, p. 2).

[14] Refiro-me, por exemplo, à associação realizada, por alguns leitores, entre os personagens das histórias e pessoas que habitavam seu mundo concreto: Zefinha compara seu pai a Lampião; Ana Maria associa Crispim à Maria Borralheira e assim por diante. Bernard Lahire (1998), como já me referi, não considera esse modo de associação característico da leitura das camadas populares, mas da leitura dos "leitores profanos", exteriores às implicações do campo literário. Esses leitores tendem a se identificar ou a associar aqueles com quem convivem diariamente aos personagens das histórias que leem. Como afirma o autor: "...*tous les thèmes qui pouvaient, par proximité culturelle et sociale, rendre possible l'adhésion, la participation, l'identification, positives ou négatives, à l'histoire et permettre ainsi de faire travailler, sur un monde imaginaire, les schémas de propre expérience, tous ces thèmes faisaient la joie des lecteurs.*" (p. 110, grifos do autor). Segundo o autor, textos narrativos permitem a qualquer leitor ler modelos situacionais, de comportamentos, soluções a situações difíceis ou problemáticas. A leitura permite elaborar e reelaborar os esquemas de experiência e as identidades.

[15] Em Pernambuco, "aperto", "sufoco".

[16] Esse procedimento parece caracterizar, em grande medida, os procedimentos autodidatas de aprendizagem da leitura: "Da alta idade média à época contemporânea, parece que existem assim os mesmos procedimentos 'selvagens' de acesso ao escrito, aí compreendido no interior das formas menos profissionalizadas da alfabetização. Todos participam do mesmo espírito: chegar a identificar no texto escrito os segmentos que correspondem a unidades mais ou menos bem recortadas de um texto oral já memorizado. Esse procedimento poderia caracterizar tanto uma alfabetização restrita (limitada ao *corpus* fechado dos textos anteriormente memorizados e referente essencialmente ao registro religioso) quanto uma alfabetização que pode generalizar-se para uma multiplicidade de leituras estranhas a essa cultura escrita de transmissão oral, que permanece sendo o ponto de partida de qualquer trajeto autodidático. Entretanto, podemos imaginar que a passagem de uma a

outra só é possível com a condição de que o leitor venha a dar a seu ato uma função mais semântica (construir o sentido de um texto) que evocadora (reencontrar, graças à escrita, a recordação de um texto já conhecido). (JEAN HÉBRARD, 1996b, p. 60).

[17] "Desarnar" é, na verdade, a pronúncia oral regional de "desasnar" [De *des* + asno + *-ar*]: "Tirar da ignorância; ensinar"; "Tirar de engano ou erro; desenganar, desiludir." (FERREIRA, 1986, p. 546).

[18] A expressão de Zé Mariano se assemelha aos sentimentos do personagem de Luis Sepúlveda, o velho que lia romances de amor: "Lia lentamente, juntando as sílabas, murmurando-as a meia voz como se as saboreasse e, ao ter dominada a palavra inteira, a repetia de uma só vez. Depois fazia o mesmo com a frase completa e, dessa maneira, se apropriava dos sentimentos e ideias plasmados nas páginas.

Quando uma passagem lhe agradava especialmente, ele a repetia muitas vezes, todas as que achasse necessárias para descobrir como também a linguagem humana podia se bela." (1993, p. 25)

[19] "A partir de uma concepção de integração dos setores sociais mais populares ao projeto governamental, a interventoria de Pernambuco aproxima-se de imediato dos Centros Educativos Operários, criados por iniciativa de um grupo de católicos, em período um pouco anterior ao Estado Novo. Nestes centros, o operariado do estado recebia instrução primária e profissional, educação social, trabalhista e cívica, assistência médica e dentária." (PANDOLFI, 1984, p. 57) Alguns romances, como o de João Porciúncula (1990), também fazem referências a esses centros.

Conclusão

[1] Ver estudo de Maria de Lourdes Matencio (1995) a respeito das imagens do analfabeto veiculadas na mídia.

[2] Sobre o mito do alfabetismo, ver Harvey Graff (1994).

[3] Para uma discussão sobre questões dessa natureza e sobre o papel da escola na "invenção" do *iletrismo* no caso francês, ver Anne-Marie Chartier e Jean Hébrard (1992) e Jean Hébrard (1990).

[4] Para um aprofundamento da questão, ver Michel Foucault (1972/1969).

FONTES E REFERÊNCIAS BIBLIOGRÁFICAS

FOLHETOS ANALISADOS[1]

FOLHETOS DATADOS

1900 – 1909

BAPTISTA, Francisco das Chagas. *A vida de Antonio Silvino*. Recife: Imprensa Industrial, 1904, 16p. (Edição fac-similar).

BAPTISTA, Francisco das Chagas. *A historia de Antonio Silvino contendo o retrato e toda a vida de crimes do celebre cangaceiro desde o seu primeiro crime até a data presente – setembro de 1907*. Recife: Imprensa Industrial, 1907, 47p. (Edição fac-similar)

BAPTISTA, Francisco das Chagas. *A historia de Antonio Silvino (novos crimes)*. Contendo todas as façanhas do celebre quadrilheiro desde setembro de 1907 até junho de 1908. A formosa Guiomar. Recife: Imprensa Industrial, 1908, 16p. (Edição fac-similar)

BAPTISTA, Francisco das Chagas. *A morte de Cocada e a prisão de suas orelhas... A politica de Antonio Silvino*. Recife: Imprensa Industrial, 1908, 16p. (Edição fac-similar)

BARROS, Leandro Gomes de. *Os dezréis do governo*. Conclusão da mulher roubada. Manoel de Abernal e Manoel Cabeceira. Recife: Typographia Miranda, 1907, 16p. (Edição fac-similar)

BARROS, Leandro Gomes de. *Batalha de Ferrabraz com Oliveiros*. [Recife]: s.ed., 1909, 47p. (IEB)

---

[1] Após a referência de cada folheto, indico o seu acervo de origem: IEB – Instituto de Estudos Brasileiros/ Universidade de São Paulo; FCRB – Fundação Casa de Rui Barbosa; FRC – Fundo Raymond Cantel; acervo particular; edição fac-similar.

BARROS, Leandro Gomes de. *O imposto e a fome*. O reino da Pedra Fina. O homem que come vidro. [Recife]: s.ed., 1909, 16p. (IEB)

BARROS, Leandro Gomes de. *O dinheiro*. Casamento do sapo. Últimas palavras dum papa. [Recife]: s.ed., 1909, 16p. (Edição fac-similar) 1910 – 1919.

BARROS, Leandro Gomes de. *O Cometa*. Romano e Ignacio da Catingueira. Recife: s.ed., 1910. 18p. (Edição fac-similar)

BARROS, Leandro Gomes de. *Consequencias do casamento*. Encontro de Jovino com Bentinho, no outro mundo. O Reino da Pedra Fina. Recife: s.ed., 1910, 17p. (Edição fac-similar)

BARROS, Leandro Gomes de. *A verdade nua e crua*. A dôr de barriga de um noivo. Recife: Typographia do Jornal do Recife, 1913, 16p. (IEB)

BARROS, Leandro Gomes de. *Batalha de Oliveiros e Ferrabraz*. Recife: Typographia da Livraria Franceza, 1913, 55p. (FCRB)

BARROS, Leandro Gomes de. *O Reino da Pedra Fina – completo*. O rei da miséria e seus filhos. Guarabira: Pedro Baptista e cia., 1919a, 48p. (FCRB)

BARROS, Leandro Gomes de. *O cachorro dos mortos*. 3ed. completa. Guarabira: Pedro Baptista & Cia, 1919b, 48p. (Edição fac-similar)

GUEDES, Antonio Baptista. *O testamento de Antonio Silvino contendo seu verdadeiro retrato*. Peleja de José Patricio com Manoel Clementino. Recife: Imprensa Industrial, 1911, 16p. (IEB)

NEVES, Gregorio das. *O principe encantado ou o passarinho verde-linho*. S.l.: Typographia Editora Popular, 1911, 16p. (IEB) 1920 – 1929.

ADÃO FILHO, José. *Marco parahybano*. 1ed. Recife: Typographia Chaves, 1921, 16p. (IEB)

ADÃO FILHO, José. *Marco parahybano*. 1ed. Fasciculo 3. Recife: Typographia Chaves, 1921, p.33-48. (IEB)

ADÃO FILHO, José. *Marco parahybano*. 1ed. Fasciculo 4. Recife: Typographia Chaves, 1921, p. 49-64. (IEB)

ADÃO FILHO, José. *Peleja do jogador com o cachaceiro*. Recife: Typographia Chaves, 1921, 16p. (IEB)

ATHAYDE, João Martins de. *Lampeão foi cercado*. Recife: s.ed., 1925. (IEB)

ATHAYDE, João Martins de. *Como Lampião entrou na cidade de Juazeiro acompanhado de cincoenta cangaceiros e como offereceu os seus serviços de legalidade contra os revoltosos*. Recife, 1926. (IEB)

ATHAYDE, João Martins de. *Sacco e Vanzette aos olhos do mundo*. Recife: s.ed., 1927, 16p. (IEB)

BARROS, Leandro Gomes de. *Batalha de Oliveiros e Ferrabraz*. Guarabira: Pedro Baptista e Cia., 1920, 48p. (FCRB).

BARROS, Leandro Gomes de. *Os novos impostos*. Discussão entre a fome e os impostos de adornos e facturas selladas. A grande sentença de Antonio Silvino. Parahyba: Livraria e Typographia Popular Editora, 1923, 16p.

BRAZIL, Pedro. *A ceca do Ceará*. S.l.: s.ed., 1922, 7p. (FCRB)

SEM AUTOR. *Os Decretos de Lampeão: como elle foi cercado pela policia Parahybana em Tenorio, onde morreu Levino Ferreira, seu irmão*. A morte do inspector de Santa Ignez. O valente Villella. Parahyba do Norte: F.C. Baptista Irmão, 1925. (Edição fac-similar).

SEM AUTOR. *O barbaro crime das mattas da Varzea*. Recife: Ed. João Martins de Athayde, 1928, 8p. (FRC)

MARABA, Francisco. *Noticias de Lampeão*. Recife: Papelaria Recife, 1929. (IEB) 1930 – 1939

ATHAYDE, João Martins de. *As quatro classes corajosas: vaqueiro, agricultor, soldado e pescador*. Recife: [Ed. João Martins de Athayde], 1930, 16p. (IEB)

ATHAYDE, João Martins de. *As proezas de Lampião*. [Recife]: [Ed. João Martins de Athayde], 1933, 16p. (IEB)

ATHAYDE, João Martins de. *O monstruoso crime praticado agora por Lampeão no sertão da Bahia*. Recife: [Ed. João Martins de Athayde], 1934, 8p. (IEB)

ATHAYDE, João Martins de. *Como se amança uma sogra*. Zé do Brejo e Chico da Rua glosando. Recife: Ed. João Martins de Athayde, 1934, 16p. (IEB)

ATHAYDE, João Martins de. *Discussão de um praciano com um matuto*. Recife: [Ed. João Martins de Athayde], 1934, 16p. (IEB)

ATHAYDE, João Martins de. *Peleja de Laurindo Gato com Marcolino Cobra Verde*. Recife: [Ed. João Martins de Athayde], 1935, 16p. (IEB).

ATHAYDE, João Martins de. *A vida de Pedro Cem*. Completa. Recife: [Ed. João Martins de Athayde], 1935, 16p. (IEB). 1940 – 1949.

ATHAYDE, João Martins de. *Historia da princesa da Pedra Fina*. Recife: [Ed. João Martins de Athayde], 1944. 32p. (FCRB).

ATHAYDE, João Martins de. *Lampeão em Villa Bella*. Recife: [Ed. João Martins de Athayde], 1946, 16p. (FCRB).

ATHAYDE, João Martins de. *Batalha de Oliveiros com Ferrabraz*. Recife: [Ed. João Martins de Athayde], 1946, 32p. (FCRB).

BARROS, Leandro Gomes de. *O cachorro dos mortos*. S.l.: s.ed., 1949, 40p. (FCRB).

CÂMARA, Teodoro Ferraz da. *Os heroes do amor*. Magomante e Lindalva. Juazeiro do Norte, Tipografia São Francisco, 1949, 40p. (acervo particular).

CAVALCANTE, Rodolfo Coelho. *O presidente*. 2ed. Salvador: [Ed. Rodolfo Coelho Cavalcante], 1945, 8p. (FCRB).

CAVALCANTE, Rodolfo Coelho. *A volta de Getulio*. 6ed. Salvador: [Ed. Rodolfo Coelho Cavalcante], 1949, 8p. (FCRB).

ORTIZ, Sebastião Roque. *A moça que dansou com o diabo*. Conchas: s.ed., 1946, 35p. (IEB).

ROQUE, Sebastião. *Poesia dos pobres*. Conchas: s.ed., 1946, 25p. (IEB).

SOUZA, A. P. *A triste sorte de Jovelina*. São Paulo: Luzeiro, 1945, 32p. (IEB).

V. G. *O triumfo da inocencia*. Recife: [Ed. João Martins de Athayde], 1945, 64p. (IEB). 1950 – 1959.

ALMEIDA FILHO, Manoel. *A vitória getulista nas eleições de 50*. Aracaju: s.ed., 1950, 8p. (FCRB).

ATHAYDE, João Martins de. *Historia da princeza da Pedra Fina*. Juazeiro: Tipografia São Francisco, 1951, 32p. (FCRB).

ATHAYDE, João Martins de. *As proezas de João Grilo*. Juazeiro: Tipografia São Francisco, 1950, 32p. (FCRB).

ATHAYDE, João Martins de. (Editor proprietário: José Bernardo da Silva). *O cachorro dos mortos*. Juazeiro: Tipografia São Francisco, 1951, 40p. (FCRB).

PEREIRA SOBRINHO, Manuel. *O suicidio do presidente*. S.l.: Livraria Pedrosa, s.d., 8p. (FCRB).

PEREIRA SOBRINHO, Manuel. *O cachorro dos mortos*. São Paulo: Editora Prelúdio, 1957, 32p. (FCRB).

POTIGUAR, Giovanis. *Romance da Garça encantada*. Juazeiro: Editor Proprietário José Bernardo da Silva, 1950. (acervo particular).

SEM AUTOR. *A lamentavel morte de Getulio Vargas.* s.l.: s.ed., 1954, 8p. (FRC).

SEM AUTOR. (Editor proprietário: José Bernardo da Silva). *Romance de Romeu e Julieta.* Juazeiro: Tipografia São Francisco, 1957, 32p. (IEB).

SEM AUTOR. *História da princêsa da Pedra Fina.* S.l.: s.ed., 1952, 32p. (FCRB).

SEM AUTOR. *História de Zezinho e Mariquinha.* Rio de Janeiro: Livraria H. Antunes, 1952, 31p. (FCRB).

SILVA, José Bernardo da. *A entrada triunfal de Getulio Vargas em Recife.* Juazeiro: [Tipografia São Francisco], 1950, 8p. (FCRB).

SILVA, José Bernardo da. *O cachorro dos mortos.* Juazeiro: Tipografia São Francisco, 1957, 40p. (FCRB).

FOLHETOS NÃO DATADOS

ALMEIDA FILHO, Manuel. *A morte do maior presidente do Brasil dr. Getulio Dorneles Vargas.* S.l.: s.ed., s.d., 8p. (FCRB).

ATHAYDE, João Martins de. *História de Juvenal e o Dragão*: completa. Recife: Ed. João Martins de Athayde, s.d., 24p. (IEB)

ATHAYDE, João Martins de. *O namoro do um cego com uma melindrosa da atualidade.* [Recife]: [Ed. João Martins de Athayde], s.d., 16p. (IEB)

ATHAYDE, João Martins de. *Historia de um pescador:* completa. [Recife], s.d. 80p. (IEB)

ATHAYDE, João Martins de. *O segredo do cazamento.* Recife: [Ed. João Martins de Athayde], s.d. 16p. (IEB)

ATHAYDE, João Martins de. *Historia de Jozé do Egypto* (completa). Recife: [Ed. João Martins de Athayde], s.d., 16p. (IEB)

ATHAYDE, João Martins de. *Historia do homem que subiu em aeroplano até a lua.* Recife: [Ed. João Martins de Athayde], s.d., 16p. (IEB)

ATHAYDE, João Martins de. *A guerra dos animaes.* Recife: [Ed. João Martins de Athayde], s.d., 16p. (IEB)

ATHAYDE, João Martins de. *O poder occulto da mulher bonita.* Recife: [Ed. João Martins de Athayde], s.d., 16p. (IEB)

ATHAYDE, João Martins de. *Peleja de João Athayde com Raymundo Pelado do Sul.* Recife: [Ed. João Martins de Athayde], s.d., 16p. (IEB)

ATHAYDE, João Martins de. *Historia do cavallo que deffecava dinheiro* (completa). Recife: [Ed. João Martins de Athayde], s.d., 16p. (IEB)

ATHAYDE, João Martins de. *Historia do velho Antonio Alves Cocorôte* (completa). Recife: [Ed. João Martins de Athayde], s.d., 16p. (IEB)

ATHAYDE, João Martins de. *O cachorro dos mortos.* [Recife]: [Ed. João Martins de Athayde], s.d., 40p. (FCRB).

BARROS, Leandro Gomes de. *Bento, o milagroso de Beberibe.* Peleja de Antonio Baptista e Manoel Cabeceira. Recife: s.ed., s.d.(a). (FCRB)

BARROS, Leandro Gomes de. *As orphãs do Collegio da Jaqueira no Recife.* O boi misterioso (continuação). Recife: [Papelaria Recife], s.d.(b), 16p. (FCRB)

BARROS, Leandro Gomes de. *O principio das coisas.* O cachorro dos mortos. v.2. Recife: s.ed., s.d.(c), 48p. (FCRB)

BARROS, Leandro Gomes de. *O principio das coisas.* O cachorro dos mortos. v.2. Recife: s.ed., s.d.(d), 16p. (FCRB)

BARROS, Leandro Gomes de. *Lamentações do Joazeiro.* O cachorro dos mortos. v.5. Recife: s.ed., s.d.(e), 16p. (FCRB)

BARROS, Leandro Gomes de. *O Joazeiro do Padre Cicero. O cachorro dos mortos.* v.6. Recife: s.ed., s.d.(f), 16p. (FCRB)

BARROS, Leandro Gomes de. *A prizão de Oliveiros.* Recife: s.ed., s.d.(g), 48p. (FCRB)

BARROS, Leandro Gomes de. *Prisão de Oliveiros* (historia completa). Tirada do grande livro de Carlos Magno. Guarabira: Pedro Baptista e cia., s.d.(h), 48p. (FCRB)

BARROS, Leandro Gomes de. *O boi mysterioso.* Recife: Ed. João Martins de Athayde, s.d.(i). (IEB)

BARROS, Leandro Gomes de. *O azar na casa do funileiro. O casamento hoje em dias.* Historias completas. Recife: [Ed. João Martins de Athayde], s.d.(j),16p. (IEB)

BARROS, Leandro Gomes de. *Como se amança uma sogra. Zé do Brejo e Chico da Rua.* Historias completas. Recife: [Ed. João Martins de Athayde], s.d.(l), 16p. (IEB)

BARROS, Leandro Gomes de. *A mulher e o imposto. A verdade núa...* Historias completas. Recife: [Ed. João Martins de Athayde], s.d.(m), 16p. (IEB)

BARROS, Leandro Gomes de. *A vida de Canção de Fogo e o seu Testamento.* Recife: Ed. João Martins de Athayde, s.d.(n), 63p. (IEB)

BARROS, Leandro Gomes de. *O roto na porta do nú. A mulher na rifa.* Recife: [Ed. João Martins de Athayde], s.d.(o), 16p. (IEB)

BARROS, Leandro Gomes de. *Suspiros de um sertanejo.* Completa. Recife: Ed. João Martins de Athayde, s.d.(p), 16p. (IEB)

BARROS, Leandro Gomes de. *O retirante, a mulher e seus filhos.* Recife: Ed. João Martins de Athayde, s.d.(q),16p. (IEB)

BARROS, Leandro Gomes de. *O sertanejo no sul.* Debate de Josué Romano e João Carneiro. Historias completas. Recife: [Ed. João Martins de Athayde], s.d.(r), 16p. (IEB)

BARROS, Leandro Gomes de. *A peleja de Leandro Gomes com uma velha de Sergipe.* Completa. Recife: [Ed. João Martins de Athayde], s.d.(s), 16p. [1921?](IEB)

CAVALCANTE, Rodolfo Coelho. *ABC de Getulio Vargas.* [Salvador]: s.ed., s.d., 8p. (FCRB).

CAVALCANTE, Rodolfo Coelho. *O que Getulio Vargas fez pelo Brasil.* 4ed. Salvador: [Ed. Rodolfo Coelho Cavalcante], s.d., 8p. (FCRB).

CAVALCANTE, Rodolfo Coelho. *A voz do dever.* Salvador: [Ed. Rodolfo Coelho Cavalcante], s.d., 8p. (FCRB).

CAVALCANTE, Rodolfo Coelho. *O homem é Getulio Vargas.* S.l: s.ed., s.d., 8p. (FCRB).

CAVALCANTE, Rodolfo Coelho. *Inundação do Rio São Francisco em 1946* (descrição de Joazeiro). [Salvador]: s.ed., s.d., 8p. (FCRB).

LIBERALINO, João. *O suicidio do Presidente Getulio Vargas.* S.l.: s.ed., s.d., 8p. (FCRB).

LIMA, João Severo de. *Pranteada morte do Dr. Getúlio Vargas.* Patos: Livraria Nabuco, s.d. 8p. (FCRB).

MOURA, José Matias de. *A morte do presidente Vargas o braço forte do Brasil.* S.l.: s.ed., s.d., 8p. (FCRB).

PACHECO, José. *A chegada de Lampeão no inferno.* S.l: s.ed., s.d., 8p. (FCRB).

PACHECO, José. *A chegada de Lampeão no inferno.* [Salvador]: s.ed., s.d., 8p. (FCRB).

PACHECO, José. *Grande debate que teve Lampeão com São Pedro.* S.l.: s.ed., s.d., 8p. (FCRB).

SANTOS, José Martins dos. *O grande dizastre ou a cheia de 49.* S.l.: s.ed., s.d., 8p. (FCRB)

SEM AUTOR. *Historia do Negrão ou André Cascadura.* Recife: s.ed., s.d., 16p. (IEB)

SEM AUTOR. *Conversação de Pai Manoel com Pai José na estação de Cascadura sobre a questão anglo-brazileira e a guerra do Paraguay.* Rio de Janeiro, Paris: H. Garnier, s.d., 15p. (IEB)

SEM AUTOR. *Historia de um homem que teve uma questão com Santo Antonio. A discussão de um creoulo com um padre.* Recife: [Ed. João Martins de Athayde], s.d., 16p. (IEB)

SEM AUTOR. *Historia da princeza Rosa.* Recife: [Ed. João Martins de Athayde], s.d., 16p. (IEB)

SEM AUTOR. *O pavão misterioso.* Recife: s.ed., s.d., 32p. (FCRB).

SEM AUTOR. *As proezas de João Grilo.* S.l.: s.ed., s.d., 34p. (FCRB).

SEM AUTOR. *Romance do pavão mysterioso. Historia completa.* [Aracaju]: s.ed., s.d., 32p. (FCRB).

SEM AUTOR. *Historia do pavão mysterioso.* S.l: s.ed., s.d., 32p. (FCRB).

MEMÓRIAS E ROMANCES

ALVES DA MOTA. *Tempestade no porão.* Rio de Janeiro: Cátedra, 1987. 150p.

BEZERRA, Gregório. *Memórias.* Primeira parte: 1900-1945. Rio de Janeiro: Civilização Brasileira, 1980, 345p.

BEZERRA, Gregório. *Memórias.* Segunda parte: 1945-1969. Rio de Janeiro: Civilização Brasileira, 1980b, 255p.

CAVALCANTI, Paulo. *O caso eu conto como o caso foi: da coluna Prestes à queda de Arraes – memórias.* São Paulo: Alfa-Ômega, 1978, 409p.

CAVALCANTI, Paulo. *O caso eu conto como o caso foi: memórias políticas.* v.2. Recife: Guararapes, 1980, 412p.

CAVALCANTI, Paulo. *O caso eu conto como o caso foi: memórias políticas.* v.4. Recife: Guararapes, 1985.

CRAVEIRO, Paulo Fernando. *Prefácio da cidade: crônicas do Recife.* Recife: Fundação de Cultura da Cidade do Recife, 1991, 206p.

DUARTE, Ovídio. *Pedra rosada.* Recife: Edições do Autor, 1988, 217p.

FREIRE, Homero. *Confissões do tempo anterior.* Recife: FUNDARPE, 1986, 170p.

FREIRE, Paulo. *Cartas a Cristina.* Rio de Janeiro: Paz e Terra, 1994, 334p.

FREYRE, Gilberto. *Tempo morto e outros tempos: trechos de um diário de adolescência e primeira mocidade (1915-1930).* Rio de Janeiro: José Olympio, 1975, 267p.

GUERRA, Alzira Côrrea Gonçalves. *O passado que nasceu comigo.* Recife: Edições do Autor, 1994, 230p.

HELENO, Manoel. *Meu romântico Apipucos: romance (1936-1939).* Recife: Universitária/UFPE, 1994, 140p.

OLIVEIRA, Waldemar de. *Mundo submerso: memórias.* 3ed. Recife: Fundação de Cultura da Cidade do Recife, 1985, 291p.

PARAÍSO, Rostand. *Antes que o tempo apague (crônica dos anos 40 e 50).* Recife: Comunicarte, 1996, 228p.

PARAÍSO, Rostand. *Tantas histórias a contar...* Recife: Comunicarte, 1994, 217p.

PORCIÚNCULA, João Olympio da. *Na boca do cano.* Recife: FUNDARPE, 1990, 502p.

RABELLO, Sylvio. *Tempo ao tempo:* memórias. Rio de Janeiro: Civilização Brasileira; Brasília: INL, 1979, 227p.

REGO, José Lins do. *O moleque Ricardo.* 19ed. Rio de Janeiro: José Olympio, 1993, 189p. (1a. edição: 1935).

SETTE, Hilton. *Estranha penitência: crônica romanceada de uma Olinda dos bons tempos nos anos vinte.* Recife: Comunicarte, 1995, 118p.

SETTE, Mário. *Seu Candinho da farmácia.* 2ed. Recife: Fundação de Cultura da Cidade do Recife, 1984, 218p. (1a. edição: 1932).

SETTE, Mário. *Memórias íntimas: caminhos de um coração*. Recife: Fundação de Cultura da Cidade do Recife, 1980, 210p.

VAREJÃO, Lucilo. "De que morreu João Feital". In: VAREJÃO, Lucilo. *Romances recifenses: edição comemorativa do nascimento do escritor*. Recife: Fundação de Cultura da Cidade do Recife, 1992a, 321p.

VAREJÃO, Lucilo. "Visitação do amor". In: VAREJÃO, Lucilo. *Romances recifenses: edição comemorativa do nascimento do escritor*. Recife: Fundação de Cultura da Cidade do Recife, 1992b, 321p.

VAREJÃO, Lucilo. "Sonata a quatro mãos (com acompanhamento)". In: VAREJÃO, Lucilo. *Romances recifenses:* edição comemorativa do nascimento do escritor. Recife: Fundação de Cultura da Cidade do Recife, 1992c, 321p.

VASCONCELOS, Itamar de Abreu. *A selva: um internato na década de 30*. Recife: Universitária/UFPE, 1980, 165p.

JORNAIS

Jornal do Commercio. Recife, 09 a 28 de junho de 1928.

OUTRAS FONTES

BETTENCOURT, Gastão de. *Os meus encontros com o Recife*. Recife: Imprensa Oficial; Arquivo Público Estadual, 1958.

BRASIL. Instituto Brasileiro de Geografia e Estatística. Recenseamento Geral do Brasil (1º de setembro de 1940). *Censos econômicos:* agrícola, industrial, comercial e dos serviços. Quadros de totais para o conjunto da União e de distribuição pelas regiões fisiográficas e unidades federadas. Série Nacional, v.III. Rio de Janeiro: Serviço Gráfico do Instituto Brasileiro de Geografia e Estatística, 1950.

BRASIL. Instituto Brasileiro de Geografia e Estatística. Recenseamento Geral do Brasil (1º de setembro de 1940). *Censos demográficos:* população e habitação. Quadros de totais para o conjunto da União e de distribuição pelas regiões fisiográficas e unidades federadas. Série Nacional, v.II. Rio de Janeiro: Serviço Gráfico do Instituto Brasileiro de Geografia e Estatística, 1950.

BRASIL. Instituto Brasileiro de Geografia e Estatística. Recenseamento Geral do Brasil (1º de setembro de 1940). *Censos demográficos:* população e habitação. Quadros de totais referentes ao Estado e de distribuição segundo os municípios. Quadros sinóticos por município. Série Regional, parte IX – Pernambuco, tomo 1. Rio de Janeiro: Serviço Gráfico do Instituto Brasileiro de Geografia e Estatística, 1950.

BRASIL. Instituto Brasileiro de Geografia e Estatística. VI Recenseamento Geral do Brasil. *Censo Demográfico* (1º de julho de 1950). Estado de Pernambuco: seleção dos principais dados. Rio de Janeiro: Serviço Gráfico do Instituto Brasileiro de Geografia e Estatística, 1952.

BRASIL. Instituto Brasileiro de Geografia e Estatística. Serviço Nacional de Recenseamento. *Brasil:* censo demográfico. Série Nacional, v.I. Rio de Janeiro: Instituto Brasileiro de Geografia e Estatística, 1956.

INDICADOR DA CIDADE (Org. O. Mello e Cia.). Recife, 1932.

IN MEMORIAN: Agamenon Magalhães. Recife: Imprensa Oficial,1952, 261p.

PERNAMBUCO, Estado de. Diretoria Geral de Estatística. Secretaria de Agricultura. *Anuario Estatistico*. Anno IV, 1930. Recife, 1931.

PERNAMBUCO: Aspectos de sua cultura. Recife: s.ed.,1935.

PITOMBO, Ary. *Pernambuco de hoje:* 1941. Rio de Janeiro: O Globo, 1941, 51p.

PORTO, Adolpho Faustino. *Posição de Pernambuco na economia nacional*. Recife: Diretoria de Documentação e Cultura/Prefeitura Municipal do Recife, s.d.

REFERÊNCIAS BIBLIOGRÁFICAS

ABREU, Márcia. *Cordel português/folhetos nordestinos: confrontos*. Um estudo histórico-comparativo. Campinas: Instituto de Estudos da Linguagem/UNICAMP, 1993. (Tese de Doutorado em Teoria Literária).

ABREU, Márcia. "Leitura e representação de leitura na literatura de cordel". *Anais do IX Encontro Nacional da ANPOLL*. Letras. v.1. João Pessoa, 1994, p.435-447.

ABREU, Márcia. *Histórias de cordéis e folhetos*. Campinas: Mercado de Letras; ALB, 1999.

ALBUQUERQUE JÚNIOR, Durval Muniz. *O engenho anti-moderno*: a invenção do Nordeste e outras artes. Campinas: UNICAMP, 1994. Tese de doutoramento em História.

ALBUQUERQUE JÚNIOR, Durval Muniz *O engenho anti-moderno: a invenção do Nordeste e outras artes*. São Paulo; Recife: Autores Associados, Fundaj, 1999.

ALMEIDA, Átila Augusto F. de, ALVES SOBRINHO, José. *Dicionário bio-bibliográfico de repentistas e poetas de bancada*. João Pessoa: Editora Universitária/UFPB, 1978, 668p. 2v.

ALMEIDA, Mauro Barbosa de. *Folhetos: a literatura de cordel no Nordeste brasileiro*. São Paulo: Faculdade de Filosofia, Letras e Ciências Humanas da Universidade de São Paulo, 1979 (Dissertação. Mestrado em Antropologia).

ALVIM, Rosilene. *A sedução da cidade: os operários camponeses e a fábrica dos Lundgren*. Rio de Janeiro: Graphia, 1997.

ANDRADE, Mário de. *Danças dramáticas do Brasil*. 2ed. Belo Horizonte: Itatiaia, 1982a. Tomo I.

ANDRADE, Mário de. *Danças dramáticas do Brasil*. 2ed. Belo Horizonte: Itatiaia, 1982b. Tomo II.

ANDRADE, Mário de. *Danças dramáticas do Brasil*. 2ed. Belo Horizonte: Itatiaia, 1982c. Tomo III.

ARANTES, Antônio Augusto. *O trabalho e a fala* (estudo antropológico sobre os folhetos de cordel). São Paulo: KAIRÓS/FUNCAMP,1982.

ARAÚJO, Emanuel. *A construção do livro: princípios da técnica de editoração*. Rio de Janeiro: Nova Fronteira; Brasília: INL, 1986.

ASHTON, John. *Chapbooks of the eighteen century*. London: Skoob Books Publishing, s.d. (1a. edição 1882).

AZEVEDO, Carlos Alberto. "O heróico e o messiânico na literatura de cordel (III)". *Revista de Cultura Vozes*, Petrópolis, v.67, n.9, nov.1973, p.51-54.

AZEVEDO, Neroaldo Pontes de. *Modernismo e regionalismo: os anos 20 em Pernambuco*. João Pessoa:SEC/PB, 1984.

BARROSO FILHO, Geraldo. *Crescimento urbano, marginalidade e criminalidade: o caso do Recife (1880-1940)*. Recife:CFCH/UFPE, 1985, 130p. (Dissertação de Mestrado em História).

BATISTA, Antônio Augusto Gomes, GALVÃO, Ana Maria de Oliveira. "Práticas de leitura, impressos, letramentos: uma introdução". In: BATISTA, Antônio Augusto Gomes, GALVÃO, Ana Maria de Oliveira (orgs.). *Práticas de leitura, impressos, letramentos*. Belo Horizonte: Autêntica, 1999, p.11-45.

BATISTA, Francisco das Chagas. *Cantadores e poetas populares*. João Pessoa: Editora Universitária/UFPB, 1998. (1a. edição – Parahyba: Editor F. C. Batista Irmão, 1929).

BATISTA, Sebastião Nunes. *Poética popular do Nordeste*. Rio de Janeiro: Fundação Casa de Rui Barbosa, 1982.

BENJAMIN, Roberto Câmara. *Folguedos e danças de Pernambuco*. Recife: Fundação de Cultura da Cidade do Recife, 1989.

BOLLÈME, Geneviève. *Les almanachs populaires aux*

XVIIe. et XVIIIe. siècles: essai d'histoire sociale. Paris: Mouton, 1969.

BOLLÈME, Geneviève. *O povo por escrito*. São Paulo: Martins Fontes, 1988. (original francês: 1986).

BOTREL, Jean-François. *Libros, prensa y lectura en la España del siglo XIX*. Madrid: Fundación Germán Sánchez Ruipérez, 1993.

BOURDIEU, Pierre. "Vous avez dire 'populaire'?" In: *Actes de la Recherche en Sciences Sociales,* n.46, mar.1983a.

BOURDIEU, Pierre. "Gostos de classe e estilos de vida". In: ORTIZ, Renato (org.). *Bourdieu*. São Paulo: Ática, 1983b, p.82-121.

BURKE, Peter. *Cultura popular na Idade Moderna*. São Paulo: Companhia das Letras, 1989 (original inglês: 1978).

CAMPOS, Renato Carneiro de. *Ideologia dos poetas populares*. 2.ed. Recife: MEC/IJNPS/FUNARTE, 1977. (1.ed.: 1959).

CÂNDIDO, Antônio. *Literatura e sociedade*: estudos de teoria e história literária. São Paulo: Nacional, 1980.

CANTEL, Raymond. *La littérature populaire brésilienne*. Poitiers: Centre de Recherches Latino-Américaines, 1993.

CARVALHO, Maria Michol Pinho de. *Matracas que desafiam o tempo*: é o Bumba-Boi do Maranhão. São Luís: [s.n.], 1995.

CASA NOVA, Vera. *Lições de almanaque*. Belo Horizonte: Editora da UFMG, 1996.

CASCUDO, Luís da Câmara. *Literatura oral no Brasil*. 2ed. Rio de Janeiro: José Olympio, 1978. FALE e Itatiaia, 1984 (3ed.) (1a. edição 1952).

CASCUDO, Luís da Câmara. *Cantos...* 1984 (1ª edição: 1937).

CASCUDO, Luís da Câmara. *Contos tradicionais do Brasil*. Belo Horizonte: Itatiaia, 1986.

CASCUDO, Luís da Câmara. *Dicionário do folclore brasileiro*. Belo Horizonte: Itatiaia, 1988. 6a. ed. 811p. (1a. edição: 1954; a obra sofreu modificações pelo autor até 1983, data da quinta edição).

CASCUDO, Luís da Câmara. *Os cinco livros do povo*. João Pessoa: Universitária/UFPB, 1994. 456p. (edição facsimilar da 1a. edição – José Olympio, 1953).

CAVIGNAC, Julie. *La littérature de colportage au Nord-Est du Brésil*. Paris: CNRS, 1997.

CERTEAU, Michel de. *A escrita da história*. Rio de Janeiro: Forense-Universitária, 1982.

CERTEAU, Michel de. *A invenção do cotidiano*. Petrópolis: Vozes, 1994. (original francês: 1980).

CERTEAU, Michel de et al. "A beleza do morto". In: CERTEAU, Michel de. *A cultura no plural*. Campinas: Papirus, 1995, p.55-85 (original da primeira edição francesa: 1974).

CHARTIER, Anne Marie e HEBRARD, Jean. "Rôle de l'école dans la construction sociale de l'illesttrisme". In: BESSE, Jean-Marie et al. (dir.). *L'''illettrisme' en questions*. Lyon: Presses Universitaires de Lyon, 1992.

CHARTIER, Roger. *Figures de la gueuserie*. Montalba, 1982.

CHARTIER, Roger. "As práticas da escrita". In: ARIÈS, Phillipe, CHARTIER, Roger (org.). *História da vida privada*: da Renascença ao Século das Luzes. São Paulo: Companhia das Letras, v.3, 1991.

CHARTIER, Roger. *A ordem dos livros: leitores, autores e bibliotecas na Europa entre os séculos XIV e XVIII*. Brasília: Editora Universidade de Brasília, 1994.

CHARTIER, Roger. "Introduction". In: CHARTIER, Roger, LÜSEBRINK, Hans-Jürgen (dir.). *Colportage et lecture populaire: imprimés de large circulation en Europe (XVI e-XIXe siècles)*. Paris: IMEC/Éditions de la Maison des Sciences de l'Homme, 1996a.

CHARTIER, Roger. "Introdução". In: CHARTIER, Roger (org.). *Práticas da leitura*. São Paulo: Estação Liberdade, 1996b. (original francês: 1985. 2ed: 1993).

CHARTIER, Roger. *Au bord de la falaise: l'histoire entre certitudes et inquiétude*. Paris: Albin Michel, 1998.

CHARTIER, Roger. *A história cultural: entre práticas e representações*. Lisboa: Difel, s.d.

CHARTIER, Roger (org.). *Les usages de l'imprimé*. Paris: Fayard, 1987.

CHARTIER, Roger (org.). *Práticas da leitura*. São Paulo: Estação Liberdade, 1996. (original francês: 1985. 2ed: 1993).

CHARTIER, Roger, LÜSEBRINK, Hans-Jürgen (dir.). *Colportage et lecture populaire: imprimés de large circulation en Europe (XVIe-XIXe siècles)*. Paris: IMEC/Éditions de la Maison des Sciences de l'Homme, 1996.

CHARTIER, Roger et CAVALLO, Guglielmo. *Histoire de la lecture dans le monde occidental*. Paris: Seuil, 1997, p.7-46: Introduction.

COSTA, F. A. Pereira da. *Folk-lore pernambucano: subsídios para a história da poesia popular em Pernambuco*. 1ed. autônoma Recife: Arquivo Público Estadual,1974. (1a. edição 1908).

COUTINHO FILHO, Francisco. *Violas e repentes: repentes populares, em prosa e verso; pesquisas folclóricas no Nordeste brasileiro*. 2ed. Rio de Janeiro: Leitura; Brasília: Instituto Nacional do Livro, 1972. (1ª edição 1943).

CURRAN, Mark J. *A presença de Rodolfo Coelho Cavalcante na moderna literatura de cordel*. Rio de Janeiro: Nova Fronteira: Fundação Casa de Rui Barbosa, 1987.

D'ANDREA, Moema Selma. *A tradição (re)descoberta: Gilberto Freyre e a literatura regionalista*. Campinas: Editora da UNICAMP, 1992.

DARNTON, Robert. *O grande massacre dos gatos e outros episódios da história cultural francesa*. São Paulo: Graal, 1986. (original norte-americano: 1984).

DARNTON, Robert. *O beijo de Lamourette: mídia, cultura e revolução*. São Paulo: Companhia das Letras, 1990.

DAVIS, Nathalie. *Culturas do povo*. Rio de Janeiro: Paz e Terra, 1990: O povo e a palavra impressa. (Original norte-americano: 1975).

DIAS, Rosângela de Oliveira. *O mundo como chanchada: cinema e imaginário das classes populares da década de 50*. Rio de Janeiro: Relume-Dumará, 1993.

DIEGUES JÚNIOR, Manuel et al. *Literatura popular em verso*: estudos. Belo Horizonte: Itatiaia, 1986.

ECO, Umberto. *Lector in fabula*. São Paulo: Perspectiva, 1986. (1a. edição italiana: 1979).

EISENSTEIN, Elizabeth L. "On the printing press as an agent of change". In: OLSON, D. R., TORRANCE, N. e HILDYARD, A. *Literacy, language and learning: the nature and consequences of reading and writing*. Cambridge: Cambridge University Press,1985, p.19-33.

FABRE, Daniel. In: CHARTIER, Roger (org.). *Práticas da leitura*. São Paulo: Estação Liberdade, 1996.

FARGE, Arlete. *Le goût de l'archive*. Paris: Seuil, 1989.

FERREIRA, Aurélio Buarque de Holanda. *Novo dicionário Aurélio da língua portuguesa*. 2ed. Rio de Janeiro: Nova Fronteira, 1986.

FERREIRA, Jerusa Pires. *Cavalaria em cordel: o passo das águas mortas*. São Paulo: HUCITEC, 1979.

FERREIRA, Jerusa Pires. *Armadilhas da memória: conto e poesia popular*. Salvador: Fundação Casa de Jorge Amado, 1991.

FERREIRA, Jerusa Pires. "Livros e editoras populares". In: FERREIRA, Jerusa Pires et al. *Livros, editoras & projetos*. São Paulo: Ateliê Editorial, 1997, p. 103-115.

FERREIRA, Marieta de M., AMADO, Janaína. *Usos e abusos da História Oral*. Rio de Janeiro: Fundação Getúlio Vargas, 1996.

FONTAINE, Laurence. *Histoire du colportage en Europe. XVe-XIX e siècle*. Paris: Albin Michel, 1993.

FOUCAULT, Michel. *A arqueologia do saber*. Petrópolis: Vozes, 1972. (original francês: 1969).

FOUCAULT, Michel. *Microfísica do poder*. Rio de Janeiro: Graal, 1979.

FRANKLIN, Jeová. "O preconceito racial na literatura de cordel". In: *Revista de Cultura Vozes,* Petrópolis, v.64, n.8, out.1970, p.35-38.

FRIJHOFF, Willem (dir.). "Autodidaxies (XVIe-XIXe siècles)". *Histoire de l'Éducation*, Paris, n.70, mai 1996.

FUNDAÇÃO CASA DE RUI BARBOSA. *Leandro Gomes de Barros – 2*. Antologia. Tomo III. Rio de Janeiro: Fundação Casa de Rui Barbosa; João Pessoa: Universidade Federal da Paraíba, 1977a.

FUNDAÇÃO CASA DE RUI BARBOSA. *Francisco das Chagas Batista*. Antologia. Tomo IV. Rio de Janeiro: Fundação Casa de Rui Barbosa, 1977b.

GALVÃO, Ana Maria de O. *Escola e cotidiano: uma história da educação a partir da obra de José Lins do Rego (1890-1920)*. Belo Horizonte, Faculdade de Educação/UFMG, 1994. (Dissertação de Mestrado em Educação).

GALVÃO, Ana Maria de O. "Problematizando fontes em História da Educação". *Educação e Realidade*, Porto Alegre, v.21, n.2, jul./dez. 1996, p.99-118.

GALVÃO, Ana Maria de O. *Amansando meninos: uma leitura do cotidiano da escola a partir da obra de José Lins do Rêgo (1890-1920)*. João Pessoa: Editora Universitária/UFPB, 1998.

GASKELL, Philip. *A new introduction to bibliography*. Nova Iorque; Oxford: Oxford University Press, 1972.

GAY, Peter. *O estilo na história*. São Paulo: Companhia das Letras, 1990.

GOODY, Jack. *The domestication of the savage mind*. Cambridge: Cambridge University Press, 1977.

GRAFF, Harvey J. "Today and tomorrow: revisioning literacy". In: _____. *The legacies of literacy: continuities and contradictions in western cultures and society*. Bloomington: Indiana University Press,1987, p.373-398.

GRAFF, Harvey J. *Os labirintos da alfabetização: reflexões sobre o passado e o presente da alfabetização*. Porto Alegre: Artes Médicas, 1994.

HALBWACHS, Maurice. *La mémoire collective*. Paris: PUF, 1956.

HALLEWELL, Laurence. *O livro no Brasil* (sua história). São Paulo: T.A. Queiroz: Editora da Universidade de São Paulo, 1985.

HAVELOCK, Eric. *Preface to Plato*. Cambridge: Havard University Press, 1963.

HAVELOCK, Eric. "A equação oralidade-cultura: uma fórmula para a mente moderna". In: OLSON, David R., TORRANCE, Nancy (org.). *Cultura escrita e oralidade*. São Paulo: Ática, 1995, p.17-34.

HAVELOCK, Eric. "The coming of literate communication to western culture". In: KINTGEN, E. R., KROLL, Barry M., ROSE, M. *Perspectives on literacy*. Carbondale and Edwardsville: Southern Illinois University Press, 1988, p.127-134.

HÉBRARD, Jean. L'évolution de l'espace graphique d'un manuel scolaire: le "Despautère" de 1512 à 1759, *Langue Française*, n.59, 1983, p.68-87.

HÉBRARD, Jean. "L'invention de l'illettrisme dans le pays alphabétisés: le cas de la France". In: PRIVAT, Jean-Marie, REUTER, Yves. *Lectures et médiations culturelles*. Lyon: Presses Universitaires de Lyon, 1990.

HÉBRARD, Jean. "Alphabétisation et accès aux pratiques de la culture écrite en Vaunage à la fin du XIXe. siècle (étude de cas)". In: *La Vaunage au XIXe. siècle: approche économique, sociale et politique d'une communauté paysanne de la région nîmoise*. Nimes: C. Lacour Éditeur, 1996a.

HÉBRARD, Jean. "O autodidatismo exemplar: como Jamerey-Duval aprendeu a ler?" In: CHARTIER, Roger (org.). *Práticas da leitura*. São Paulo: Estação Liberdade, 1996b, p.35-74.

HÉBRARD, Jean. "Les livres scolaires de la Bibliothèque Bleue: archaïsme ou modernité?" In: CHARTIER, Roger, LÜSEBRINK, Hans-Jürgen (dir.). *Colportage et lecture populaire: imprimés de large circulation en Europe (XVIe-XIX e siècles)*. Paris: IMEC/Éditions de la Maison des Sciences de l'Homme, 1996c, p.109-136.

HÉBRARD, Jean. "Le lecteur autodidacte". In: *Le grand Atlas de la littérature*. Paris: Encyclopaedia Universal, s.d., p.274-275.

HILL, Christopher. "Os pobres e o povo na Inglaterra do século XVII". In: KRANTZ, Frederick (org.). *A outra história: ideologia e protesto popular nos séculos XVII a XIX*. Rio de Janeiro: Zahar,1990, p.34-53. (1a. edição inglesa: 1985).

ISER, Wolfgang. *O ato da leitura: uma teoria do efeito estético*. São Paulo: Editora 34, 1996. (data do original alemão: 1976).

JAUSS, Hans-Robert. "Expérience historique et fiction". In: GADOFFRE, Gilbert. (dir.). *Certitudes et incertitudes de l'histoire*. Paris: PUF, 1987, p.117-132.

JAUSS, Hans-Robert et al. *A literatura e o leitor: textos de Estética da Recepção*. Rio de Janeiro: Paz e Terra, 1979.

KAPPLER, Claude. *Monstros, demônios e encantamentos no fim da Idade Média*. São Paulo: Martins Fontes, 1994.

KATZENSTEIN, Úrsula Ephraim. *A origem do livro: da Idade da Pedra ao advento da impressão tipográfica no Ocidente*. São Paulo: HUCITEC; Brasília: INL, 1986.

KLEIMAN, Angela B. (org.). *Os significados do letramento: uma nova perspectiva sobre a prática social da escrita*. Campinas: Mercado de Letras, 1995.

LAHIRE, Bernard. *L'homme pluriel: les ressorts de l'action*. Paris: Nathan, 1998.

LE GOFF, Jacques (conversações com Marc Heurgon). *Uma vida para a história*. São Paulo: UNESP, 1998. (edição francesa: 1996).

LESSA, Orígenes. *Getúlio Vargas na literatura de cordel*. Rio de Janeiro: Documentário, 1973.

LESSA, Orígenes. *Inácio da Catingueira e Luís Gama: dois poetas negros contra o racismo dos mestiços*. Rio de Janeiro: Fundação Casa de Rui Barbosa, 1982.

LESSA, Orígenes. *A voz dos poetas*. Rio de Janeiro: Casa de Rui Barbosa, 1984.

LEVINE, Roberto. *A velha usina: Pernambuco na federação brasileira (1889-1937)*. Rio de Janeiro: Paz e Terra, 1980.

LIMA, Luís da Costa. "Clio em questão: a narrativa na escrita da história". In: RIEDEL, Dirce Cortez (org.). *Narrativa: ficção e história*. Rio de Janeiro: Imago, 1988.

LORD, Albert B. *The singer of tales*. Cambridge: Havard University Press, 1960.

LUYTEN, Joseph. *A notícia na literatura de cordel*. São Paulo: Estação Liberdade, 1992.

MANDROU, Robert. *De la culture populaire aux 17e et 18e siècles*. 3ed. Paris: Imago, 1985. (1ª edição: 1964).

MACHADO, Irene A. *O romance e a voz: a prosaica dialógica de Mikhail Bakhtin*. Rio de Janeiro: IMAGO; São Paulo: FAPESP, 1995.

MAGALHÃES, Justino. "Alfabetização e História: tendências e perspectivas". In: In: BATISTA, Antônio Augusto Gomes, GALVÃO, Ana Maria de Oliveira (orgs.). *Práticas de leitura, impressos, letramentos*. Belo Horizonte: Autêntica, 1999

MATENCIO, Maria de Lourdes. "Analfabetismo na mídia: conceitos e imagens sobre o letramento". In: KLEIMAN, Angela B. (org.). *Os significados do letramento: uma nova perspectiva sobre a prática social da escrita*. Campinas: Mercado de Letras, 1995, p.239-266.

MAXADO, Franklin. *O cordel televivo: futuro, presente e passado da literatura de cordel.* Rio de Janeiro: Codecri, 1984.

McKENZIE, Don F. *Bibliography and the sociology of texts.* Londres: The British Library, 1986.

MEDEIROS E ALBUQUERQUE, Paulo. *O mundo emocionante do romance policial.* Rio de Janeiro: Francisco Alves, 1979.

MELLO, Luiz Gonzaga de, PEREIRA, Alba Regina Mendonça. *O pastoril profano de Pernambuco.* Recife: Massangana, 1990.

MELO, Mario. *As migrações para o Recife – I: estudo geográfico.* Recife: IJNPS,1961.

MEYER, Marlyse. *Autores de cordel.* São Paulo: Abril Cultural, 1980.

MEYER, Marlyse. *Caminhos do imaginário no Brasil.* São Paulo: EDUSP, 1993.

MEYER, Marlyse. *De Carlos Magno e outras histórias: cristãos e mouros no Brasil.* Natal: Universitária/UFRN, 1995.

MITO e verdade de um poeta popular. *Revista de Cultura Vozes,* Petrópolis, v.64, n.8, out.1970. p.5-20.

MOTA, Leonardo. *Cantadores.* Belo Horizonte: Itatiaia, 1987. (1a. edição: 1921).

NEUBURG, Victor E. *The penny histories: a study of chapbooks for young readers over two centuries.* New York: Harcourt, Brace & World, Inc., s.d., 221p. (1ª edição: Oxford University Press, 1968).

NISARD, Charles. *Histoire des livres populaires ou de la littérature du colportage depuis le XVe. siècle jusqu'à l'établissement de la Comission d'examen des livres de colportage.* Paris: Librairie D'Amyot, 1854. 2 tomes.

ONG, Walter J. "The orality of language". In: ONG, Walter J. *Orality and literacy: the technologizing of the world.* London: Methuen, 1982, p.5-15; 31-77.

PANDOLFI, Dulce. *Pernambuco de Agamenon Magalhães.* Recife: Massangana, 1984.

PARK, Margareth Brandini. *Histórias e leitura de almanaques no Brasil.* Campinas: Mercado de Letras, 1999.

PESSANHA, José Américo Motta. "O sono e a vigília". In: NOVAES, Adauto (org.). *Tempo e história.* São Paulo: Companhia das Letras, 1992.

PFROMM NETO, Samuel, ROSAMILHA, Nelson, DIB, Cláudio Zaki. *O livro na educação.* Rio de Janeiro: Primor/INL, 1974.

PROENÇA, Ivan Cavalcanti. *A ideologia do cordel.* 2.ed. Rio de Janeiro: Brasília/Rio, 1977. (1.ed.: Imago, 1976).

RAMOS, Graciliano. *Infância.* 23ed. São Paulo: Record, 1986.

RATTO, Ivani. "Ação política: fator de constituição do letramento do analfabeto adulto". In: KLEIMAN, Angela B. (org.). *Os significados do letramento: uma nova perspectiva sobre a prática social da escrita.* Campinas: Mercado de Letras, 1995, p. 267-290.

RIBEIRO, Lêda Tâmega. *Mito e poesia popular.* Rio de Janeiro: Funarte/Instituto Nacional do Livro, 1987.

RIBEIRO, Vera Masagão. *Alfabetismo e atitudes: pesquisa com jovens e adultos.* Campinas: Papirus, 1999.

REGO, José Lins do. *Doidinho.* 16ed. Rio de Janeiro: José Olympio, 1977. (1ª edição: 1933).

REGO, José Lins do. *Menino de engenho.* Rio de Janeiro: José Olympio, 1992 (1ª edição: 1932).

ROCHE, Daniel. "As práticas da escrita nas cidades francesas do século XVIII". In: CHARTIER, Roger (org.). *Práticas da leitura.* São Paulo: Estação Liberdade, 1996. (original francês: 1985, 2ed: 1993).

ROMANELLI, Otaíza de O. *História da educação no Brasil.* Petrópolis: Vozes, 1978.

ROMERO, Sílvio. *Estudos sobre a poesia popular do Brasil.* Petrópolis: Vozes, 1977. (1a. edição Tip. Laemert, 1888).

SALLES, Vicente. *Repente e cordel.* Rio de Janeiro: FUNARTE/Instituto Nacional do Livro, 1985.

SANTOS, Olga de Jesus, VIANNA, Marilena. *O negro na literatura de cordel*. Rio de Janeiro: Fundação Casa de Rui Barbosa, 1989.

SEPÚLVEDA, Luis. *Um velho que lia romances de amor*. São Paulo: Ática, 1993.

SLATER, Candace. *A vida no barbante: a literatura de cordel no Brasil*. Rio de Janeiro: Civilização Brasileira, 1984.

SOARES, Leôncio José Gomes. *Educação de adultos em Minas Gerais: continuidades e rupturas*. São Paulo: FEUSP, 1995. (Tese de Doutorado em Educação).

SOARES, Magda Becker. "Língua escrita, sociedade e cultura: relações, dimensões e perspectivas". In: *Revista Brasileira de Educação*, Belo Horizonte, n.0, set/out/nov/dez. 1995, p.5-16.

SOARES, Magda Becker. *Letramento: um tema em três gêneros*. Belo Horizonte: Autêntica, 1998.

SOUZA, Arlindo Pinto de. *Editando o editor*. (org. Jerusa Pires Ferreira). São Paulo: EDUSP, 1995.

SOUZA, Liêdo Maranhão de. *Classificação popular da literatura de cordel*. Petrópolis: Vozes,1976.

SOUZA, Liêdo Maranhão de. *O mercado, sua praça e a cultura popular do Nordeste: homenagem ao centenário do Mercado de São José – 1875-1975*. Recife: Prefeitura Municipal do Recife/Secretaria de Educação e Cultura,1977.

SOUZA, Liêdo Maranhão de. *O folheto popular: sua capa e seus ilustradores*. Recife: Massangana, 1981.

STREET, Brian V. *Social literacies: critical approaches to literacy in development, ethnography and education*. London and New York: Longman,1995.

SUARD, François. *La chanson de geste*. Paris: Presses Universitaires de France, 1993.

TAVARES JÚNIOR, Luiz. *O mito na literatura de cordel*. Rio de Janeiro: Tempo Brasileiro, 1980.

TERRA, Ruth Brito Lemos. *Memória de luta: primórdios da literatura de folhetos do Nordeste (1893-1930)*. São Paulo: Global, 1983.

VERRI, Gilda Maria Whitaker. *Templários da ausência em bibliotecas populares*. Recife:Universitária/UFPE, 1996.

VEYNE, Paul. *Como se escreve a história*. Brasília: UnB, 1982.

VIDAL, Diana Gonçalves. *O exercício disciplinado do olhar: livros, leituras e práticas de formação*. São Paulo: Faculdade de Educação/USP, 1995 (Tese de Doutorado em Educação).

WHITE, Hayden. *Meta-história: a imaginação histórica do século XIX*. São Paulo: EDUSP, 1992.

WHITE, Hayden. *Trópicos do discurso*. São Paulo: EDUSP, 1994.

ZILBERMAN, Regina. *Estética da recepção e história da literatura*. São Paulo: Ática, 1989.

ZUMTHOR, Paul. *A letra e a voz: a "literatura" medieval*. São Paulo: Companhia das Letras, 1993 (original francês: 1987).

Qualquer livro do nosso catálogo não encontrado nas livrarias pode ser pedido por carta, fax, telefone ou pela Internet.

Rua Aimorés, 981, 8º andar – Funcionários
Belo Horizonte-MG – CEP 30140-071

Tel: (31) 3222 6819
Fax: (31) 3224 6087
Televendas (gratuito): 0800 2831322

vendas@autenticaeditora.com.br
www.autenticaeditora.com.br

Este livro foi composto com tipografia Garamond e impresso em papel polen soft 80 g na Formato Artes Gráficas.
